Johann Ernst Spitzner

Kritische Geschichte der Meinungen von dem Geschlechte der Bienen

von der Begattung und Befruchtung der Königin, der Erzeugung der verschiedenen Arten und andern Merkwürdigkeiten in der Bienenrepublik

Johann Ernst Spitzner

Kritische Geschichte der Meinungen von dem Geschlechte der Bienen
von der Begattung und Befruchtung der Königin, der Erzeugung der verschiedenen Arten und andern Merkwürdigkeiten in der Bienenrepublik

ISBN/EAN: 9783743318762

Hergestellt in Europa, USA, Kanada, Australien, Japan

Cover: Foto ©berggeist007 / pixelio.de

Manufactured and distributed by brebook publishing software (www.brebook.com)

Johann Ernst Spitzner

Kritische Geschichte der Meinungen von dem Geschlechte der Bienen

Vorerinnerung.

Ich würde bey diesem zweyten Theil meiner kritischen Geschichte nichts zu erinnern haben, da ich mich in der Vorrede zum I. Theil deutlich genug über die Absicht derselben erkläret hatte, wenn mir nicht nur im Reichs-Anzeiger in mehr als einer Stelle, sondern nun auch in den Dresdner gelehrten Anzeigen der Vorwurf gemacht worden wäre, daß ich ein **unberufener Kritiker** sey. Man sieht es durchgehends aus der gleichförmigen Schreibart, Worten und Redensarten, daß auch diese anonymischen Aufsätze aus der Feder der vereinigten Bienenfreunde geflossen sind, die mir schon vorm Jahre, Reichs-Anz. 1. B. S. 84. alle Urtheile über **Hübern**, **Riem**, ja alle Bienenautoren untersagten. Weil ich aber nun demohngeachtet mein Buch herausgegeben habe, so werde ich ohne Zweifel deswegen ein **unberufener Kritiker** gescholten. So heißt es im

Reichs Anz. 1795. 1. B. Num. 170. S. 1687. in der Pränumerationsanzeige von Riem's Uebersetzung von Hüber's Beobachtungen: Da die Uebersetzung von Hüber's neuen Beobachtungen über die Bienen von ächten Kennern entschieden worden, wenn auch gleich ein unberufener Kritiker, Hr. M. Spitzner sich mächtig dagegen auflehnt ꝛc.

Dresdner gelehrte Anzeigen 1795. XXVIII. St. über Hüber und Spitzner im Parallel der Meinungen von Bienen.

Hübers Werk ist in der Göttinger gelehrten Zeitung 1793. Num. 151. S. 1515. meisterhaft im Originale, von Meistern beurtheilt, und so in mehrern gelehrten Journalen, von denen allen Hr. Spitzner (M. und Pfarrer zu Trebitz im wittenbergischen (Chur) Kreise) lernen könnte, wie man eine krittische (kritische) Geschichte schreiben sollte, wenn er nur nicht so sehr von sich eingenommen wäre. Eben so ist die Uebersetzung sowohl in der Litteraturzeitung d. J. und in der neuen allgemeinen deutschen Bibliothek den 10. B. S. 204. bereits von eben so alten Meistern der Praxis, wie es H. Spitzner seyn will, beurtheilet, und in letzterer besonders mit Einwürfen eines bescheidenen Beurtheilers begleitet worden. Man sollte denken, da der Uebersetzer selbst (Riem) dem H. Hüber Zweifel und Einwürfe genug vorgeleget hatte, so hätte sich Meister Spitzner begnügen und wohl abwarten mögen, was Meister Hüber selbst erst antworten würde: Aber so lange konnte H. Spitz=

Vorerinnerung.

H. Spitzner nicht warten, sondern nimmt H. Hübern äusserst beißend und beleidigend vor, und schreibt darum wieder ein langes Buch: eine krittische (kritische) Geschichte über Meinungen von Bienen, schimpft und wirft mit Charlatanerien, Mährchen u. m. a. dem Gelehrten unziemenden Worten dergestalt und oft wiederholend um sich her, daß es beym Lesen andern Gelehrten wehe wird und sie nun eher diese seine Geschichte aus Eckel bey Seite legen, als sie sonst gethan haben würden, wenn er Hübern sanft und billig belehret hätte. Huber kann aber ruhig seyn, denn wenn gelehrtere, wichtigere, und kürzere Blätter als die Spitznerische vielbogige Kritik nicht ist, billig gegen ihn sind, und ihn als einen neuen Autor, den selbst ein Bonnet schätzte, glimpflich und belehrend beurtheilen: alsdann hilfts Meister Spitznern nichts, wenn er mit Prügeln drein wirft. Das thut man nicht, wenn man Vögel fangen will.

Niemand kann zweifeln, daß diese anonymischen Aufsätze von eben dem Verfasser sind, der vom Anfang im Nahmen der vereinigten Bienenfreunde die Feder geführet hat. Die Ausdrücke unberufen, wehe thun, so gar die Prügel findet man schon im vorhergegangenen. Die vereinigten Bienenfreunde können mich also unmöglich aus einer andern Ursache einen unberuferufenen Kritiker nennen, als weil ich ihrem geschehenen Verbote nicht nachgelebet habe. Wer hat denn ihnen aber das Recht verliehen, andern es zu erlauben, oder zu verbieten, wenn sie etwas von Bienen schreiben wollen. Was ist H. Huber? wenn er manches in seinem Buche von Schirach und Riem anführet, das ihm nicht richtig zu seyn scheinet? Und was ist ihr Freund Riem? wenn er so häufig in seinen Anmerkungen Hübern selbst und andere kritisirt? Und fordert lezterer nicht selbst alle Naturforscher zur fernern Prüfung dieses oder jenes Satzes in seinen Anmerkungen zu Hübers Buch, wie z. B. S. 133 und an mehrern Orten, auf? Hat nicht jeder Mensch die natürliche Freyheit, seine Gedanken, sonderlich über naturgeschichtliche Gegenstände zu sagen und auch zu schreiben? Warum soll denn ich nur ein unberufener Kritiker seyn und heißen? Jene wollen Bienenkenner seyn und sich lange mit Beobachtungen derselben beschäftiget haben — ich könnte dies von mir auch behaupten. — Und doch soll ich ein unberufener Kritiker seyn, daß ich mich unterfangen habe, eine kritische Geschichte nicht blos über Huber's Meinungen, wie man die Welt fälschlich zu überreden sucht, sondern über die Meinungen in der Bienenlehre überhaupt zu schreiben. Man sagt nicht ein Wort von dem Inhalt und der Absicht meines Buchs, man schreyet nur wider mich als einen unberufenen Kritiker und weil das in Blättern geschiehet, die an vielen Orten gelesen werden; so muß ich doch wohl

Vorerinnerung.

wohl unbefangenen Lesern aufrichtig und der Wahrheit gemäß anzeigen, wie ich noch in meinen alten Tagen zu dem Beruf gekommen bin, ein solches Buch zu schreiben, an welches ich vorher niemals gedacht hatte.

Nach der Herausgabe meiner ausführlichen praktischen Beschreibung der Korbbienenzucht 1788. ward ich von der Chursächs. Oekonomischen Gesellschaft als ein Ehrenmitglied aufgenommen, welche Ehre auch H. Hübern nach der erschienenen Uebersetzung seines Buchs wiederfahren ist, und mir es zur Pflicht gemacht, nützliche ökonomische Gegenstände auszuarbeiten, und bekannt zu machen. Dieses gab mir zu etlichen andern Schriften Anlaß, deren ich mich nicht zu schämen Ursach habe, da sie mir nirgends das Urtheil eines unberufenen Kritikers zugezogen haben, ob es gleich solche Gegenstände waren, worin viele entgegengesezte Meinungen hatten. Demohngeachtet richtete ich aber immer noch in der Stille meine Aufmerksamkeit auf die Bienen. Ich verschaffte mir ausser den kleinen Glasstöcken, die ich viele Jahre auf einige Monate im Sommer gebrauchet und manche Beobachtung darin angestellet hatte, noch einen größern, worin ich die Bienen auswintern und vielleicht mehr bemerken könnte. Vornehmlich sammelte ich die Bemerkungen, von welchen ich glaubte, daß sie mit der Zeit zu mehrerer Aufklärung in der noch dunkeln Begattungs- und Erzeugungslehre der Bienen dienen könnten. Denn ich muß aufrichtig sagen, vom Anfang

fand ich die von Reaumur und Janscha angegebenen Begattungsarten durchaus ungegründet.[1]
So oft und fest von andern behauptet wurde,
daß jede Drohne nach der Begattung mit her-
ausgereckten Zeugungsgliedern sterben müsse;
so konnte ich doch zur Begattungszeit nie solche todte Drohnen bey meinen Bienen finden,
als andere häufig gefunden haben wollten. Eben
so wenig brachte ich es mit aller meiner Aufmerksamkeit dahin, nur einmal eine Königin mit einem solchen Befruchtungszeichen zu erblicken,
als es Janscha haben wollte. Ich blieb daher
fest dabey stehen, die Begattung der Bienen könne ihrer Natur nach nicht anders, als bey andern
Fliegen seyn und dieses bisherige Geheimniß in
der Naturgeschichte werde doch wohl noch mit
der Zeit aus der Analogie der Begattung anderer Fliegen entdeckt werden. Aber schon hatte
ich die Entdeckung desselben, wenigstens für meine Person, fast ganz aufgegeben, und zwar wegen Ermanglung der Werkzeuge zu mikroskopi-
schen Untersuchungen, ob ich gleich an den Stubenfliegen eine weit natürlichere Begattungsart
wahrgenommen hatte, von der es damals wenigstens mir deuchtete, daß sie auf die Bienen anwendbar wäre. Ich wollte daher nur nach und
nach meine einzelnen Beobachtungen, die ich im
Glasstocke gemacht hatte, mittheilen, und Naturforschern Gelegenheit geben, darüber weiter nach-
zudenken. Ich machte den Anfang damit im
Wittenb. Wbl. 1792. 44. St. da zugleich, mir
unwissend H. C. R. Riem in Dresden mit der

Ueber-

Uebersetzung und Herausgabe der Hüberschen neuen Beobachtungen beschäftiget war. Einige Zeit darauf erhielt ich von demselben etliche Bogen von ihm aufgesezte schriftliche Bemerkungen über meine bekanntgemachten Beobachtungen zugeschickt, die, ob sie gleich nur mehrentheils Kleinigkeiten oder unrecht verstandene Worte betrafen, doch größtentheils auf Hüber's neue Beobachtungen hinwiesen, welche mich eines bessern belehrten und widerlegen würden. Es wurde zugleich von mir verlangt, daß ich darauf Antwort ertheilen möchte, weil dieselbe im 5. B. der neuen Sammlungen ökonomischer Schriften abgedruckt werden sollte, so wie schon vorher mit jenen im 4. B. geschehen war. Ich ließ mir dieses gefallen und meine Antwort erschien nebst neuen beygefügten Anmerkungen im 5ten Bande, worin sich wieder mehrentheils auf Hübern bezogen ward. Natürlicher Weise mußte ich mir nun ein Buch näher bekannt machen, das mich von so vielen bisher in der Bienenwissenschaft gehegten Irrthümern heilen, und zur wahren Aufklärung in derselben sollte bringen können. Allein, wie sehr wurde meine Erwartung getäuscht, da ich darin weiter nichts fand, als die Aufwärmung und Ausstaffirung von Janscha's und Pösels Mährchen, daß sich die Bienenkönigin nur in der Luft begatten könne, von welchen beyden Autoren doch H. Hüber nichts wissen, sondern es lediglich durch seine mühsame Versuche und Beobachtungen entdeckt und gefunden haben wollte, die doch insgesammt so beschafschaffen waren, daß ein wahrer Bienenkenner die Erdichtungen der Einbildungskraft unmöglich daran verkennen konnte. Als ein wahrheitliebender Mann, der nicht gewohnt ist auf Autoritäten Rücksicht zu nehmen, entdeckte ich freylich mein Urtheil über dieses Buch einigen Freunden ohne Rückhalt aufrichtig. Kaum war aber dieses geschehen, so traten schon einige sich nennende Bienenfreunde im Reichs-Anzeiger auf, die sich nun neuerlich die vereinigten (doch wohl wider mich) unterschreiben, welche mir auf eine sehr unbescheidene Weise alles Urtheilen über Hübern, Riem und andere Bienenautoren untersagten, ohne daß ich noch im geringsten an eine kritische Geschichte gedacht hatte. Wie es nun in der Welt öfters herzugehen pflegt, daß Verbote gerade das wirken, was man damit zu verhindern sucht, und da man mich für ganz zu Boden geschlagen hielt, weil ich aus guten Ursachen die lezten Anmerkungen H. Riem's nicht beantwortet hatte und man mich doch dazu aufforderte; so erweckte dieses den Gedanken in mir, daß bey solchen Umständen überhaupt eine Kritik über sämmtliche Bienenschriften nöthig wäre, weil darin zum Theil so viele lächerliche, zum Theil ganz ungegründete und unnüzze Dinge enthalten wären, die immer einer dem andern nachbetete und welches die Haupthindernisse ausmachte, daß bey immer fortwährender Vertheidigung der alten Vorurtheile nichts Neues entdeckt werden könnte. Ich schrieb diese Gedanken an den H. Verleger und meine

kriti-

Vorerinnerung.

kritische Geschichte wurde unter den künftig zu erscheinenden Büchern angekündiget, ehe ich noch eine Feder zur systematischen Ausarbeitung derselben angesezt hatte. Was darauf weiter erfolgt ist, liegt am Tage. H. Riem und die Bienenfreunde sind es lediglich selber, die mir es so zu sagen abgedrungen und mir den Beruf dazu auferlegt haben. Denn mit solchen einzelnen Fragen und Antworten, wie in dem Reichs-Anzeiger auf die Bahn gebracht wurden, konnte und wollte ich mich nicht abgeben, da man nicht nach der Natur der Sache untersuchte, sondern nur nach Autoritäten, nach dem, was große Bienenkenner meinen sollten, richtete.

Mein Buch behandelt die ganze Geschichte der Meinungen vom Bienengeschlechte und andere Merkwürdigkeiten derselben kritisch, und die Bienenfreunde sprechen doch nie anders davon als, es sey damit blos auf Hübern abgesehen. Freylich mußte ich seine vorgegebenen Beobachtungen zum Theil besonders auseinander setzen, da es die neuesten und untrüglichsten Erfahrungen seyn sollten, an welche sich nun jeder Bienenfreund halten müsse. Das ist nun mein wahrer Beruf, die den vereinigten Bienenfreunden so verhaßte kritische Geschichte zu schreiben. Ich würde in meiner Ruhe geblieben seyn, und Hübern wohl kaum gelesen, geschweige gekauft haben, wenn man mich nicht gleichsam mit Gewalt hätte nöthigen wollen, mich in aller Demuth vor diesem großen Bienenmeister auf die Schulbank niederzusetzen und aus Furcht

vor

vor dem gestrengen Lehrer gleich wie die Schulknaben die vorgebeteten Sprüchelchen, auch die diktirten Resultate eines blinden Hubers und die von großer Weltweisheit beleuchteten Beobachtungen des H. Bürnens, ob sie gleich schon einem gesunden Menschenverstand zuwider sind, in aller Demuth nachzubeten und sein Lob auszuposaunen zu helfen. Es muß zuweilen so hergehen, daß Ungereimtheiten in einer Sache bis auf das Höchste getrieben werden müssen, wenn man der Wahrheit näher kommen soll, und in der That hoffe ich nun derselben so nahe gekommen zu seyn, wie jeder vernünftige Leser aus dem Nachtrag erkennen wird: daß es doch wohl seyn könne, daß bisher alle so genannte große Bienenmeister auf einem irrigen Weg gewesen sind, die Begattung der Bienen zu erklären und zu beweisen.

Wo in dem obigen Aufsatz, nach der Ueberschrift, die Parallele zwischen Huber's und meinen Meinungen zu finden seyn soll, sehe ich ganz und gar nicht. Es ist ja nicht einmal gesagt, was Huber und ich für Meinungen haben sollen. Man führt blos andere Censuren über Huber's Werk von alten Meistern an, ohne abzuwarten, was über mein Buch werde geurtheilet werden. Ich läugne es gar nicht, und habe es auch an den nöthigen Orten angezeigt, daß Huber's Beobachtungen sehr fein eingekleidet sind, und manchen, der dergleichen mit Bienen nie vorgenommen hat, bethören und glaubhaft vorkommen können. Macht denn das aber Wahrheit aus? oder gereicht es Hubern zum Vortheil, wenn er

große

Vorerinnerung.

große Meister in der Kenntniß der Bienenschriften hat hintergehen können? — War H. Riem kein unberufener Kritiker, da er Wildmann entlarvte, so kann ich es auch nicht seyn, wenn ich Hübern mit seinem Bürnens entlarve. —

Ich soll äußerst beißend und beleidigend geschrieben haben, daß ich mich dabey der Worte Mährchen und Charlatanerie bedienet habe. Nennen wir denn jezt nicht z. B. die Meinung der Alten vom König unter den Bienen, und daß sie den Stoff zu Jungen aus den Blumen holten, ein Mährchen? Ja nennt nicht schon H. Riem selbst im 2 B. der Bienenbibliothek Janischa's Beschreibung von der Begattung der Königin in der Luft mit den Drohnen, die keine andere, als die Hüberische ist, ein Mährchen? — An mir aber soll es ein Fehler seyn, der öffentlich gerügt zu werden verdient, und verursachen, daß den Gelehrten bey Lesung meines Buchs wehe wird? — Wer mögen doch diese Gelehrte seyn? —

Ich hätte Hübern sanft und billig belehren sollen. — Ist denn ein Mann zu belehren, der das Publikum geflissentlich mit falschen Vorspieglungen zu täuschen und seine ausgesonnenen Einbildungen für Wahrheit zu verkaufen sucht? Die Wahrheit muß man hier gerade heraus und derb sagen, und nur diejenigen, die dennoch die Stimme der Wahrheit nicht hören wollen, können darüber den niedrigen Ausdruck gebrauchen, mit dem Prügel hinter drein werfen. Denn wer sich rühmet, unmögliche Dinge erforscht, geprüft und gesehen zu haben und diese gegen andere für Wahrheit

heit ausgiebt, der ist und bleibt doch wohl in Ewigkeit ein Charlatan. — So ist es aber mit Hüber's abgerissenem männlichen Glied der Drohne. Künftig werden also auch mit Recht diejenigen von allen Unpartheiischen unter die Blinden gezählt werden, die nach Hübers Beobachtungen die Sehenden belehren wollen. Noch weniger kann Hüber mit seinem Bürnens und den vereinigten Bienenfreunden zu Hülfe genommen werden, weitere und bessere Beobachtungen über die Bienen anzustellen. Der Weg ist nun gebahnt und steht jedem offen. Ich werde es wenigstens an keinem Fleis ermangeln lassen, wenn mir Gott das Leben schenkt, künftiges Jahr die bereits gemachte Entdeckung aufs Reine zu bringen und damit der Naturgeschichte der Bienen eine neue Aufklärung zu geben. Edeldenkende Menschen, die Wahrheit lieben und keiner Parthey fröhnen, werden mir darzu, wie es schon bisher geschehen ist, ihre fernere Unterstützung nicht versagen. Uebrigens wundert mich nichts mehr, als daß man auch in diesem Aufsatz den verewigten Bonnet noch aus dem Grabe hat hervorrufen können, um Hübers Charlatanerien einen lockenden Anstrich zu geben, da ich doch I. Th. §. 78. deutlich genug bewiesen habe, daß dieser große Naturforscher daran gar keinen Antheil hat haben können. Trebitz den 18. September 1795.

Inhalt.

Inhalt.

Erstes Kapitel.
Merkwürdigkeiten an den Königinnen. S. 1

§. 1. Wenn wird von den Bienen Anstalt gemacht, junge Königinnen zu erbrüten. §. 2. Huber's Meinung, wodurch bey den Arbeitsbienen der Instinkt erregt werde, königliche Zellen zu erbauen. §. 3. H. C. R. Riem's und Wurster's Meinungen, wenn die Bienen Anstalt zur Erbrütung junger Königinnen machen. §. 4. Vom Alter und Sterben der Königin. §. 5. Von der Gefangenschaft der jungen Königinnen in den Zellen. §. 6. Von dem Gesang der jungen Königinnen in der Gefangenschaft. §. 7. Von befruchteten und unbefruchteten Königinnen. §. 8. Vom Ausfliegen der Königinnen aus dem Stocke. §. 9. Giebt es Königinnen, die nichts als Drohneneyer legen? §. 10. Neid, Streit und grausame Duelle zwischen den Königinnen. §. 11. Ueber das Einlassen fremder Königinnen in einen Stock. §. 12. Wie die Bienen eine fremde Königin aufnehmen und empfangen. §. 13. Ob der Neid und die Duelle unter den Königinnen oft eine Ursach der Mutterlosigkeit werden. §. 14. Wie man gesunde, fruchtbare Königinnen erlangen und zu mancherley Gebrauch aufheben könne. §. 15. Giebt es Königinnen von verschiedener Farbe, auch große und kleine? §. 16. Warum zuweilen die Bienen im Frühjahre die Königinnen von sich treiben oder gar tödten. §. 17. Ueber das Problem: wie die Königin im Frühjahr befruchtete Eyer legen könne, da es doch seit dem Herbst an Drohnen oder Männchen in den Stöcken zur Befruchtung gemangelt hat.

Zweytes Kapitel.

Merkwürdigkeiten an den Drohnen.   S. 114

§. 18. Von kleinen Drohnen. §. 19. Ob diese kleinen Drohnen einen Einfluß auf die Befruchtung der Königin haben. §. 20. Vom Austreiben der Drohnen aus richtigen und mit Königinnen versehenen Stöcken. §. 21. Ob einige oder alle Stöcke etliche Drohnen, die Lieblinge der Königin sind, den Winter über behalten. §. 22. Können im Winter Eyer zu Drohnen aufbehalten werden, wovon im Frühjahre gleich unter den ersten Arbeitsbienen neue ausgebrütet werden? §. 23. Ob die ausgetriebenen Drohnen in andern Stöcken, die sie noch dulten, Zuflucht suchen und finden. §. 24. Ob die Drohnen selbst fressen, oder durch die Arbeitsbienen gefüttert werden müssen.

Drittes Kapitel.

Merkwürdigkeiten bey dem Schwärmen der Bienen   •   •   •   S. 150

§. 25. Von dem Schwärmen der Bienen überhaupt. §. 26. Ueber die Schwärmzeit. §. 27. Beschaffenheit eines

Inhalt.

eines Stocks vom Frühjahre an bis zur Schwärmzeit, der im richtigen Zustande bleibt, und seine Königin behält. §. 28. Beschaffenheit eines Stocks, dessen Königin gegen die Schwärmzeit gestorben, oder sonst verloren gegangen ist. §. 29. Verschiedene Arten freywilliger Schwärme und die nächste Ursach von jeder Art. §. 30. H. Huber's Meinung von Entstehung der Schwärme. §. 31. H. Wurster's Meinung von Entstehung der Schwärme. §. 32. H. Riem's Meinung von Entstehung der Schwärme. §. 33. Vergleichung der Meinungen H. Wurster's und H. Riem's von Entstehung der Schwärme. §. 34. Der Tod der Königin kann keine weit natürlichere und sichere Folge des Schwärmens seyn, als man bisher angegeben hat. §. 35. Der Tod der Königin kann weder allemal, noch die mehresten Male und meistens die Ursache der Vorschwärme seyn. §. 36. Beym Auszug des Vorschwarms ist die alte Königin noch am Leben, und ziehet selbst mit diesem Schwarm aus. §. 37. Der Tod der Königin ist nur selten die Ursach von einem ersten Schwarm. §. 38. Hr. Riem's Erklärung, wie ein Stock, der seine Altmutter verloren hat, etliche Schwärme nach einander bringen könne. §. 39. Noch einige andere angegebene Ursachen des Schwärmens. §. 40. Ursachen, warum richtige und gute Bienenstöcke oft nicht schwärmen. §. 41. Meinungen welche von den verschiedenen Arten der Bienen in einem Stock den Anfang zum Schwärmen mache. §. 42. H. Huber's Beschreibung, wie die Königin den übrigen den Trieb zum Schwärmen mittheile. §. 43. Herold's Meinung, daß die

Droh-

Dröhnen die Schwarmvögel wären. §. 44. Die Arbeitsbienen machen allemal den Anfang zum Schwärmen, wenn sich indessen Königin und Drohnen noch ruhig verhalten. §. 45. Ob das Ausfangen und Einsperren der Königin, oder die Verengerung des Fluglochs sichere Mittel wider das Fortziehen der Schwärme sind. §. 46. Aus was für Ursachen ziehen doch manchen die meisten Schwärme fort, und welches sind die Mittel darwider. §. 47. Ob ein Stock, der lange vorgelegen und doch nicht geschwärmet hat, durch eine zugesetzte oder zugeflogene Königin noch zum Schwärmen gebracht werden könne. §. 48. Ob und wie das Nachschwärmen zu verhindern sey. §. 49. Ob bey der Bienenzucht freywillige Schwärme oder Ableger den Vorzug haben. §. 50. Schluß. — Nachtrag.

Erstes Kapitel.
Merkwürdigkeiten an den Königinnen.

§. 1.
Wenn wird von den Arbeitsbienen Anstalt gemacht, junge Königinnen zu erbrüten?

Die Erfahrung lehrt, daß die Arbeitsbienen unter gewissen Umständen einen natürlichen Instinkt haben, sich junge Königinnen zu erbrüten. Denn daß es lediglich die Arbeitsbienen veranstalten, ist daraus offenbar, weil dazu ganz besondere, von allen andern weit unterschiedene Zellen erbauet werden müssen, worin sie erbrütet werden können, und dieses ist lediglich ein Geschäfte der Arbeitsbienen. Die Erfahrung lehrt ferner, daß nur ein doppelter Umstand den Arbeitsbienen Veranlassung geben kann, solche Zellen wirklich zu erbauen. Denn wenn auch bey der Erbauung ganzer Tafeln hie und da die Grundlagen dazu neben den übrigen fertigen Zellen errichtet werden, so werden doch dieselben nicht eher weiter fortgeführet, und zur Erbrütung junger Königinnen geschickt gemacht, als bis entweder der Umstand eintritt, daß sie sich wegen zugenommener Menge des Volks von einander trennen und schwärmen wollen, oder daß sie ihre bisherige Königin durch den Tod oder einen andern unglücklichen Zufall verlohren haben. Der natürliche Instinkt der Bienen, sich junge Königinnen zu erbrüten, kann also eines

eines Theils durch die anwachsende Menge des Volks, andern Theils durch die Nothwendigkeit erregt werden, weil die Erhaltung ihrer Republik darauf beruhet. Im erstern Fall werden nach Beschaffenheit der Menge des Volks und der Witterung sehr viele königliche Zellen erbauet, oft auf zwanzig, dreyßig und mehrere, jedoch werden sie erst nach und nach zur Vollkommenheit gebracht, so, daß die jungen Königinnen nicht zu gleicher Zeit gebohren werden können, weil sie zugleich die Anlage zu mehreren auf einander folgenden Schwärmen machen; im letztern Fall werden bey wenigen Arbeitsbienen nur zwey, bey mehrern selten über viere und zwar zu gleicher Zeit erbauet, so daß diese Königinnen mehrentheils an einem Tage gebohren werden. Beydes ist auch von den Schriftstellern über die Bienen wohl bemerkt worden. Viele reden daher im allgemeinen von einem natürlichen Instinkt der Arbeitsbienen junge Königinnen zu erbrüten. Wenn sie aber nun die nähern Ursachen erklären wollen, wodurch eigentlich dieser Instinkt erregt werde, sind die Meinungen wieder sehr verschieden. Man hat immer nur den einen Umstand ins Auge gefaßt und diesen als die einzige Ursache der Erbrütung junger Königinnen angesehen, da man doch auf beyde zugleich hätte Rücksicht nehmen sollen. Ich will hiervon nur H. Hubers, Riem's und Wurster's Meinungen anführen, die deswegen mit einander im Widerspruche stehen.

§. 2.

H. Hübers Meinung, wodurch bey den Arbeitsbienen der Instinkt königliche Zellen zu erbauen, angereizt wird.

Neue Beobachtungen über die Bienen §. 267.
Wenn man bey Wiederkunft des Frühlings beobachtet, daß ein Stock wohl bevölkert ist, und von
einer

einer fruchtbaren Königin beherrscht wird, so wird man diese Königin im laufenden Maymonate eine ungemeine Menge männliche Eyer legen sehen; und die Arbeiterinnen werden in diesem Augenblicke zur Erbauung mehrerer königlichen Zellen erwählen, diejenige Gattung, welche der Herr von Reaumur beschrieben hat. Dies ist das Resultat mehrerer in einer langen Folge von Zeit gemachten Erfahrungen, in welcher sich niemals die geringste Veränderung gezeigt hat; und ich stehe nicht an, Ihnen solche als Wahrheit vorzustellen: allein, ich muß hier eine nöthige Erläuterung anfügen. §. 268. Damit eine Königin ihre große Eyerlage zu Männchen anfange, so muß sie zum wenigsten 11 Monate alt seyn. Denn ist sie viel jünger, so legt sie nichts, wie Arbeitseyer. Vielleicht legt eine im Frühlinge gezeugte Königin im laufenden Sommer 50 oder 60 männliche Eyer in allem: allein daß sie ihre große Eyerlage zu Drohnen anfange, welche wenigstens 2000 betragen müssen, so muß sie ihren 11ten Monat erreicht haben. In der Folge unserer Erfahrungen, welche den natürlichen Lauf der Sache mehr oder weniger verwirret haben, hat es sich oft zugetragen, daß die Königinnen erst im October zu diesem Alter gelanget waren; und von diesem Zeitpunkte fiengen sie ihre männliche Eyerlage an; die Arbeiterinnen erwählten auch diese Epoche zu Erbauung königlicher Zellen, gerade als wenn sie durch einen gewissen Ausfluß (emanation), der von diesen Eyern kommt, dazu angereizt wären. Es entstand zwar daraus kein Schwarm, weil im Herbste alle hierzu nöthigen Umstände schlechterdings fehlen; allein, es ist deswegen nicht weniger klar, daß sich dabey eine geheime Verbindung zwischen der Eyerlage

lage zu Männchen und der Erbauung königlicher Zellen finde. §. 269. Diese Eyerlage dauert gewöhnlich 30 Tage. Den 20sten oder 21sten, von der Zeit an gerechnet, wo sie solche angefangen hat, legen die Bienen den Grund zu mehreren königlichen Zellen, zuweilen bereiten sie 16 bis 20; wir haben bis 27 gesehen. Wenn nun diese Zellen zwey oder drey Linien in der Höhe erlangt haben, dann legt die Königin Eyer hinein, aus denen Fliegen ihrer Sorte erzeugt werden müssen. Allein, sie legt sie nicht alle denselbigen Tag. Damit der Stock mehrere Schwärme liefern könne, so ist es nöthig, daß die jungen Weißchen, welche solche begleiten müssen, nicht auf einen Tag gebohren werden, und man sagt, daß die Königin es vorher wisse, denn sie wendet großen Fleis an, wenigstens einen Tag Zwischenraum zwischen jedem Ey, welche sie in diese verschiedenen Zellen legt, zu behalten. Hier die Probe: Die Bienen sind unterrichtet, die Zellen in dem Zeitpunkte, wo die in ihnen befindlichen Maden sich in Nymphen zu verwandeln bereit sind, zuzuschließen. Nun aber überdeckeln sie alle königliche Zellen an verschiedenen Tagen; es ist daher klar, daß die in ihnen liegenden Maden nicht alle von einerley Alter sind. §. 270. Bevor die Königin anfängt Eyer zu Drohnen zu legen, ist ihr Leib sehr aufgeschwollen; allein nach Maasgabe, daß sie in dieser Eyerlage zunimmt, so nimmt ihr Leib ab, und wenn sie vollendet ist, dann wird er sehr dünne. Sie befindet sich alsdenn im Zustande, eine Reise, welche die Umstände verlängern können, zu unternehmen. Diese Bedingung war doch nöthig; und gleichwie im Gesetz der Natur alles harmonirt, so accordirt auch die Zeit der Geburt der Männchen mit jener

Erzeu-

Erzeugung der Weibchen, welche sie befruchten müssen.

H. Huber hatte schon in vorhergehenden Briefen viele willkührliche und ganz unbewiesene Säze von der Eyerlage der Königin angenommen, z. B. daß sie schon 46 Stunden nach der Begattung anfange Eyer zu legen; daß die bis zum 15ten Tag Befruchteten 11 Monate lang nichts als Arbeitsbieneneyer legten. Weil aber doch wenigstens zu Ende des Mayes alle Stöcke, obschon nicht in gleicher Menge, Drohnen erzeugen, so sagt er hier jenem ganz entgegen §. 268. vielleicht legt eine im Frühlinge erzeugte Königin im laufenden Sommer 50 oder 60 männliche Eyer in allem. Wo sollen denn nun aber diese Eyer herkommen, wenn einmal der Eyerstock der Königin so gebauet ist, daß 11 Monate lang nichts als Arbeitsbieneneyer gelegt werden können? Jedoch wenn H. Huber einen Gegenstand seiner Einbildung ausmahlen will, achtet er keinen Widerspruch in seinen Säzen. Er fährt daher dreuste fort zu behaupten: Allein, daß sie ihre große Eyerlage zu drohnen anfange, welche wenigstens 2000 betragen müssen, so muß sie ihren 11ten Monat erreicht haben. Und um dieser Behauptung, welche vorher nie geschehen war, wenigstens einigen Anstrich der Wahrheit zu geben, sezt er noch dieses hinzu: In der Folge unserer Erfahrungen (soll wohl Versuche heißen), welche den natürlichen Lauf der Sache mehr oder weniger verwirret haben, hat es sich oft zugetragen, daß die Königinnen erst im October zu diesem Alter gelanget waren, und von diesem Zeitpuncte fiengen sie ihre männliche Eyerlage an; die Arbeiterinnen erwählten auch diese Epoche zur Erbauung königlicher Zellen, gerade als wenn sie durch einen gewissen Ausfluß, der von diesen Eyern kommt, angereizt worden wären.

wären. Man überlege: H. Huber will durch seine Versuche (denn richtige Erfahrungen können das nicht thun) den natürlichen Lauf der Sache mehr oder weniger verwirret haben. Das soll doch wohl nichts anders heißen, als er habe sich solche Königinnen und zwar oft zu verschaffen gewußt, die erst im October das eilfmonatliche Alter erreicht, also nicht eher, als in diesem Monat ihre große Eyerlage angefangen hätten, und auch in dieser Epoche wären von den Arbeiterinnen noch königliche Zellen erbauet worden. So mußten also diese Königinnen und zwar oft im November erzeugt worden seyn? Wo wird aber jemals im November, man durchsuche alle Bienenstöcke, nur noch eine einzige gemeine Biene, geschweige eine Königin erzeugt? H. Huber will durch seine Versuche den natürlichen Lauf der Sache mehr oder weniger verwirret haben. Nichts weniger, als dieses war möglich, denn der läßt sich hier nicht verwirren und im November ist keine Erzeugung der Königin möglich. Er sucht vielmehr nur durch seine vorgegebenen Versuche und Erfahrungen, die er niemals angestellt und gehabt haben kann, den Leser zu verwirren, und hier hat er es sonderlich auf eine recht handgreifliche Art gethan. So wenig im November noch eine Königin erzeugt werden kann, so wenig wird man eine finden, die erst im October ihre große Eyerlage zu Männchen anfienge, noch weniger, daß die Arbeiterinnen um diese Zeit durch einen gewissen Ausfluß, der von diesen Eyern kömmt, zur Erbauung königlicher Zellen angereizt würden. Jedoch es wird nicht nöthig seyn, weiter ein Wort zur Widerlegung solcher faden Sätze hinzuzuthun.

Der natürliche Lauf der Sache ist vielmehr nach aller Erfahrung, die jeder leicht selbst machen kann, ohne dazu Hüberische Blätterstöcke nöthig zu haben, dieser. Zuvor muß ich aber nochmals erinnern,

ob

ob ich gleich keine Hüberischen Blätterstöcke besitze, daß ich doch im Stande bin, durch das ganze Frühjahr in meinen stehenden Körben alles zu bemerken, was den Fortgang ihres Baues betrifft. Weil ich solche jederzeit in den Mittagsstunden, wenn wenige Bienen zu Hause sind und sie noch nicht am Gewirke arbeiten, besehe, welches sie auch gern geschehen lassen, eben weil es immer geschiehet und bey dem behutsamen Aufheben die Unruhe gar nicht erregt wird, die bey Eröfnung ganzer Blätterstöcke schlechterdings unter ihnen entstehen muß. Der natürliche Lauf der Sache ist nach meinen dreyßigjährigen Erfahrungen in einem Jahre, wie in dem andern, ohne Rücksicht, wie alt die Königinnen seyn mögen, dieser gewesen: Wenn zur Hälfte des Aprils bis zur Hälfte des Mayes den Bienen zuträgliche Witterung einfällt, daß sie auf den Frühjahrsblüthen Honig sammeln und ihren Bau fördern können; so bauen sie auch bald hinter oder neben den Tafeln mit kleinen Brutzellen, ganze Drohnentafeln mit größern Zellen und diese so, daß sie damit noch eher, als mit jenen das Standbret erreichen. Sind sie damit ganz herunter, so siehet man wohl schon zu Ende Aprils, obgleich die meisten Tafeln von kleinen Zellen noch nicht so weit sind, an diesen in der Mitte oder an den Rändern derselben den Grund zu mehrern königlichen Zellen gelegt. Wie sie also aus natürlichem Instinkt zuerst lauter kleine Zellen zu Arbeitsbienen, beym weitern Fortgang des Baues aus eben diesem Instinkt Tafeln mit Zellen zu Drohnen bauen; so treibt sie eben dieser natürliche Instinkt an, am Ende derselben auch die Grundlagen zu königlichen Zellen hinzu zu thun. So findet man es bey guten Stöcken in einem Jahre, wie in dem andern.

Selten kommt es hier aber weiter damit. Denn in den meisten Jahren gehet in der Mitte des Mayes die gute Tracht zu Ende, es findet sich die Hörnerkrankheit ein, oder die Witterung wird schlecht, so stehet der fernere Fortbau stille und es bleibt bey der bloßen Grundlage zu den königlichen Zellen. Gehet aber der Bau so lange fort, daß sie den ganzen Raum ihres Stocks damit ausfüllen, so fangen solche Stöcke an einige von diesen Zellen um etliche Linien zu erhöhen, und ich habe dieselben allemal zuerst mit Futterbrey belegt gefunden, ehe ich die kleine Made darin bemerken können. Ich will aber dieses doch nicht allgemein behaupten, weil mich hier die bloßen Augen leicht haben trügen können. Ein bloßes Ey in einer königlichen Zelle, wie H. Huber behauptet, ohne Futterbrey, habe ich niemals gefunden, ob ich gleich die Eyer in kleinen und Drohnenzellen wohl unterscheiden können. Ist die königliche Zelle einmal mit der Made belegt, so wird sie auch weiter bis zum Zuschließen und auch mehrere darneben fortgeführet, ob gleich nun schlechte Witterung einfällt und die andern Stöcke, die noch nicht vollgebauet haben, es bey der bloßen Grundlage bewenden lassen, der Ausfluß von männlichen Eyern mag bey diesen noch so groß seyn. Hält aber nun rauhe und den Bienen keine Nahrung gebende Witterung bis in den Junius an, werden von den Arbeitsbienen die bald zur Reife kommenden jungen Königinnen, indem sie die Zellen an der Seite ofnen, herausgerissen und die Zellen selbst gänzlich wieder destruirt. Man kann sie oft, wenn man fleißig nachsiehet, über dieser Arbeit antreffen und sich aufs gewisseste überzeugen, wie es lediglich die Arbeitsbienen sind, die die am Ende unnütze Drohnenbrut herausreißen; so sind es auch bey den jungen Königinnen eben dieselben, die sie zületzt, wie jene, nachdem sie ihnen alle Feuchtigkeit ausgesogen haben, als weiße oder schon braune Nymphen vor die Stöcke herauswerfen.

werfen. Die Grundlagen von den Zellen bleiben zwar übrig, man wird aber mehrentheils bey diesen eine neue Wiederaufbauung vergeblich erwarten, wenn im Gegentheil bey fortdauernder guter Witterung diejenigen, die nicht weiter, als bis zur Grundlage der königlichen Zellen gekommen waren, dieselben zu erhöhen anfangen und eher noch, als jene zum Schwärmen gelangen. Man siehet doch wohl daraus offenbar, daß der natürliche Instinkt der Bienen königliche Zellen zu erbauen, mit der Vermehrung ihres Volks, dem Fortgange des Baues und der Witterung genau zusammenhange, und die Anreizung dazu nur durch eine glückliche Vereinigung dieser Umstände in einem Stocke erfolgen könne.

Daß die Grundlage zu königlichen Zellen bloßer Mechanismus in ihrer Bauart sey, ist ja auch daraus offenbar, weil auch die schlechten Stöcke, die erst im Julius mit ihrem Bau so weit kommen, ja so gar auch die Schwärme noch im August, eben diese Grundlagen zu königlichen Zellen an den Drohnentafeln machen, ob sie gleich dieselben niemals weiter fortbauen, so groß auch hier der Ausfluß von den männlichen Eyern seyn muß. Was also Huber oft im October noch bemerkt haben will, das doch nicht einmal so seyn können, weil in diesem Monat kein Stock das Geringste mehr bauet, das hätte er an vielen andern viel leichter bemerken können. Es ist nun aber einmal seiner Einbildung nicht zu viel, die ungegründetsten Dinge als wirklich gemachte Erfahrungen einzumischen und daraus Schlüsse zu ziehen, wovon sich kein vernünftiger Mensch eine deutliche Vorstellung machen kann. Denn was soll nun genau betrachtet, sein Ausfluß von den männlichen Eyern heißen, der die Bienen zur Erbauung königlicher Zellen anreizen soll?

§. 3.

§. 3.

H. CR. Riem's und Wurster's Meinung, wenn die Bienen Anstalt zur Erbrütung junger Königinnen machen.

In Hübers neuen Beobachtungen §. 272. not. 2. S. 385 hält es H. CR. Riem für sehr wahrscheinlich, es würden nicht eher Königinnen erbrütet, als bis meistens die alte Mutter stirbt, oder schwach wird: so werden sie nun, durch Bewegungsgründe geleitet, neue und zugleich meistens mehrere Mütter erbrüten, seltener solche nur einzeln erzeugen.

H. Wurster behauptet §. 47. Es ist in einem Stock das ganze Jahr hindurch eigentlich nicht mehr als eine Königin. So lange diese lebt, so lange machen die Bienen keine Anstalt eine neue zu erbrüten, und sollten sie auch in der Schwarmzeit den Stock durchaus ausgebauet und gefüllt haben, auch ihre Volksmenge so groß seyn, daß sie sich nicht mehr in den Stock hinein begeben können, sondern außerhalb desselben müßig hinlegen müssen.

Was erstlich H. Riems Meinung betrifft, so kann man von den Bienen, als Insekten, wohl nicht sagen, daß sie zu irgend etwas durch Bewegungsgründe geleitet werden könnten. Sie handeln vielmehr nur nach ihrem natürlichen Instinkt, wenn dieser veranlaßt oder gereizt wird. Wenn es überdies heißt, daß nicht eher Königinnen erbrütet würden, als bis meistens die alte Mutter stirbt oder schwach wird; so ist dieses etwas unbestimmt gesprochen. Denn im Vordersatz heißt es, sie würden nicht eher erbrütet, und nach dem Hintersatz soll es nur meistens geschehen, wenn die Königin stirbt oder schwach wird. Also bliebe doch noch ein anderer Fall übrig, daß auch junge

Königinnen erbrütet werden könnten, wenn die alte Mutter weder schwach worden, oder gestorben ist. Hätte ich ja damit H. Riems rechte Meinung nicht getroffen, will ich mich gern eines Bessern belehren lassen.

Die Schwachheit der Königin kann den natürlichen Instinkt der Bienen, neue und mehrere Mütter zu erbrüten, nicht anreizen. Denn sie lieben ihre Mutter bey aller Schwachheit, so gar wenn sie keine Eyer mehr legen kann und unfruchtbar ist, so sehr, daß dieses nie eine Veranlassung wird, neue und mehrere Königinnen zu erbrüten. Man setze einem Stocke, der eine unfruchtbare Königin hat, noch so viele Brut in Maden zu, sie werden solche zwar mit Freuden annehmen, auch die jungen Bienen ausbrüten, niemals aber Anstalt zu einer neuen Königin machen, so lange sie ihre alte Mutter noch bey sich haben. Davon sind so viele Erfahrungen vorhanden, daß daran gar nicht gezweifelt und also die Schwachheit der Königin nie als eine Ursache, geschweige als ein Bewegungsgrund angegeben werden kann, junge Königinnen zu erbrüten.

Was den andern Fall betrift, den H. Wurster als den einzigen annimmt, wodurch die Bienen gereizt werden könnten, junge Königinnen zu erzeugen, nämlich wenn die bisherige Mutter derselben stirbt oder auf irgend eine Art aus dem Korbe verlohren geht, so ist unstreitig gewiß, daß von den Bienen sogleich Anstalt gemacht wird, neue und mehrere zu erbrüten, wenn solche Brut vorhanden ist, woraus sie es bewerkstelligen können. Hier darf man aber die königlichen Zellen nicht an den Rändern der Tafeln, wie bey solchen Stöcken suchen, die noch ihre Mutter haben und doch weit mehrere junge Königinnen zum Schwärmen ansetzen und nach und nach erbrüten, als diese, die die Königin verlohren haben. Es werden solche allemal

mitten

mitten in den Tafeln von kleinen Brutzellen in der Gegend errichtet, wo noch unverschloſſene Brut in allerhand Arten von Maden ſtehet. Wenn man es des Abends an der Unruhe der Bienen bemerkt hat, daß ſie ihre Mutter verlohren haben; ſo kann man es den darauf folgenden Morgen gleich an ihrer Ruhe und wenn ſie an einer Brüttafel recht dicke aufliegen, erkennen, daß ſie an dieſer Anſtalt zu jungen Königinnen gemacht haben. Man kann ſich auch deſſen nach ein paar Tagen gewiß verſichern, wenn man die Bienen an dieſem Orte nur mit ein wenig Tabaksrauch aus einander treibet. Selten wird man aber mehr als zwey königliche Zellen angeſetzt finden, es müßte denn nahe gegen den Sommer und ſchon vieles Volk und Brut im Stocke vorhanden ſeyn, da ſie an verſchiedenen Tafeln zugleich Anſtalt zu jungen Königinnen machen.

Was ich noch weiter hinzuſetzen könnte, um zu beweiſen, daß die meiſten jungen Königinnen beym leben der alten Mutter erbrütet werden, muß ich bis in das Kapitel vom Schwärmen verſparen, weil beydes ſo genau mit einander verbunden iſt, wohin ich alſo den geneigten Leſer verweiſe.

Der natürliche Inſtinkt der Bienen, junge Königinnen zu erbrüten, wird alſo durch eine zwiefache Veranlaſſung angereizt. Erſtlich geſchiehet es im Frühjahr aus dem Vermehrungstrieb, den alle Inſekten um dieſe Zeit haben, wenn ihnen die Witterung zur Förderung des Baues und Vermehrung des Volkes günſtig iſt, daß ſie, um neue Colonien abſchicken zu können, noch beym leben der Altmutter viele junge Königinnen erbrüten. Sodann aus Noth, wenn die alte Mutter ſtirbt oder ſonſt durch einen Zufall verlohren geht, oder mit Vorſatz aus dem Stocke weggenommen wird. In dieſem Falle müſſen ſie aber allemal Arbeitsbienenbrut von ein bis fünftägigen Maden

im

im Stocke haben. Außerdem muß es unterbleiben, so groß die Noth auch ist, die sie durch ihr Herumlaufen und Suchen, und durch das erbärmliche Geheule beym Aufheben des Korbes zu erkennen geben.

§. 4.

Vom Alter und Sterben der Königin.

Die Frage über das Alter der Königin, oder wie lange sie wohl lebe, ist bisher in der Bienenlehre als eine Frage von großer Wichtigkeit behandelt worden, theils weil viele behaupten, eine einmalige Begattung mache sie auf ihre ganze Lebenszeit zu einer fruchtbaren Mutter, theils weil andere meinen, ihr kurzes Alter oder Leben mache den wahren Grund von der Erhaltung des ganzen Bienengeschlechts aus. Beyde Meinungen haben verursachet, daß man der Bienenkönigin eine weit kürzere Lebenszeit bestimmet, als viele wirklich haben.

Einige behaupten zwar, daß eine Königin viele Jahre z. B. bis ins 7te und 9te eine fruchtbare Mutter bleiben und durch ihre Trennung von ihrem Stock von Jahr zu Jahr neue Colonien errichten könne. Andere bestimmen aber ihre Lebenszeit nur auf zwey Jahre und etwas darüber. Noch andere, wie H. Riem auf ½ Jahr und H. Wurster hat ihr das kürzeste Ziel gesetzt, nämlich, daß sie nicht über ein Jahr lebe.

H. Huber und alle diejenigen, die die Begattung derselben mit den Drohnen durch den Ausflug in der Luft annehmen, behaupten, daß sie durch diese einmalige Begattung auf ihre ganze Lebenszeit befruchtet würde. Und wenn sie nun diesen Zeitpunkt näher bestimmen wollen, so heißt es immer auf zwey Jahre und darüber. Hier muß aber doch jeder leicht einsehen, daß man nach dem willkührlich angenommenen

Satz,

Satz, die Königin werde durch eine einmalige Begattung auf ihre ganze Lebenszeit befruchtet, das Alter derselben unmöglich auf zwey Jahre und darüber setzen könne, weil schon dieses wider alle gesunde Physik ist, daß dergleichen Insekten, wie die Bienen sind, durch eine einmalige Begattung auf zwey Jahre und darüber sollten befruchtet werden können. s. 1ster Th. §. 58. Denn sollte die Königin, wie die Schmetterlinge, nur eine bestimmte Eyerlage haben, die auf einmal befruchtet werden könnte, so müßte sie allemal, wenn sie sich ausgelegt hätte, wie jene sterben und ihre Lebenszeit könnte nicht auf zwey Jahre und darüber reichen. H. Hüber verfällt §. 228 und 270 in diesen Widerspruch und Verwirrung: Er läßt alte Königinnen, die sich nach ihrem dünnen Leib ausgeleget hatten, mit einem Schwarm ausziehen und sagt nicht das geringste davon, wie nun durch eine solche Königin die neue Colonie erhalten werden sollte, da sie sich nach seinem Ausdruck bald ausgelegt gehabt und doch keine neue Begattung statt haben könne. Eines hebt also das andere auf. Die Königin kann nicht zwey Jahre und drüber alt werden und geschickt seyn neue Colonien zu errichten, wenn sie sich nur einmal begatten und die daher entstehenden fruchtbaren Eyer auslegen kann; oder, sie muß sich von neuem begatten und dadurch in den Stand kommen, mehrere Jahre hinter einander eine fruchtbare Mutter zu neuen Colonien zu bleiben.

H. CR. Riem's Meinung von dieser Sache glaube ich am deutlichsten und umständlichsten in der Anmerkung zu §. 226. S. 340. der Hüberschen neuen Bemerk. gefunden zu haben, ich will daher solche ihrem Hauptinhalt nach vorausschicken.

Es legt nicht eine Mutter so zahlreich, wie die andere; es ermattet daher nicht eine so bald, wie die andere; und es stirbt so auch eine nicht so früh, wie die andere. Indessen kann der jetzige Fall (die Königin war durch Beschneidung eines Fühlhorns kenntlich gemacht worden) hier als seltener Fall betrachtet werden, weil ich glaube, daß die Königinnen es meistens mit den Arbeitsbienen gemein haben, etwas über ein Jahr alt zu werden. Schon in der Anmerkung bey §. 204. sagte ich mit Bedacht: Höchst selten würden die fruchtbarsten Königinnen viel über ein Jahr leben; so wie ich bey §. 272. auch dabey zu beharren Ursach hatte. Weil nun bey §. 94. S. 220 sich hieher bezogen worden, daß man mehr finden würde, so wiederhole ich es hier, die Sache für selten zuzugeben, und sage noch folgendes: Zumal doch Fälle vorhanden sind, wo man gezeichnete Königinnen — wofern sie allemal so ganz richtig, wie bey Hübern, gezeichnet waren — mehr als ein Jahr in Stöcken vorgefunden hat, wie mir aufs neue in diesem Jahre mein alter Bienenfreund Uberschär zu Höfel bey Löwenberg in Schlesien versichern will; so leugne ich die Möglichkeit, daß manche Mutter nicht älter, als ein bis zwey Jahr alt werde, nicht gänzlich. Huber und Uberschär sind mir zwey würdige glaubbare Männer, die ich schätze. Dieser letzte galt seiner praktischen Bienenerfahrungen wegen, und da er selbst beobachten kann, und sich folglich nicht auf frembe Augen verlassen muß, schon lange her viel bey mir — Genug sey es hier, daß ich, ob es gleich sehr Tag in der Bienenlehre durch diesen Satz werden würde, wenn man ihn ganz und ohne allen Zweifel erweisen könnte, doch denselben nicht allgemein

behaupten

behaupten will. Also bleibts dabey: Es wird eine vollkommene Bienenmutter, schon wegen ihrer großen Fruchtbarkeit allein, selten und höchst selten mehr als ein bis anderthalb Jahr alt, und dies dann bey Seite gesetzt, wie viel andere Fälle giebt es nicht, die den Königinnen das Leben rauben, und ihnen um so weniger ein höheres Alter zulassen können? Ich meine, die vielen Gefährlichkeiten, denen sie theils bey der Begattung ausgesetzt sind, wenn sie nach den Erfahrungen vieler unserer ältern Autoren, und dann nun auch nach denen des H. Hubers, wo nicht immer, doch vielleicht meistens und am liebsten, wenn sie flugbar sind, in die freye Luft fliegen. Anderer Zufälle, die ihnen zustoßen und das Leben verkürzen können, will ich gar nicht gedenken. — Kurz zu sagen, ich glaube immer noch, daß nur sehr wenige Stöcke eher Anstalten zu neuen Königinnen machen, als bis die alte Mutter entkräftet vom Eyerlegen, so gut stirbt, wie die Arbeitsbienen von vielen Arbeiten, und der wenigen Drohneneyerlage, als welche auch nur meistens ein bis $\frac{3}{4}$ Jahr alt werden. Warum soll eine Königin, die doch weit mehr, wie eine gemeine Biene legt, folglich sich hievon mehr entkräftet, wenn die Arbeitsbiene nur von Arbeit veraltet, länger als diese Arbeiterinnen leben?

H. Wurster drückt sich über diese Sache in wenigen Worten §. 57. fast eben so aus:

So viel ist gewiß, daß selten eine Königin über ein Jahr alt wird, und wenn sie älter wird, solches zum Verderben des ganzen Stocks geschiehet. §. 63. Ich bin demnach, und gewiß aus voller Ueberzeugung, der Meinung, daß eine Königin gewöhnlich ein Jahr alt wird, sehr oft aber dieses Alter nicht erreicht. Ja ein Stock kann vom Monat May bis in den August die Königin etlichemal einbüßen, weil

in

in diesen Monaten so unsäglich viele Eyer gelegt werden. Ihr Abgang hingegen wird bey vorräthiger tauglicher Brut sogleich wieder ersetzt, und die Arbeit geht ununterbrochen fort.
Noch weitläuftiger redet er davon §. 118.

Bey diesen verschiedenen Meinungen kommt es hauptsächlich darauf an, da Huber und die mit ihm einerley Begattungsart annehmen, der Königin ein Alter von zwey Jahren und drüber beylegen, andere auch Fälle angeben, daß Königinnen, die ein gewisses Kennzeichen an sich gehabt, ein Alter von mehrern Jahren erreicht haben, ob dieses nur ein höchst seltener Fall ist und vielmehr das gewöhnliche Alter der Königinnen meistens nur auf ein bis $\frac{1}{4}$ Jahr, wie bey den Arbeitsbienen gebracht würde. Die angegebenen Gründe, warum das letztere der gewöhnliche Fall, und jenes nur höchst selten seyn müsse, beweisen das nicht, was sie beweisen sollen.

Die Bienenmutter wird bey ihrer vielen Eyerlage auch sehr gut gepfleget, daß es ihr dabey so leicht nicht an Kräften fehlen kann. Die Mütter von Hornissen und Wespen müssen im Frühjahr ganz allein den Grund zu ihrer Republick legen, das Nest bauen, Eyer legen, für ihre und der Brut Nahrung sorgen und sie bleiben immer bey Kräften und man sieht sie auch im Herbst, ohnerachtet ihrer starken Eyerlage, noch so munter, daß sie mit dem ganzen Schwarm ihrer Nachkommenschaft aus dem Neste aus und davon ziehen können. Keine einzige von diesen Müttern bleibt entkräftet, oder verstorben zurück. Ueberdies ist ja, da die meisten zur Schwarmzeit sterben sollen, die Eyerlage noch nicht so langdauernd gewesen, daß sie davon bis zum Sterben entkräftet werden können. Ohne Zweifel ist ihr bisher auch eine größere Eyerlage aufgebürdet worden, als sie

Zweyter Theil.   B   wirklich

wirklich zu thun hat. Denn warum wären Drohnenmütter vorhanden, wenn nicht die Königin des Geschäftes, Drohneneyer zu legen, entlediget seyn sollte? Und was die vielen Gefährlichkeiten betrift, denen sie beym Ausflug zur Begattung und sonst unterworfen seyn soll; so fallen diese fast ganz weg, weil diese Begattung in der Luft s. 1. Th. 6. Abtheil. niemals geschiehet, und die Königin außer im Frühjahre bey der Reinigung wohl selten, oder niemals aus dem Stocke kömmt. Denn die zur Schwarmzeit, sonderlich von Nachschwärmen ausgehenden Königinnen gehören zu den überflüßigen, an deren Umkommen nichts gelegen ist, weil sie doch zuletzt in ihren eigenen Stöcken getödtet werden.

Wenn H. Wurster sagt, ein Stock könne vom Monat May bis in August die Königin etlichemal einbüßen, weil in diesen Monaten so unsäglich viel Eyer gelegt würden: ihr Abgang hingegen würde bey vorräthiger tauglicher Brut so gleich wieder ersetzt und die Arbeit gienge ununterbrochen fort; so muß er den Zustand mutterloser Stöcke gar nicht bedacht haben. Drey Wochen stehet nach Abgang der Königin die Eyerlage stille. In sechs Wochen können erst von der neuen Königin wieder junge Bienen flugbar werden, wie sollte also die Arbeit ununterbrochen fortgehen können? Ein Stock, der in diesem Zeitraume die Mutter zweymal verliert, muß allemal eingehen.

Wir wollen aber einmal als ausgemacht annehmen, daß das Alter der Königin höchst selten über ein oder ¼ Jahre gehe, wie bey den Arbeitsbienen; so fiele der meisten ihr Sterben in den Monat Junius bis zu Ende des Augusts; so müßte doch in dieser Zeit am meisten die gewöhnliche Trauer um den Verlust der Königin an den Stöcken wahrzunehmen seyn. Wollte man ja sagen, in dieser Zeit könne man ihren Verlust an den Stöcken nicht so gewahr werden, wie zu einer andern, weil sie denselben sogleich aus der Brut zu ersetzen müßten. Die Bienen sind ja aber auch zu dieser Zeit bey dem Verlust ihrer Königin so wenig gleichgültig, als zu einer andern. Man sieht es doch wohl offenbar an Stöcken, die abgetrieben worden sind, daß sie um diese Zeit eben so um das Flugloch herumlaufen, ängstlich suchen und wüthend stechen, weil sie die Königin nicht mehr im Stocke finden? Es müßte auch weit öfter beym Abtreiben geschehen, daß gar keine Königin im alten Stocke befindlich wäre, weil gerade ihre Zeit zu sterben da gewesen. Man ist aber darüber unbesorgt und das Abtreiben gelingt immer, wenn es nur recht angefangen wird. Ich kann wenigstens mit Wahrheit versichern, daß ich zu dieser Zeit niemals Stöcke wahrgenommen habe, die den Tod oder den Verlust der Königin zu erkennen gegeben hätten, außer was bey manchen durch allzuvieles Schwärmen geschehen ist, und auch diese laufen wenigstens einen Tag ängstlich am Flugloche herum, wenn sie ihren Verlust merken. Was ich hier noch außerdem für nähere Beweise hinzuthun könnte, daß das Leben der Königinnen länger dauern müsse, wenn sie nicht durch Zufall umkommen, verspare ich bis in das Kapitel von Schwärmen, weil die Sache nur aus der Natur und Beschaffenheit der Schwärme deutlich gemacht werden kann, wozu H. Riem so wohl, als Wurster den vorhergegangenen Tod der Königin erfordern. Wohin ich also den Leser verweise.

Das Zeichnen der Königin, wie es H. Huber und vielleicht auch Uberschär gethan hat, ist freylich das sicherste Mittel bey vielen hinter das wahre Alter zu kommen. Ich zeichnete daher auch die Königin in meinem großen Glasstock den 12ten Aug. 1792 mit einem Punkt von rothem Firniß auf dem Rükken, und ob sich gleich die Bienen alle Mühe gaben, sie nach ihrer gewöhnlichen Art davon zu reinigen, und durch das öftere Einkriechen mit ihrem Rücken in die Zellen die rothe Farbe sich völlig verlohren hat; so siehet man doch immer noch einen glatten braunen Punkt in einer Art der Vertiefung davon, daß ich völlig versichert seyn kann, es sey noch eben dieselbe. Diese Königin ist nun schon völlig drey Jahr alt, weil ich den Schwarm im Junius in den Stock gebracht hatte. Es müssen aber freylich solche Zeichnungen von mehrern zu gleicher Zeit vorgenommen und hernach zusammengehalten werden, sonst heißt es wieder am Ende, es sey ein höchstseltener Fall, oder eine junge Königin könne sich durch Abstoßung eines Fühlhorns, oder durch einen mit in die Welt gebrachten eingeschrumpften Flügel eben so auszeichnen, als wie man geglaubt, daß man daran an der alten ein sicheres Abzeichen habe. Man siehet auch hier wieder, daß alles auf Beobachtungen ankommt und so lange man diese nicht selbst gemacht hat, ist es unschicklich, nur Zweifel daran zu erregen, die oft so weit hergeholt sind.

Die Stellung der hier dem ersten Anschein nach einander entgegen gesetzten Meinungen wird also nach der Natur der Sache und nach richtigen Erfahrungen, (wie unten im Kapitel vom Schwärmen aus mehrern bewiesen werden wird), diese seyn: daß eine Bienenkönigin, um ihre Republik zu erhalten und neue Kolonien zu gründen, zwey, drey und mehrere Jahre lebt, daß aber ein Alter von vielen Jahren, und wenn sie im ersten und zweyten Jahre stirbt, oder durch einen Zufall umkommt, ein seltener Fall ist. Die meisten Erfahrungen stimmen darin überein, der weise Schöpfer habe auch dieses in die Natur der Bienen gelegt,

legt, daß das Leben der fruchtbaren Bienenmutter, welches zur Erhaltung und Vermehrung dieses Insekts so nothwendig ist, länger als der gemeinen Bienen dauern soll.

§. 5.
Von der Gefangenschaft der jungen Königinnen in den Zellen.

Es wird schon hie und da in deutschen Schriftstellern davon geredet, daß oft junge Königinnen, wenn die alte wegen übler Witterung nicht mit dem Schwarm ausziehen könnte, einige Tage in den Zellen gleichsam gefangen gehalten und darin gefüttert würden. Nachdem H. Huber §. 241 wider alle richtige Erfahrungen bewiesen haben will, daß nur alle 24 Stunden eine Zelle von den jungen Königinnen verschlossen würde, da es doch oft an einem Tage, an zweyen, dreyen und mehrern zu gleicher Zeit geschiehet; so läßt er in dem folgenden schon viel von der langen Gefangenschaft mit einfließen, worin die jungen Königinnen gehalten würden, ohne davon besondere Ursachen anzugeben. Wenn man die Vorstellung beybehält, daß er diese Beobachtungen in einem großen platten gläsernen Stocke gemacht haben will, worein er nach §. 233. die Bienen von zweyen Körben hatte einziehen lassen und der auch schon mit Bienen und vollen Tafeln muß besetzt gewesen seyn, weil nach §. 234 die einzige dabey gelassene Königin sehr geschwind wechselsweise angefangen in die gemeinen und die großen Zellen zu legen; so muß doch wohl jeder Vernünftiger einsehen, daß in einem solchen mit so vielen Bienen angefüllten Stocke ganz unmöglich die Kleinigkeiten haben beobachtet werden können, die er bemerkt haben will. Denn die Seiten des Glases sind alsdenn von den vielen Bienen so belegt, daß von dem, was auf den Wastafeln vorgehet, nicht das geringste zu sehen ist. Müssen die meisten in den warmen Mittagsstunden wegen der Hitze den Stock verlassen, so legen sie sich außen an die Seiten an und verhindern auch hier alles Beobachten. Daß es also ganz Unmöglichkeit wird, in einem platten Glasstocke bey so vielen zusammen gebrachten Bienen nur so viel wahrzunehmen, als in einem stehenden Korb, dessen Tafeln in den Mittagsstunden, zumal wenn der erste Schwarm abgegangen ist, mehrentheils von Bienen entblößt sind, beym behutsamen Aufheben zu sehen ist. So gar will er §. 2,2 des Abends um zehn Uhr, da vollends wegen der sich versammelten Bienen ganz und gar nichts mehr zu sehen ist, bemerkt haben, daß die gefangene Königin No. 5. frey worden sey. Kurz, alle diese Erzählungen sind so voll Charlatanerie, daß jeder Sehende erkennen muß, wie hier weiter nichts, als sich selbst gemachte Einbildungen zusammen gesetzt sind, ob gleich der Verfasser §. 283. versichert, daß er nicht wie andere Schriftsteller das Recht mißbrauche, sich Hypothesen zu überlassen. Man bemerke noch überdies, daß hier der Schriftsteller von zwey Körben spricht, woraus er die Bienen genommen und solche in den platten Glasstock habe einziehen lassen. Dieses Wort ist in den ersten Briefen nie vorgekommen, weil H. Huber keine andern, als Blätter- und Glasstöcke haben wollen. Ein neuer Beweis, daß mehrere Verfasser an diesem künstlichen Werke gearbeitet haben. Und nun nur noch eine Frage: Was ist denn für ein Kunststück angewendet worden, die Bienen, die aus den zweyen Körben zu denen in dem Glasstocke gebracht wurden, dahin zu bringen, wenn solche auch

ohne

ohne Streit angenommen worden wären, darin zu bleiben, und nicht nach geschehenem Ausflug wieder auf ihren alten Standort zurückzukehren? Doch man wird verdrüßlich, solche sich äußerst widersprechende Dinge nur zu lesen, geschweige abzuschreiben.

Was soll aber nun die Absicht seyn, daß alle junge Königinnen bis auf sechs Tage in der Gefangenschaft gehalten werden?

§. 279 heißt es: Ich zweifele im geringsten nicht, daß die Nothwendigkeit von Eintreffung eines schönen Tages zum Ausgang eines Schwarmes einer von den Gründen sey, welche die Natur bestimmt hat, den Bienen das Gesetz zu geben, die Gefangenschaft ihrer jungen Königinnen zu verlängern. Ich werde nicht verheelen, daß sie zuweilen auf eine etwas willkührliche Art Gebrauch von diesem Rechte zu machen scheinen. Indessen währet das Gefängniß der Königin allemal länger, wenn das schlimme Wetter ohne Unterbrechung etliche auf einander folgende Tage anhält. Hier kann die Endursache nicht verkannt werden. Wenn nämlich die jungen Königinnen die Freyheit gehabt hätten, aus ihren Wiegen, worin sie ihre letzte Entwickelung erhielten, zu gehen, so würden sich während den schlimmen Tagen eine Mehrheit von Königinnen und daher Schlachten und Opfer in den Stöcken befunden haben. Die schlimme Zeit konnte sie (sich) genugsam verlängern, so, daß alle Königinnen zum Zeitpunkt ihrer Verwandelung und Freyheit gelanget waren. Nach allen Schlachten, welche sie sich liefern, würde eine einzige victorisirende von allen im Besitz des Throns geblieben seyn, und der Stock, der natürlicher Weise mehrere Schwärme geben sollte, würde nicht mehr als einen Schwarm gegeben haben. Die Vermehrung des

Geschlechts würde also dem Glückszufalle des Regens und guten Wetters überlassen gewesen seyn, anstatt, daß sie in allen Stöcken davon durch die weisen Dispositionen der Natur unabhängig ist. Indem aber nur eine einzige Königin auf einmal aus der Gefangenschaft gelassen wird, ist die Bildung eines Schwarms gesichert. Diese Erklärung scheint mir so einfach zu seyn, daß ich es für überflüßig halte, mehr davon zu erwähnen.

Und dennoch stimmt das Hiergesagte mit den angenommenen weisen Dispositionen nicht im geringsten überein. Nur wenn die alte Mutter mit dem ersten Schwarm nach dem Trieb der Arbeitsbienen wegen schlimmer Witterung nicht ausziehen kann, geschiehet es, daß die jungen Königinnen einige Tage von den Arbeitsbienen in der Gefangenschaft gehalten werden. Aber gewiß nicht, um die eingebildeten Schlachten und Opfer zu verhindern, wie ich schon 1788 in meiner Korbbienenzucht S. 126 angeführet habe. Wenn der erste Schwarm abgegangen ist, wird keine Königin mehr, wenn sie zur Reise gekommen ist, in der Gefangenschaft gehalten. Sie können ungehindert aus ihren Zellen heraus. Es geschiehet dieses auch bey schlimmen Wetter. Es entstehen deswegen unter ihnen keine Schlachten und Opfer. Sie leben in geduldiger Erwartung eines schönen Schwärmtages oft viele Tage friedlich neben einander. Ich habe 1792 bey einem starken Nachschwarm, weil der erste zurück und dabey die alte Königin verlohren gegangen war, 21 junge Königinnen gefunden, die nach und nach, wie ich an den geöfneten Zellen bemerkte, ausgelaufen gewesen und auf 14 Tage lang friedlich mit einander gelebet, auch mit dem Schwarm zusammen abgegangen waren. Erst alsdenn, wie der Schwarm eingeschlagen

schlagen und an seinen bestimmten Ort in der Hütte gebracht worden war, fiengen die Arbeitsbienen an eine nach der andern, bis auf die Erwählte, herunter zu bringen und auf dem Standbrete zu tödten. Wenn aber die schlimme Witterung so lange anhält, daß es zu keinem Nachschwarm kommen kann, so geschiehet eben dieses in dem alten Stocke, die ausgelaufenen werden bis auf eine getödtet, die in den Zellen unreifen herausgerissen und es erfolgt kein weiterer Nachschwarm. Weg also mit der eingebildeten Gefangenschaft aller jungen Königinnen. Jedoch H. Huber weiß noch mehr Ursachen davon anzuführen.

§. 280. liest man: Allein ich muß einen andern wichtigen Umstand anzeigen, welcher aus der Gefangenschaft der Königinnen folgt. Das ist (dieser ist:) daß sie im Stande sind, alsbald zu fliegen und abzureisen, wenn die Bienen ihnen die Freyheit lassen und durch dieses Mittel werden sie fähig, im ersten Augenblicke, wo die Sonne hervortritt, eine Kolonie auszuführen. Und §. 282. aber eine Geschichte, die noch merkwürdiger ist, bestehet darin, daß die Weibchen je nach den Tagen ihres Alters in Freyheit gesetzt werden. Wir haben uns Mühe gegeben, durch Nummern alle königliche Zellen im Augenblicke (man stelle sich hierbey wieder einen großen mit überhäuften Bienen angefüllten Glasstock vor, ob sich davon nur eine Möglichkeit denken läßt), wo die Bienen solche mit einem Deckel zuschlossen, zu zeichnen; und wir erwählten diese Epoche, weil sie dazu diente, uns das Alter der Königinnen mit Bestimmtheit anzuzeigen. Da haben wir nun immer beobachtet, daß die älteste Königin die Freyheit am ersten erhielte, und die, so ihr unmittelbar folgte, die zweyte gewesen war u. s. w.

Keines von den Weibchen gieng eher aus seinem Gefängnisse, als nachdem die ältern frey waren.

Es ist eine ganz sonderbare Behauptung, daß bey den Königinnen die Gefangenschaft in der Zelle das Mittel seyn soll, wodurch sie in den Stand gesetzt würden, alsbald zu fliegen und abzureisen; da wir es doch deutlich an allen andern jungen Bienen und Drohnen sehen, wie sorgfältig sie erst nach ihrem Auskriechen von den Arbeitsbienen, sonderlich an den Flügeln geputzt werden müssen, ehe sie es den zweyten oder dritten Tag wagen können auszufliegen. Jedoch diesem Schriftsteller ist nichts zu sonderbar, das er nicht kühn für eine gewisse Beobachtung ausgeben sollte, wenn es ihm einmal eingefallen ist. Dahin gehört nun auch dieses noch, daß dieses Mittel die jungen Königinnen fähig mache, im ersten Augenblick, wo die Sonne hervortritt, eine Kolonie auszuführen. Man soll sich also die Ungereimtheit vorstellen, daß eine Königin, so wie sie aus der Zelle schlüpft, im Stande sey zu fliegen, und auch in dem Augenblicke die Kolonie von Bienen beysammen ist, die sie ausführen soll.

§. 6.

Vom Gesang der jungen Königinnen in der Gefangenschaft.

Es ist eine bekannte Sache, daß nach dem Abzug der alten Königin mit dem ersten Schwarm aus einem Stocke, oder wenn ein bevölkerter Stock noch eher durch einen Zufall um die Altmutter gekommen ist, und junge Königinnen erbrütet worden sind, diejenigen, die Lust haben mit einem Schwarm auszuziehen, ihr Daseyn durch eine Art des Gesanges zu erkennen geben, und wenn dieser etliche Tage gedauert hat, bey schönem Wetter

Wetter der Schwarm auch wirklich erfolget, bey anhaltendem schlimmen aber zurücke bleibet. Nur junge Königinnen lassen diesen Gesang von sich hören, und so viele auch dieses von dem ersten Schwarm eines Stockes behaupten wollen, so ist es doch nur ein seltener Fall, nämlich wenn die alte Königin verlohren gegangen ist und mehrere junge nach ihrem Abgang erbrütet worden sind. Eine alte Königin läßt sich vor ihrem Auszuge mit dem Schwarm niemals wie die jungen durch diesen Gesang hören. Man ist bisher damit zufrieden gewesen, an diesem Gesange ein Kennzeichen der noch folgenden Nachschwärme zu haben, und hat dieses allgemein als die Absicht dieses Gesanges angegeben. Denn wenn dergleichen Gesang in einem Stocke nicht mehr gehöret wird, ist kein Schwarm mehr zu gewarten, und wenn die singenden Königinnen ihre Absicht erreicht haben, mit dem Schwarm ausgezogen und in einen andern Stock gebracht worden sind, so höret dieser Gesang auf.

H. Huber, der uns durch seine mühsamen Versuche und Beobachtungen nach seiner gallischen Imagination bey allen Kleinigkeiten neue Ursachen und Absichten in den Handlungen der Bienen aufklären will, führet auch davon ganz neue Entdeckungen an. Er hat nicht nur nach §. 242. die Entdeckung gemacht, (welches außer ihm wohl niemand beobachtet haben wird), daß ein Weibchen, welches von den Bienen in der Zelle gefangen gehalten worden, in diesem ihrem Gefängnisse einen gewissen Laut, wie ein sehr deutliches Händeklatschen, von sich gegeben habe. Am Abend wurde dieser mehr abgetheilter, er war von mehreren Noten über einerley Ton zusammengesetzt, der sich auch geschwind einander folgte. Und ferner §. 243. am 8ten vernahmen wir den Gesang in der zweyten Zelle. Mehrere Bienen machten die Wache um jeder dieser

Zellen aus. Nun höre man weiter, was dieser Gesang auf die wachthabenden Bienen an den Zellen für einen Einfluß haben soll?

§. 28?. heißt es: Ich habe mich hundertmal bey mir selbst befragt: wie die Bienen auf eine so sichere Art das Alter ihrer Gefangenen unterscheiden? Ich würde ohne Zweifel auf diese Frage, wie auf hundert andere, besser durch ein simples Bekenntniß meiner Unwissenheit antworten. Indessen erlauben Sie mir, mein Herr, Ihnen eine Vermuthung vorzulegen. Sie wissen, daß ich nicht so, wie einige Schriftsteller das Recht mißbrauche, mich Hypothesen zu überlassen!!! Sollte der Gesang oder der Ton, welchen die Weibchen in ihren Zellen von sich hören lassen, nicht ein Mittel seyn, das die Natur anwendet, den Bienen das Alter dieser Königinnen bekannt zu machen. Es ist gewiß, daß das Weibchen, welches in der Zelle zuerst eingeschlossen war, vor denen der andern auch zuerst singe. Das Weibchen, das unmittelbar in der nach ihr folgenden Zelle eingeschlossen ist, singt viel früher, wie ihre jüngere Schwester u. s. w. Ich gebe zu, daß wie die Gefangenschaft sechs Tage dauren kann, so ist es möglich, daß in diesem Zeitverlust die Bienen vergessen!! welches die Königin sey, so zuerst sang. Allein es kann auch seyn, daß Königinnen ihren Gesang nach Maaßgabe ihres Alters mit Gewalt ändern, und daß die Bienen diese Variationen zu unterscheiden wissen!! Wir!! haben selbst diese Verschiedenheiten in diesem Gesange erkannt, sey's wirklich mit Bezug auf die Folge der Noten, sey's in Betracht der Stärke des Tons. Er hat wahrscheinlich noch viel feinere Abwechselungen, die unsern

unsern Sinnen entgehen, aber von den Arbeitsbienen verstanden werden!!

Wer muß hier nicht Huber's Einbildungskraft be-
wundern, wie fein er uns Dinge beschreiben kann, die
die Natur anwenden soll, um Mittel zu gewissen End-
zwecken abzugeben, ob solche gleich gar nicht in der
Natur existiren. Denn die erste Entdeckung, die Huber gemacht haben will, daß die jungen Königinnen
ihren Gesang in der Gefangenschaft bey noch bewachten
oder verschlossenen Zellen anfangen und denselben auf
sechs Tage lang darin fortsetzen sollten, muß ich für
grundfalsch erklären. Man wird es mir auf mein
Wort glauben, daß ich in dreyßig Jahren bey meinen
stehenden Stöcken ungleich mehr Beobachtungen darüber habe machen können, als Huber in acht Jahren, und wozu diese seltsame Grundlage dienen soll,
werde ich gleich weiter aufklären. Ich habe schon
mehrmals erinnert, daß die letzten Briefe noch fei-
ner, als die ersten, in ihren Wendungen bearbeitet
sind und muthmaßlich sich ein anderer bemühet hat,
die in den ersten gelassenen Lücken so scheinbar, als möglich auszufüllen. Denn vom neunten Brief an zwecket
alles darauf ab, den Leser unvermerkt auf den Gedanken zu leiten, junge Königinnen könnten in ihrem Geburtsstocke nicht begattet und befruchtet
werden. Sie würden so lange in ihren Zellen eingeschlossen, bis sie die Fähigkeit erlanget hätten,
augenblicklich, wenn die Sonne hervorbreche, mit einem Schwarm auszuziehen, welches durch ihren Gesang in den Zellen bewiesen werde.

In meinen stehenden Körben kann ich die Zellen
der jungen Königinnen sehr gemächlich beobachten, zumal wenn der Hauptschwarm abgegangen ist und
der Bienen weniger worden sind. Ich habe, wie

§. 5.

§. 5. angeführt worden ist, schon längst bemerkt, daß vor dem Abgang des ersten Schwarms die jungen Königinnen bey übler Witterung, von den Bienen nicht heraus gelassen, sondern ihre gemachten Oefnungen immer wieder von den Arbeitsbienen verwichset würden. Das geschiehet aber nur vor dem Auszug der alten Mutter, nach diesen bey keiner Zelle weiter. H. Huber will aber beobachtet haben, daß es bey allen geschehe. Ich hatte auch das bemerkt, daß nach der zunehmenden Reifung der Königinnen die Spitze der Zelle von den Bienen sorgfältig entwichset und sie durch ein kleines Loch gefüttert wurden. In stehenden Körben befinden sich die meisten Zellen zu jungen Königinnen ganz unten an den Tafeln auf dem Standbrete, daß man also eine Veränderung damit leicht bemerken kann. So lange die Zellen verschlossen sind, werden von keiner einzigen die ersten abgebrochenen Töne, die Huber ein deutliches Händeklatschen nennet, geschweige der ganze Gesang gehöret. Und wenn die Königinnen gebohren sind, welches man deutlich an den regelmäßig an der Spitze eröfneten Zellen sehen kann, so dauert es noch fünf bis sechs Tage, ehe dieses Händeklatschen und des andern Tages darauf, der Gesang gehöret wird. Nach dem Abgang der alten Mutter, wird keine einzige junge mehr aufgehalten aus der Zelle zu gehen, so bald sie nur kann. Ich habe manchen Tag wohl zweye, dreye bemerkt, die kurz hinter einander heraus waren, und doch erfolgte erst nach fünf, sechs Tagen das Tüten, oder der Gesang. Wer auch nach Beschaffenheit seiner Stöcke das Auslaufen der jungen Königinnen nicht nach der eigentlichen Zeit bemerken kann, der kann es doch äußerlich vernehmen, daß dieser Gesang nach dem ersten Schwarm nicht eher als den 7ten, 9ten, ja wohl erst 11ten 12ten Tag seinen Anfang nimmt. Die jungen Königinnen sind si-

cher

cher schon etliche Tage unter den andern Bienen gewesen, ehe sie ihren Aufruf zur Versammlung eines neuen Schwarms anfangen. Denn wenn die Bienen das Schwärmen einstellen wollen, so lassen sie solche nie so weit kommen, daß sie ihr Feldgeschrey erheben können sondern tödten die noch übrigen ausgelaufenen bis auf eine, die sie behalten wollen, oder reißen alle, die noch in den Zellen sind, unreif bis auf eine heraus und wenn zum Unglück aus dieser einzigen übrigen Zelle keine ausgebrütet wird, so werden sie darüber gar mutterlos. Daher man im Herbst in manchem mutterlosen Stock noch die schönste unverletzte und verschlossene Weiselzelle antrift, um welche auch die Bienen versammlet sind. Wenn man aber dieselbe öfnet, so findet man mehrentheils eine halb vermoderte oder vertrocknete Made darin, oder es ist solche ganz leer.

Man wird auch dieses leicht äußerlich am Stocke bemerken, daß anfangs nur eine, den folgenden Tag zweye, dreye diesen Gesang und dazwischen mehrere, nur kurz abgesetzte gröbere Töne bald oben, bald unten, bald nahe am Flugloche, hören lassen, wie sie im Stocke herumlaufen, daß man es auch des Abends ziemlich weit entfernt vom Stocke vernehmen kann, welches nicht geschehen könnte, wenn sie noch in der Zelle eingeschlossen wären. Der Erfolg lehrt auch, daß dieses Bemühen der jungen Königinnen, das Volk zum Schwärmen zusammen zu rufen, nicht vergeblich ist. Denn je heller und anhaltender dieser Gesang wird, desto näher der Schwarm, und nur anhaltende üble Witterung kann den Auszug desselben verhindern. Was überdies noch einige Schriftsteller von dem Quäcken der Altmutter zwischen diesen Gesang behaupten, hat ebenfalls keinen Grund. Denn es ist alsdenn keine Altmutter mehr im Stocke vorhanden,

den, sondern dieselbe entweder schon mit einem Schwarme ausgezogen, oder sonst verloren gegangen.

Ich nehme es, wie doch wohl jeder Vernünftige thun muß, für ausgemacht an, daß jede Begattung der Königinnen im Stocke geschehe. Ich halte also wohl nicht ohne Grund dafür, daß nur solche junge Königinnen ihren Gesang erheben, die sich wirklich begattet haben und nun im Stande sind eine neue Kolonie zu errichten und daß dieses die Versammlung eines Theils des Volks zu ihnen veranlasse.

§. 7.

Von befruchteten und unbefruchteten Königinnen.

Die Oesterreichischen Schriftsteller, die zuerst die Begattung der Königin mit den Drohnen außerhalb dem Stocke in der freyen Luft behaupteten, fiengen auch bald an einen Unterschied zwischen Jungfern und Mutterweiseln, oder zwischen befruchteten und unbefruchteten Königinnen zu machen, und wollten nun daraus, so wie H. Huber, oder vielmehr dieser nach jener ihren Sätzen, manche Merkwürdigkeiten in der Bienenrepublik aufklären, z. B. wenn man denselben eine neue Königin gebe und diese von ihnen gut aufgenommen werden sollte, so müßte man wissen, ob sie vorher eine befruchtete oder unbefruchtete gehabt hätten und sich genau darnach richten. Die Bienen, die eine befruchtete Mutter gehabt hätten, nähmen keine unbefruchtete an, und so umgekehrt. Huber giebt bey den mancherley vorgebrachten Ursachen, warum junge Königinnen so lange im Gefängnisse gehalten würden, doch die Absicht nicht deutlich an, die er bey seinen Lesern zu erreichen sucht, daß er Königinnen in dem Augenblicke, da sie aus der Zelle schlüpften, mit ihrer Kolonie ausziehen lässet. Er erwartet es, daß

sie

sie es von selbst dazu denken werden: Es könnte sich also keine im Stocke begatten und alle junge Königinnen zögen, außer der alten Mutter, unbefruchtet aus den Stöcken. Erst ganz julezt §. 291. giebt er dieses noch als eine Thatsache an, indem es heißt:

Wenn die jungen Königinnen aus ihrem Geburttsstocke ausgehen, indem sie einen Schwarm begleiten, so sind sie noch im Stande der Jungferschaft. Den andern Tag, als sie sich in ihrer neuen Wohnung eingerichtet haben, ist es gewöhnlich, daß sie ausgehen, die Männchen aufzusuchen. Diese Epoche trift gemeiniglich mit dem fünften Tag ihrer Verwandelung in Königinnen ein. Denn sie bringen zwey oder drey Tage in der Gefangenschaft zu, einen in dem Geburtsstocke vor Abgang des Schwarmes, und endlich einen, als den fünften, in der neuen Wohnung. Die von einer Arbeitsbienenmade und nach der Lausizischen Methode erzogene Königinnen, bringen auch fünf Tage im Stocke zu, bevor sie zur Befruchtung ausgehen. Eine, wie die andere, werden von ihren Bienen indifferent behandelt, auch so lang, als sie ihre Jungferschaft bewahren; aber wenn sie mit den äußern Zeichen der Befruchtung zurückkommen, dann werden sie von ihren Unterthanen mit der geschäftigsten Ehrfurcht empfangen. Indessen legen sie nicht eher, als nach 46 Stunden nach der Befruchtung. Die alten Königinnen, welche im Frühjahre an der Spitze des ersten Schwarms ausziehen, haben keine neue Gemeinschaft der Männchen zu ihrer Fruchtbarkeit nöthig. Eine einzige Begattung ist daher genug, um alle Eyer, welche sie in einem Zeitraume von wenigstens zwey Jahren leget, zu befruchten.

So wenig das letztere von Hübern und seinen Verehrern jemals wird bewiesen werden können, daß eine befruchtete alte Königin bey ihrer vielen Eyerlage nicht immer neue Begattung und Befruchtung nöthig hätte, noch viel weniger wird dieses durch die vorgegebene Gefangenschaft der jungen Königinnen bewiesen seyn, daß sie unbegattet und unbefruchtet aus dem Geburtsstocke ausgegangen sey. Freylich hatte H. Huber, und das sucht sein Commentator, er sey, wer er wolle, nachzuholen und zu verbessern, gleich vom Anfange ganz willkührlich den Satz ohne den geringsten Beweis angenommen. Den fünften Tag nach der Geburt suche eine Königin die Begattung außerhalb dem Stocke. Hier soll nun berechnet werden, wie diese fünf Tage herauskommen, indem eben so willkührlich gesetzt war, daß jede junge Königin bey den Nachschwärmen den zweyten oder dritten Tag zur Begattung ausflöge, wenn sie nicht durch die Witterung verhindert würden. Allein diese Berechnung ist schon um deswillen grundfalsch, weil man es an stehenden Körben mit Augen sehen kann, daß nicht eine, sondern mehrere Königinnen oft wohl acht Tage lang ausgelaufen sind, im Stocke unter den andern Bienen frey herumgehen und ihren fröhlichen Gesang hören lassen, ehe der Schwarm zum Vorschein kommt und wenn er kommt, so sind nicht eine, sondern mehrere Königinnen dabey. Wie mag es nun wohl um die Jungferschaft aussehen, wenn sie so lange unter den Männchen gewesen sind? Wenn dieser Gesang keine Reizung für die Männchen zur Begattung seyn sollte; so ist er doch gewiß ein Kennzeichen für die schwarmlustigen Bienen, daß nunmehr eine fruchtbare Mutter vorhanden ist, die eine neue Kolonie errichten kann und nichts weniger, als eine Anzeige ihres Alters. Auch findet sich der Widerspruch, da nach dem vorigen die junge Königin

nigin sogleich aus der Zelle mit dem Schwarme soll ausziehen können, daß ihr hier ein Tag in dem Geburtsstocke vor Abgang des Schwarms gegeben wird.

Ueberdies hat sich hier der neue Schriftsteller, der den Hüberischen Sätzen einen Mantel umhängen will, ganz vergessen, indem er behauptet, die Bienen bewiesen sich gegen eine junge Königin, so lange sie ihre Jungferschaft bewahrte, ganz indefferent, so bald sie aber mit den Kennzeichen der Befruchtung zurückkäme, so bewiesen sie ihr die geschäftigste Ehrfurcht; und bey einem solchen Indifferentismus soll sich dennoch ein Schwarm zu ihr versammeln und in der geschäftigsten Ehrfurcht mit ihr ausziehen? Denn wenn beweisen wohl die Bienen eine geschäftigere Ehrfurcht gegen ihre Königin, als wenn sie mit ihr zugleich aus dem Flugloche herausstürzen. Wie sorgfältig beweisen sie sich um dieselbe, damit sie dem Trupp nachfolge. Wenn sie den Stock hinaufläust, so laufen ihr alle nachfolgende Bienen nach, und machen so lange zirkelförmige Bewegungen um dieselbe, bis sie sich erhebt und in die Luft begiebt. Und dennoch wird dreuste behauptet, sie wäre den Bienen so lange ganz indifferent, als sie noch ihre Jungferschaft hätte und die soll sie doch hier durchaus noch haben.

Ich will gern glauben, da die Bienen unter die Insekten gehören, die wie die meisten Fliegen und Schmetterlinge gleich vollkommen gebohren werden, und nicht erst einige Zeit bis zum Heranwachsen nöthig haben, daß die jungen Königinnen den fünften Tag begattungsfähig sind, aber das wird mich niemand überreden, daß sie lange unter den Männchen unbegattet bleiben sollten; noch weniger, wie ich im 1. Th. genugsam dargethan zu haben glaube, daß die Begattung in der freyen Luft vor sich gehen müsse. Wenn um

C 2 biese

diese Zeit so viele Männchen zugleich mit den Königinnen in dem Stocke gebohren werden, so ist gewiß auch der Stock, und nicht die freye Luft der Ort, wo es gar bald um die Jungferschaft geschehen ist, und es zieht keine Königin mit einem Schwarm aus, ohne eine vollkommene Mutter auch in Ansehung der Befruchtung zu seyn. Denn ob gleich bey den Nachschwärmen nicht gleich die ersten Tage Eyer angetroffen werden, die die Königin gelegt hat, so geschiehet es doch nach etlichen, woher ohnstreitig H. Huber seine 46 Stunden hergenommen hat, da nach der Begattung die Eyerlage ihren Anfang nehmen soll. Es kann aber auch dieses nicht seyn, da die Stubenfliege erst den siebenten oder achten Tag nach der Begattung anfängt Eyer zu legen, und die Biene doch schon ein größeres Insekt, als die Fliege ist.

Weg also mit der Jungfernschaft der Königinnen, die schon mit einem Schwarm ausziehen und die H. Hubern zu so manchen falschen Schlüssen in der Bienenlehre verleitet hat. Nur eine solche Königin können wir eine Jungfer nennen, deren wir uns bemächtiget haben, da sie nahe am Ausschlüpfen aus ihrer Zelle war. So bald sie aber nur einige Zeit unter den vermischten Haufen anderer Bienen ist, können wir für ihre Jungferschaft nicht weiter Bürge seyn. Die Natur läßt sich hierin keine Gesetze vorschreiben, wenigstens keine solchen, als wie ihr H. Huber hat vorschreiben wollen, daß sich eine junge Königin mitten unter den Männchen nicht begatten könne.

§. 8.

Vom Ausfliegen der Königinnen aus dem Stocke.

Das Ausfliegen der Königinnen aus den Stöcken ist nicht eher recht zur Sprache kommen, als bis Janscha

scha in der Schrift von Schwärmen den Ausflug der jungen Königinnen zur Begattung für nothwendig erklärte. Man kann viele ältere Bienenbücher lesen, ohne das geringste davon angemerkt zu finden, außer etwa, daß die Königin nur einmal, wenn die Bienen schwärmten, aus dem Stocke komme, und deswegen die Schwärme oft mißriethen und zurücke giengen, weil die Königin, des Fliegens ungewohnt, sich nicht gern in die freye Luft begebe. Einige suchten auch noch wider Janscha diese Meinung der Alten zu vertheidigen. Da nun aber einmal die Aufmerksamkeit auf diesen Umstand rege gemacht worden war, fanden bald aufmerksamere Beobachter, daß sich sonderlich die jungen Königinnen, aus den nach Schirachischer Art gemachten Ablegerkästchen vor dem Flugloche sehen ließen und in die freye Luft begäben, auch erst nach einiger Zeit wieder zurücke kämen. Dieses wurde von vielen, da es in den Kästchen an Drohnen mangelte, als eine Bestätigung der von Janscha behaupteten Begattung in der Luft angesehen. Andere beobachteten auch, daß die alten Königinnen, sonderlich im Frühjahr bey dem ersten Ausflug der Bienen zur Reinigung zuweilen mit herausgiengen, auch wohl gar durch die rauhe Luft bey diesem Ausfluge umkämen, oder im Anfluge an einen fremden Stock geriethen und darin ums Leben kämen, wodurch so manche Stöcke im Frühjahr mutterlos würden. Nun wurden die Meinungen über das Ausfliegen der Königinnen und die Absicht desselben sehr verschieden. Einige sagen nur im allgemeinen, daß sie zuweilen, um sich zu reinigen, oder in der Luft zu erfrischen, ausfliege und daß dieses bey dem gewöhnlichen Vorspiel der andern Bienen geschehe. H. Friedrich bestimmt dieses auf ein paar mal im Jahre, im Frühjahr und Herbst. H. Hilber giebt außer dem Ausflug zum Schwärmen und zur Begattung weiter keinen zu, ob gleich der letztere, bis sie zu ihrem Zweck gekommen sey, oft wiederholt werden könne, weil eine junge Königin wohl drey, viermal, oder wie Pösel will, wohl achtzehnmal ausfliegen könne, ehe sie Drohnen zur Begattung finde. Sey sie aber einmal mit dem äußerlichen Befruchtungszeichen zurückgekommen, so bleibe sie, wenn sie nicht etwa mit einem Schwarm ausziehe, auf immer im Stocke, weil sie auf ihre Lebenszeit keine weitere Begattung nöthig habe, und also auch in einem neuen Stocke, keine Ursach zum Ausfluge vorhanden wäre. H. CR. Riem erklärt sich darüber im vierten Theil der neuen Sammlung ökonomischer Schriften S. 145. also:

daß darauf wohl acht zu haben sey, ob, wie H. Huber behauptet, nach der ersten Begattung in der Luft, die Weiselin oder Königin für immer befruchtet sey und künftig nicht mehr zur Begattung ausflöge — oder ein wiederholter Ausflug und eine neue Begattung von der Mutterweiselin geschehe? Aber wohl zu merken, so muß Gewißheit und diese ganz untrüglich seyn, daß die alte Mutter nicht gestorben, und die ausfliegende eine junge Mutter sey, die ohnehin dazu auszufliegen sucht. Indessen will ich doch glauben, daß zur zweyten Begattung für die alte Mutter wenigstens, ein ruhiger Standort im Stocke statt finde, und nur zur ersten der Ausflug dazu erforderlich sey. Indessen will ich auch selbst sehen und wachen, was darin weiter zu entdecken ist.

Ob es aber nun gleich scheinet, als wenn hier und in vielen Anmerkungen zu Hubers Briefen die Begattung mit den Drohnen in der Luft als die Hauptabsicht des Ausflugs der Königin angenommen würde;

so

so wird man doch durch den ruhigen Standort im Stokke wieder einigermaßen zweifelhaft gemacht, ob dieses die eigentliche Meinung H. Riems sey. Um also nichts zu setzen, was doch im Grunde nicht seyn könnte, will ich noch einige Anmerkungen zu den Hüberlschen Briefen, die mehr davon enthalten, hinzufügen. Es befinden sich dieselben bey §. 7?. S. 85. und 86., wo Huber vorher davon geredet hatte, daß das Männchen, welches sich mit der Königin begattet, und dieselbe befruchtet habe, seine Theile zurück lasse. Daneben es aber auch solche Männchen gebe, die die Eyer des Weibchens bey der Begattung nicht befruchtet hätten, weil sie kein äußerliches Kennzeichen der Befruchtung mitgebracht hätten. Daher bald darauf, um befruchtet zu werden, ein wiederholter Ausflug erfolge. H. Huber giebt also das Abreißen des mannlichen Glieds und das Zurückbleiben desselben in der weiblichen Scham als die Hauptsache zur Befruchtung der Eyer aus dem Grunde an, weil, so bald die Königin mit diesem Kennzeichen zurückkomme, kein weiterer Ausflug geschehe. Darüber werden nun von H. CR. Riem folgende Bemerkungen gemacht:

Not. 1. Hier entstehet wohl wieder die Frage, ob nicht vorher im Stocke schon die Befruchtung geschehen gewesen, der Ausflug aber muß Hochzeitgepränge seyn, wobey erst die eingedrungene Materie anfangs noch so flüssig bleibt, daß man sie nicht gleich siehet, und sie erst außerhalb des Stocks in einiger Zeit nach und nach gerinnet, wesfalls denn bey letztern, wenn sie das erste mal geschwinder, als das andere mal zurückkommen, auch nichts Weißes gesehen wird? Sollten sie nicht eben darum ausfliegen wollen und müssen, um sich des Gliedes draußen im Freyen und im anhaltenden Fluge entledigen zu wollen? Kann diese Entledigung nicht bey denen, welche leer zurückkommen, bald geschehen gewesen seyn, wenn sie bey andern, die sich ihrer Last, wegen angeschwollenen Geburtsglide, nicht bald entledigen konnten, nun erst, da jenes mehr!! aufschwoll, recht zu sehen ist. Gewiß man kann der Zweifel in dieser Sache nicht genug aufstellen, und werden diese alle gehoben, dann wird die Sache desto fester und klarer. Ich glaube meines Orts, was H. Huber sagt, sehr gern: aber andere wollen es noch nicht so annehmen; zumal doch des Herrn von Lüttichau's Erfahrung so stark für die Begattung im Stocke redet. Eben daher fällt mir gleich noch ein Zweifel bey, den ich H. Hübern zur Erörterung vortragen will. Warum flogen nämlich mehrere Königinnen zu verschiedenen Malen aus? Sollte das wohl nicht eben darum geschehen seyn, weil sie, nach der ersten Begattung im Innern, nun draußen sich zwar ihrer Bürde entlediget hatten, wesfalls man auch nichts an ihnen entdeckte, sie aber nach der Rückkunft im Innern so gleich eine wiederholte Begattung nöthig gefunden haben, und daher auch noch einmal ausflogen, so, daß nach jeder Begattung, wenn sie anders befruchtend seyn soll, ein Ausgang in die freye Luft, sey es auch für Krüpel und lahme nur vor dem Stock beym Flugloche möglich, nöthig seyn müßte? Gewiß wüßte ich sonst nicht, warum sie noch einmal ausflögen, da sie draußen doch erst vor der Rückkunft das durch mehreres Umherfliegen — wofern sie nicht eigene Männchen bedürfen und verlangen — suchen sollen, was sie bedurften, wenn sie es zu Hause nicht nutzen, wenigstens nicht befruchtend nutzen können. Uebrigens und da H. Huber doch durch den nach 21 Tagen erfolgten Ausflug unfruchtbare Mütter, oder auch Mütter,

die

die nichts als Drohneneyer legten, erhielte, welche wir auch bey beständig freyem Ausfluge bekämen; so kann es wohl nöthig seyn, daß die meisten Königinnen nach der Begattung ausfliegen, oder wenigstens in die freye Luft müssen? Ich sage, die meisten müssen wenigstens in die freye Luft, nicht umsonst: Denn da ich und andere doch Jungfernköniginnen mit eingeschrumpften Flügeln gesehen hatten, die folglich der Begattung wegen nicht in die Luft fliegen konnten, doch aber fruchtbar wurden, so dürfte wohl nur das gänzliche Einsperren — wie es H. Huber that, — zur wahren Befruchtung nachtheilig seyn; da hingegen die krüpelhaften Königinnen nach einer oder der andern geschehenen Begattung im Stocke bald darauf blos vor den Stock herausgehen, und sich an dessen Außentheilen blos einige Minuten aufhalten.

Not. 4. S. 36. Wie gesagt, sie gehen aus, um sich ihrer Last zu entladen, hierzu lasse man ihnen freyen Ausflug, den werden sie unumgänglich wohl bey ihrer Jungferschaftszeit bedürfen, sonst würden sie nicht heraus verlangen. Vielleicht ist der Ausflug, wenn sie Mütter worden sind, nicht mehr so nöthig. Warlich hier kann man nur muthmaßen. Wer wird von allen gänzliche Sicherheit erlangen können? Die Wege des Schöpfers der Natur sind bey diesen wundervollen Fliegen nicht alle ergründlich, wenigstens so leicht nicht, und man wird sich daher in Manchen noch mit Muthmaßungen begnügen und davon das glaubhafteste und wahrscheinlichste wählen müssen!

Alles andere, was in diesen Anmerkungen von der Begattung selbst mit eingemischt ist, bey Seite gesetzt, weil darüber im 1sten Th. das Nöthige hinreichend gesagt seyn wird; so erhellet daraus so viel, daß H. Riem den Ausflug der Königin mehr nach der geschehenen Begattung derselben im Stocke für nöthig ansehe, als mit Hübern um der Begattung selbst willen, damit sie sich nämlich, wie er sich ausdrückt, ihrer Last entladen könne, oder weil die Begattung überhaupt ohne Ausgang an die freye Luft nicht befruchtend seyn könnte, weswegen er auch die krüpelhaften Königinnen, die nicht fliegen könnten, doch nach der Begattung einige Minuten lang zum Flugloche herausspazieren lässet.

Es wären also außer dem Schwärmen dreyerley Meinungen, weswegen sich die Königin zuweilen genöthiget sähe aus dem Stocke in die freye Luft zu gehen. Erstlich der Reinigung und Erfrischung halber; fürs zweyte vor der Begattung, weil dieselbe im Stocke gar nicht geschehen könne; endlich nach der Begattung, weil dieselbe ohne Ausgang an die freye Luft nicht befruchtend wäre.

Was das erste betrifft, daß sie im Frühjahre zuweilen, wie die andern Bienen, zur Reinigung ausgehe, auch dabey oft unglücklich sey, darin stimmen die meisten Autoren in ihren Erfahrungen überein. Denn wer eine beträchtliche Anzahl Bienenstöcke in einer Hütte beysammen stehen hat, der wird auch das mehrmals gefunden haben, was ich oft beobachtet habe. Wenn ich im Frühjahr des Abends nach sich gelagertem allgemeinen Ausflug der Bienen an die Hütte kam, und an einem oder dem andern Stocke durch seine Unruhe vermerkte, daß er mutterlos worden wäre; so suchte ich gleich die darneben in einer Reihe, und die gleich unter und über ihm stehenden Stöcke durch, indem ich sie von vorne behutsam aufhob. Da traf es sich denn oft, allemal geschahe es freylich nicht, daß ich auf dem Standbrete oder unten am Rand einer Tafel ein festes Klümpchen Bienen wie einen Zwirnsknaul fand, die, wie ich wußte, eine Königin unter sich hatten. Wenn ich darauf diese Bienen herausnahm und sie in einem kleinen Gefäß auseinander theilte, so fand ich solche bald, aber schon gestochen, welches ihre Krümme anzeigte, daß sie zu nichts mehr taugte, als nur dazu, daß ich sie, wenn die Bienen noch keine Brut hatten, in ein Weiselhäuschen sperrte und zwischen die Tafeln des unruhigen Stockes steckte, damit er sich so lange beruhigte, bis ich ihm aus einem andern Stocke dergleichen zusetzen konnte. Nur zweymal ist es mir im Frühjahr, im Sommer aber beym Schwärmen sehr oft gelungen, da ich den Knaul der Bienen nicht inwendig im Stocke, sondern noch äußerlich am Fluglöche und vor demselben bey guter Tageszeit fand, daß ich solche unbeschädiget habe befreyen können. Ich hielte sie denn so lange in einem kleinen Weiselhäuschen in der Hand, bis ich den Stock durch seine Unruhe entdeckte, der diesen Verlust erlitten hatte, da ich denn gleich, wenn ich sie nur ans Flugloch hielte, durch das gewöhnliche freudige Brausen der Bienen gewahr werden konnte, daß sie dahin gehöre. Daß ich aber im Herbste, wie H. Friedrich will, nur einmal eine Königin hätte aus- oder einfliegen sehen, das kann ich nicht sagen, weil mir es niemals vorgekommen ist.

Wenn man hernach im Sommer oder vielmehr zur Schwärmzeit mehrere Königinnen bald aus- bald einfliegen siehet; so sind dieses junge und es geschiehet nur bey solchen Stöcken, die keine Lust zum Schwärmen mehr haben. Die jungen Königinnen hätten wohl Lust, welches sie durch ihren Ausflug zu erkennen geben, es sammlen sich aber keine Bienen zu ihnen. Dieses findet sich nicht nur bey solchen Stöcken, die schon

ein

ein oder etlichemal geschwärmet haben, sondern auch bey solchen, die noch gar nicht geschwärmet, zu einem Beweis, daß sich viele Königinnen um diese Zeit viele Tage ja wohl Wochen lang mit einander in einem Stocke vertragen. Man kann leicht überzeugt werden, daß diese aus- und eingehende Königinnen nicht die eigentliche Mutter des Stocks sind. Denn sie werden von den Bienen, daß ich mich eines Hüberischen Ausdrucks bediene, bey ihrer Rückkunft, oder wenn sie wieder an den Stock anfliegen, sehr indifferent behandelt. Ja nicht selten wird man sehen, wie sie von einer oder etlichen Bienen nicht wieder in das Flugloch hineingelassen, sondern mit Gewalt herunter gestoßen werden, daß sie sich wieder in die freye Luft begeben müssen. Und wenn man eine solche Königin gar wegnimmt, und bis an den Abend einsperret; so wird doch deswegen an dem Stock an diesem Tage so wenig, als in den darauf folgenden eine Unruhe entstehen. Es war also eine entbehrliche oder überflüßige Königin.

Warum ich nicht glauben kann, wie H. Huber will, diese jungen Königinnen müßten der Begattung wegen in die freye Luft ausgehen, davon habe ich im ersten Theile hoffentlich zur Befriedigung meiner Leser, genugsame Gründe angegeben. Ich habe allemal auch bey schon eingesetzten Nachschwärmen gefunden, wenn sich die ersten Tage darnach noch Königinnen vor den Stöcken sehen ließen, die aus- und eingiengen, daß es überflüßige und von den Bienen selbst ausgetriebene gewesen sind. Ich habe sonderlich darüber von neuem auf die Aufforderung des H. CR. Riem's wegen Hübers Beobachtungen im Sommer 1792, da die Bienen sehr schwärmten, die strengsten Untersuchungen angestellt, ich fand nichts anders, als wovon ich schon vorher auf das Gewisseste überzeugt war. Wenn ich an einem Stocke aus- und eingehende Königinnen wahr-

wahrgenommen hatte, so fand ich solche oft des Abends allein und verlassen an der Seite des Stocks hangen, oder früh morgens auf dem Standbrete, unter oder vor demselben im Sande todt. H. CR. Riem macht zwar über diese meine Meinung im ten Th. seiner neuen Sammlung die Bemerkung: So dachte ich ehemals auch, aber H. Huber hat mich eines andern überführt. Allein, was ich mit eigenen Augen sehe und untersucht habe, muß mir doch wohl ein gültigerer Beweis seyn, als wozu mich ein Blinder nach seinen Einbildungen bereden will. Ich muß hier nochmals aufrichtig bekennen, daß H. Hubers Beobachtungen in diesem Stück mit den von mir angestellten gar nicht übereinstimmend sind, und ich, wie andere, unter so vielen Königinnen nicht eine einzige jemals mit dem Befruchtungszeichen habe finden können; auch mein Verstand nicht so weit reicht, eine solche Begattungsart zu begreifen, da er mich nicht hat überführen können. Ich glaube vielmehr, daß gar kein Ausflug der Königin, in der Absicht sich mit den Drohnen zu begatten, statt finde. Eben so wenig kann ich glauben, daß der Ausflug der Königin nach der Begattung um deswillen nöthig sey, weil dieselbe ohne Ausgang an die freye Luft nicht befruchtend wäre. Wo findet man von einer solchen Behauptung nur etwas Aehnliches in der ganzen Naturgeschichte? Jede Begattung bey den mancherley Thierarten und Insekten ist auch an dem Orte befruchtend, wo sie sich zur Begattungszeit aufzuhalten pflegen, es sey über oder unter der Erde, in verborgenen Winkeln und Hölen, oder in der freyen Luft. Da sich nun die Bienen selbst eine Hölung verschaffen, wenn wir ihnen keine anweisen, darin ihre ganze Einrichtung zu ihrem Lebensgenuß machen, und sich nur zu dem Ende in die freye Luft begeben, um das Nöthige zu ihrer Erhaltung und

Ver-

Vermehrung in ihre Wohnung einzutragen, wie sollte die Begattung im Stocke nicht an und vor sich befruchtend seyn? Die Begattung selbst muß befruchtend seyn und nach derselben können nicht erst Mittel angewendet werden, sie befruchtend zu machen, das siehet doch wohl jeder leicht ein. Es bleibt also nach der Natur der Sache nichts übrig, als daß manche Königinnen, denn man bemerkt es immer nur selten, um der Reinigung und Erfrischung willen im Frühjahr, wie andere Bienen ausgehen, und daß man ebenfalls zuweilen in der Schwarmzeit junge Königinnen aus- und eingehen siehet. Es geschiehet auch nur in sehr guten Jahren, daß die Bienen junge Königinnen nicht gleich tödten. In den meisten Jahren lassen sie die jungen Königinnen nach dem Abschwärmen nicht mehr zum Ausgehen kommen, sondern tödten solche sogleich.

In Pommern, wo die Bienenzucht ansehnlich und einträglich ist, ist man gewohnt die Bienenkörbe, (denn man bedient sich daselbst der stehenden,) einzeln, und von einander abgesondert unter den großen Bäumen im Garten herum aufzustellen. Vielleicht rühret dieses daher, weil die alten Zeidler bemerkt haben, daß die Königinnen, wenn sie ausgegangen sind, im Rückfluge leicht irren, an einen fremden Korb gerathen und ums Leben kommen. Eben dergleichen geschiehet häufig beym Ausfluge derselben zum Schwärmen. Es enthält dieses zugleich eine Warnung, die Stöcke in den Hütten nie zu nahe an einander zu stellen.

§. 9.

Giebt es Königinnen, die nichts als Drohneneyer legen können?

Ehemals glaubte man das steif und fest, weil man keine andern Eyerlegenden Mütter unter den Bienen kannte.

kannte. Wie aber die Entdeckung geschehen war, daß auch ohne Königin Drohnen erzeugt würden, so fieng man an daran zu zweifeln und die Sache genauer zu untersuchen. Doch behauptete z. B. H. von Lüttichau bey allen gegenseitigen Erfahrungen noch standhaft und andere mit ihm, daß es sogenannte Drohnenweisel, oder solche gebe, die nichts als Eyer zu Drohnen legen könnten. Der Irrthum entstund daher, daß man in vielen Stöcken, worin nichts als Drohnenbrut war, doch noch eine Königin fand, wenn man dieselben genau untersuchte, obgleich in andern oder in Käftchen, worin man Schirachische Ableger machen wollen, keine aufgefunden wurden. Dies machte den Hauptbeweis beym H. von Lüttichau aus, daß er in zweyen solcher Stöcke wirklich noch Königinnen gefunden hatte. Wie man aber hernach andere dergleichen Königinnen genau mit Vergrößerungsgläsern untersuchte, so fand sich an ihrem Eyerstock auch nicht die geringste Spur, daß sie noch Eyerlegend seyn könnten, weil sich derselbe so verschrumpft und eingetrocknet befand, daß man ihn kaum noch unterscheiden konnte. Das Hirngespinste von einem Drohnenweisel verschwand also gänzlich unter den neuern Schriftstellern von den Bienen.

Demohnerachtet will H. Huber auch dieses durch seine Versuche und Beobachtungen gefunden und so gar die Ursache davon unwidersprechlich bewiesen haben. §. 87. sagt er: daß eine verspätete Befruchtung die Bienenkönigin unvermögend gemacht hätte, Arbeitsbieneneyer zu legen. Er setzt diese verspätete Befruchtung, welches eine so merkwürdige Veränderung zur Folge habe, bald nach dem 15ten, bald nach dem 21sten, bald nach dem 2 sten Tag, und läßt auch hier schon dieses mit einfließen, weil es ihm bey dieser Behauptung am meisten im Wege ge stand. Der Zeitverlauf von 46 Stunden, welcher gewöhnlich nach der Begattung des Weibchens zum Legen nothwendig ist, wird im strengen Verstande nicht allemal so genau erforderlich. Seine Behauptungen sind hier so widersprechend, als sie in einer solchen angenommenen Hypothese seyn müssen. §. 88. heißt es:

Ich mache auf die Ehre, eine so seltsame Erscheinung zu entwickeln, gar keine Ansprüche. Nachdem eine Folge von meinen Beobachtungen über die Bienen mich erfahren lassen, daß sich manchmal in den Stöcken Königinnen befinden, welche nur Drohneneyer legen, so war es nothwendig zu untersuchen, welches die nächste Ursache von so einer besondern Begebenheit sey, und ich habe mich überzeugt, daß die Schuld in einer verspäteten Befruchtung zu finden ist. Der Beweis, den ich darüber erlangt habe, ist überzeugend, denn ich kann allezeit verhindern, daß die Königin Arbeitsbieneneyer lege, wenn ich die Befruchtung bis zum 22sten und 23sten Tag verschiebe. — Aber welches ist die entfernte Ursache dieser Erscheinung, oder mit andern Worten: Warum setzt die zu späte Befruchtung die Bienenkönigin außer Stand, Arbeitsbieneneyer zu legen? Dieses ist ein Problem, über dessen Gleichförmigkeit sich noch kein Licht verbreitet, denn in der ganzen physiologischen Geschichte der Thiere kenne ich keine einzige Beobachtung, welche sich im mindesten darauf beziehe. §. 89. Diese Aufgabe aber scheint mir weit schwerer zu seyn, wenn man weiß, wie sich diese Dinge in dem natürlichen Zustand verhalten, das heißt; wenn nämlich die Befruchtung nicht verspätet ist. Die Königin legt in diesem Falle in 46 Stunden nach der Begattung, Arbeitsbeitsbieneneyer, und fährt 11 Monate hinter einander mit Legung dieser Gattung von Eyern beynahe einzig und allein fort. (Hier nimmt er schon etwas von diesem vorher allgemein behaupteten Satz zurück.) Nur am Ende dieser 11 Monate fängt sie eine beträchtliche Eyerlage und Folge von Drohneneyern an. Wenn hingegen die Begattung bis über den 28sten Tag verschoben wird, so legt die Königin nach 46 Stunden männliche Eyer und ihre Lebenszeit hindurch keine andern. — Warum ist nun die natürliche Ordnung umgekehrt, wenn die Begattung zu spät geschiehet? Wie gehet es zu, daß alle die Arbeitsbieneneyer, die die Königin legen sollen, wenn die Befruchtung zur rechten Zeit erfolgt wäre, vertrocknen, gänzlich verschwinden, und nicht mehr den Durchgang der männlichen Eyer, welche nur in der zweyten Ordnung in den Eyerstücken liegen, aufhalten?

Ob er nun dieses gleich selbst §. 90. eine Schwierigkeit nennt, in deren Abgrund er sich verliere, so hatte er sich doch schon durch das vorgestellte Vertrocknen und Verschwinden der Arbeitsbieneneyer den Weg gebahnet, solches in der Folge als glaubhaft vorzustellen. Es geschiehet aber dieses freylich erst an einem Orte, wo man es nicht suchen sollte und nachdem der Abgrund der Schwierigkeiten ziemlich vergessen seyn konnte, nämlich §. 323. Hier spricht H. Huber oder wohl vielmehr sein Verbesserer, ohne den geringsten Zusammenhang mit dem Vorhergehenden:

Noch ein Wort über die Weibchen, welche nichts, als männliche Eyer legen. H. Schirach dachte, daß einer oder der andere Arm ihres gedoppelten Eyerstocks einige Veränderung erlitten hätte. Er scheint vorausgesetzt zu haben, daß einer dieser

Arme nur männliche, der andere nur Arbeitsbieneneyer enthielte. So wie er nun die Unmöglichkeit,
worin sich gewisse Königinnen befänden, Arbeitsbieneneyer zu legen, einer Krankheit zuschrieb, so
war seine Muthmaßung annehmlich. In der That,
wenn sich die Eyer zu Männchen und die zu Arbeitsbienen ohne Unterschied vermischt in den zwey Ar-
men des Eyerstocks befinden, so scheint es beym ersten Anblick, daß irgend eine Ursache, welche auf
die Organe wirkte, die beyden Gattungen Eyerstöcke
ebenfalls verändern müßte. Wenn im Gegentheil
einer von den Aesten mit den Drohneneyern gefüllt
wäre, indessen der andere Arbeitsbieneneyer enthielte, so begreift man, daß durch die Wirkung einer Krankheit vielleicht einer dieser Arme angegrif-
fen werde, der andere aber unangegriffen bleibe.
Diese Muthmaßung, so wahrscheinlich sie ist, wird
durch eine Beobachtung vernichtet. Wir haben
das letztemal einige dieser Königinnen, die nur
männliche Eyer legen, zergliedert, und wir trafen
ihre beyden Eyerstöcke gleichförmig entwickelt, gleichförmig gesund, wenn ich mich dieses Worts bedienen kann. Der einzige Unterschied, so uns auffiel,
war, daß in diesen zweyen Aesten die Eyer uns nicht
so nahe, eines am andern zusammen zu hängen
schienen, wie sie es in den Eyerstöcken derjenigen
Königinnen sind, die Eyer von zweyen Sorten
legen.

Hier zeigt H. Huber und sein Verbesserer, wie
fertig sie darin sind, alles Wahrscheinliche und wirklich
Wahre in der Bienenrepublik durch eine einzige ihrer
vorgegebenen Beobachtungen zu vernichten, ob sie
gleich darneben ihre eigenen, durch hundert und mehr
Beobachtungen in acht Jahren!! bestätigten Sätze von
Grund-

Grund aus vernichten. Wo bleibt denn nun die vorher so oft behauptete Ordnung in der Eyerlage, daß erst nach 11 Monaten sollen Drohneneyer zur Reife kommen und gelegt werden können? Dieser so oft behauptete Satz ist durch das Vertrocknen und Verschwinden der Arbeitsbieneneyer, und daß den erstern damit der Durchgang geöfnet worden, auf einmal weggeworfen. Nun sollen die Eyer, die nach dem vorigen erst in 11 Monaten zur Reife kommen können, nach 46 Stunden gelegt werden, weil sie später befruchtet worden. Denn er will gefunden haben, daß die Eyer im Eyerstocke nicht so zusammenhangend gewesen, als in andern, die noch beyde Sorten legten. Also müssen doch nun Arbeitsbienen- und Drohnereyer wechselsweise unter einander gelegen haben, weil immer zwischen zweyen eine Lücke gewesen? und wie können sie wieder wechselsweise liegen, da der Arbeitsbieneneyer so viele Tausende als jener nicht Hunderte sind? Und durch welchen Zufall sollen die vielen Tausende organisirten zwischen einigen Hunderten zerstöret worden, vertrocknet und verschwunden seyn, daß die wenigen Hunderte zwischen denselben dennoch einen solchen Zusammenhang behalten haben, daß sie darin haben befruchtet werden und zum weitern Wachsthum und Reife gelangen können? Mit der größten Dreustigkeit solche Widersprüche und Ungereimtheiten behaupten, ist doch wohl die offenbarste Charlatanerie? Wenn H. Hubers vorgespiegelte Beobachtungen, auch in andern durch Erfahrungen genugsam geprüften Dingen noch einigermaßen leidlich sind, ob man gleich auch hier einsehen muß, daß die meisten seiner erzählten Beobachtungen in Blätterstöcken nicht wirklich haben gemacht werden können, sondern ein bloßes Spiel seiner Einbildung sind; so sind doch in dieser Behauptung, daß durch verspätete Befruchtung die Königin außer Stand

komme,

komme, Arbeitsbieneneyer zu legen, so viele Unwahrscheinlichkeiten eingeflochten, daß man blos daraus genugsam erkennen muß, seine Beobachtungen sind das im mindesten nicht, wofür er sie angesehen und gehalten haben will.

Der H. Uebersetzer redet zwar im Anfang in den gemachten Anmerkungen über diese Geschichte und Beobachtungen von unfruchtbaren Königinnen, die sich in solchen Stöcken befänden, wo nur Drohnen erzeugt würden, wie er z. B. §. 97. in der ersten Anmerk. spricht: Vielleicht sind von des H. Hubers Königinnen manche so unfruchtbar gewesen, daß die gemeinen Bienen eigentlich die meisten Drohneneyer gelegt haben mochten; so scheint es doch, daß er auch hierin, ob er gleich ehemals anders gedacht hatte, durch die einzige höchstunwahrscheinliche beygebrachte Beobachtung H. Hubers überführt worden wäre, seine wegen verspäteter Befruchtung nur Drohneneyer legende Königinnen zu glauben. Denn in der ersten Anmerk. zu §. 72. S. 86. heißt es nicht nur, daß eine gänzliche Einsperrung — wie es H. Huber that, zur wahren Befruchtung nachtheilig seyn könnte, sondern die letzte Anmerk. zu dieser Geschichte §. 323., wo Huber nun alles erwiesen, und den Schleyer, der es noch ins Dunkle verhüllte, weggebracht haben will, lautet von Wort zu Wort also: Vortrefliche Untersuchung (nämlich des Eyerstocks solcher Königinnen) die ganz mit dem übereinstimmet, was ich mir seit einiger Zeit davon vorstellte. Dies letztere ist wie alles übrige schön, und beweiset, was ich immer behauptete, daß sie (die Eyer) inwendig gemischt liegen, und gemischt zu Tage gebracht werden. Was ist hier klarer, als daß nur die feinere Sorte die weiblichen Eyer unter der ganzen Mischung bey der ersten Existenz gelitten haben.

ben. Es zeigt auch eben so klar, daß die Eyer in der Folge gemischt gelegt werden müſſen, und das ſo, wie einige zwiſchen den andern (nur nicht in 46 Stunden) gemiſcht zur Reiſe gelangen. Alſo kann auch noch das dritte daraus erklärt werden, daß die Königin das Vermögen nicht beſitze, zu wiſſen, welches ſchlechtes Ey ſie legen würde. Eine herrliche Entdeckung überhaupt." Ja wenn Huber durch ſeine Beobachtungen klar gemacht hätte, daß dergleichen Königinnen wirklich ſolche Eyerſtöcke hätten, an welchen nur die Arbeitsbieneneyer gelitten; hätten; ſo müßten dieſe noch Drohneneyer legen können und es alſo ſogenannte Drohnenweiſel geben. Nirgends hat uns H. Huber geſagt, wie Arbeitsbienen= und Drohneneyer im Eyerſtock unterſchieden werden können, daß man wiſſe, nur die erſtern hätten gelitten oder will er uns vielleicht gar überreden, dieſe, bis in die äußerſte Kleinheit fortlaufende Eyerverkettung ſey hier auch aufgehoben und man könnte die noch übrigen Drohneneyer in ihrer ordentlichen Größe vor ſich liegen ſehen? H. CR. Riem nimmt alſo hier dasjenige zurück, was er in Anſehung der Drohnenweiſel im 2ten Bd. Bienenbiblioth. S. 44. f. feſtgeſetzt hatte.

Ich habe mich aus nachfolgenden Gründen niemals überzeugen können, daß es ſolche Königinnen gebe, die nichts als Drohneneyer legen könnten, und dieſe ſind durch die Huberiſchen Beobachtungen und Erfahrungen keineswegs vernichtet worden. Denn womit hat er denn das klar bewieſen, daß in dem Eyerſtock eine Verderbniß der Arbeitsbieneneyer vorgegangen ſey? Doch wohl nicht mit dem Eyerſtock, den er mikroſkopiſch unterſucht haben will? und der bey ſolchen Königinnen nie anders, als eingeſchrumpft und vertrocknet angetroffen worden iſt.

Erſtlich

Erstlich ist das ganz ungegründet, was in den lausitzischen Schriften ausgebreitet wurde, daß von dem doppelten Eyerstock der Königin, die eine Seite die männlichen, die andere die weiblichen enthalten sollte und zwar aus dem Grunde, weil sich die erstern zu den letztern, wie Hundert zu Tausend verhalten, und doch beyde Seiten des Eyerstocks einerley Größe haben, welches bey der so sehr unterschiedenen Anzahl nicht seyn könnte. Sollen aber, wie bey allen andern Thieren und Insekten die Eyer dem Geschlechte nach vermischt im Eyerstocke liegen und so nach ihrer natürlichen Lage auch vermischt zur Reise gelangen und zu Tage kommen; so ist es unmöglich, daß eine solche Verderbniß im Eyerstocke vorgehen könnte, welche nur die Eyer von einem Geschlechte und zwar vom größten Theil verletze, daß sie nicht befruchtet werden könnten, die vom andern Geschlechte aber, die den geringsten Theil ausmachten, sollten mitten in der Verbindung mit jenen, noch gesund und der Befruchtung fähig bleiben? Man muß alle gesunde Physik verleugnen, wenn sich so etwas, als möglich denken lassen soll.

Zweytens: In jedem im richtigen Zustand sich befindenden Bienenstock ist allemal ein richtiges Verhältniß zwischen den Arbeitsbienen und zwischen den Drohnen anzutreffen. Hat einer viele Arbeitsbienen, so wird er auch bald viele Drohnen zeugen. Ist er schwach an Arbeitsbienen, wird er auch nur wenige Drohnen erbrüten. Eben so treffen wir es in Stöcken mit unfruchtbaren Königinnen an, oder wenn sie gar mutterlos sind. Sind darin noch viele Arbeitsbienen vorhanden, so werden auch in den großen Zellen ganze Tafeln voll Drohnenbrut angesetzt. Sind nur noch wenige Arbeitsbienen übrig, so findet sich nur noch wenige Drohnenbrut und öfters in Tafeln von kleinen Zellen. Doch werden in allen noch ordentliche große Drohnen

Drohnen erzeuget. Endlich hört diese Erzeugung mit Abnahme der Arbeitsbienen gar auf. Die Eyer liegen zu fünf bis zehn in einer Zelle beysammen und vertrocknen. Nach diesen sich gleichförmig bleibenden Umständen mit der Drohnenerzeugung, die Bienen mögen eine fruchtbare, unfruchtbare oder gar keine Königin haben, muß doch wohl richtig geschlossen werden können, daß die Veränderungen, die mit der Königin in einem Stocke vorgehen, keinen Einfluß auf die Drohnenerzeugung haben. Da die Arbeitsbienen ohne Königin nach Beschaffenheit ihrer Anzahl eben die Drohnen erzeugen, als ein anderer Stock, der noch eine Königin hat, die aber keine Eyer zu Arbeitsbienen leget; so muß es ohnstreitig eine unfruchtbare Königin seyn, die auch nichts zur Erzeugung der Drohneneyer beytragen kann, weil dieses in mutterlosen ein bloßes Geschäfte der Arbeitsbienen bleibt. Denn da es ausgemacht ist, daß in den letztern die Eyer dazu von den kleinen Drohnenmüttern aus den Arbeitsbienen herkommen, wie sollte es wohl bey den erstern anders seyn? und wie sollte die Königin, die nicht vermögend ist, noch ein Arbeitsbieneney zu legen, doch noch das Vermögen haben, viele Eyer zu Drohnen zu legen?

Dazu kommt nun noch der dritte Grund. Wo ist denn das jemals bewiesen worden, auch Huber hat es sich nicht einfallen lassen davon einen Beweis zu geben, daß die Königin wirklich Drohneneyer lege? da andere Mütter dazu da sind und wir auch aus der Erfahrung offenbar sehen, daß diese ihre Eyerlage fortsetzen, wenn auch die Königin nicht mehr im Stande ist eins zu legen. Was helfen denn dergleichen Kritikastereyen über Dinge, die nicht einmal in der Ordnung der Natur existiren? Warum behalten wir den alten Sauerteig noch bey, weil die Königin die einzige Mutter im Stocke, oder weil sie einen zweyseitigen Eyerstock hat, so muß sie die Mutter zu Arbeitsbienen und Drohnen seyn, der sich noch aus jenen dunkeln Zeiten herschreibt, da man weiter keine Mutter unter den Bienen kannte? Warum erdichtet man nun aufs neue eine vermischte Eyerlage, wozu doch kein Verhältniß angegeben, und keine Ursach aufgefunden werden kann, warum die eine Art vertrocknen, verschwinden, die andere aber doch zu gleicher Zeit wachshaft und legbar bleiben soll? Heißt das nicht Schwierigkeiten und Ungereimtheiten bey den Bienen ohne Noth häufen, da wir die Mütter wissen, welche die Eyerlage zu den Drohnen verrichten. Kurz es giebt keine nur Drohneneyer legende Königinnen weder der besondern Gestalt, noch dem Vermögen nach. Huber hat hier einen längst klargemachten Umstand, daß es unfruchtbare Königinnen sind, nicht wissen, sondern dafür etwas ganz neues und noch nicht gesagtes hervorbringen wollen. Aber so wie seine ganze Begattungsgeschichte ganz ohne Grund ist, welches, wenn ich es nicht hinreichend gethan hätte, doch mit der Zeit völlig klar gemacht werden wird; so hat noch weniger die Behauptung einigen Grund, daß zu spät befruchtete Königinnen nichts als Drohneneyer sollten legen können. Wer hat denn jemals, wie H. Huber Königinnen zu 6 bis 21 Tagen eingesperret und welche hat in dieser Zeit nicht hundertmal zur Begattung ausfliegen können, wenn es nöthig gewesen wäre, und dennoch fehlt es auch bey uns nicht an Stöcken, die Königinnen haben, und doch nichts als Drohnen zeugen. Vernunft und Erfahrung gebieten also, keine Königinnen mehr in Stöcken zu suchen, die nur Drohneneyer legten. Noch muß ich dabey erinnern, daß dasjenige, was ich in meiner Korbbienenzucht S. 59. ff. davon gesagt

gesagt habe, seine völlige Bestimmung erhalten wird, wenn ich auf die Drohnen zu reden komme.

§. 10.
Neid, Streit und grausame Duelle zwischen den Königinnen.

Reaumur wollte schon nach seiner Geschichte S. 336. die Ursachen aufsuchen, warum nur eine Mutter in einem Stock geduldet würde. Ob sich die Mütter selbst neben einander nicht leiden könnten und eine die Ursach von dem Untergang der andern wäre. Oder ob die Bienen zu viel Anhänglichkeit an ihre Mutter hätten, und diese eine fremde sogleich wieder aus dem Wege schaften. Er that zu dem Ende zwey besonders bezeichnete Mütter in etlichen Tagen nach einander zu einem Stock, der schon seine Königin hatte, und glaubte, daß sie von den Bienen gut aufgenommen würde, weil sie sich sogleich um sie versammleten und sie in ihre Mitte aufnahmen. Nach zween Monaten badete er den Stock, um zu erfahren, ob die drey Mütter noch darin wären. Er untersuchte die Bienen sorgfältig, zählte sie sogar und fand ihrer über 7000. Er fand aber kein Männchen unter ihnen, wie denn auch zu dieser Zeit keines vorhanden seyn sollte. Der hauptsächlichste Gegenstand seiner Untersuchung war, die ihm zugesetzten Mütter wieder zu finden. Er fand aber von den dreyen, die vor etlichen Monaten darin gewesen waren, nur eine einzige, und zwar vermuthlich die natürliche Mutter, weil sie kein Zeichen hatte. Dadurch ward er aber auf einen ganz irrigen Schluß geleitet, wenn er weiter sagt: Wenn es die Bienen sind, die die fremden Mütter umbringen, nachdem sie denselben so liebreich begegnet haben, so sollte man glauben, daß sie die Mütter auf die Probe annehmen, und nicht länger behalten, bis sie versichert sind, daß ihre Fruchtbarkeit die Fruchtbarkeit der natürlichen Mütter nicht übertreffe, und daß vielleicht diese umgebracht werde, wenn sich eine findet, die fruchtbarer ist. Man würde aber nicht nöthig haben den Bienen so viel Staatskunst zuzueignen, wenn man gewiß wüßte, daß bey der Autopierung einer Mutter, keine Mutter anders, als wieder durch eine andere Mutter könnte umgebracht werden. Alsdenn würde die herzhafteste und stärkste durch die Entleibung ihrer Mitbuhlerinnen die Regierung allein überkommen. Es ist nicht ganz unmöglich, dieses durch angestellte Versuche zu erfahren, obschon ich noch nicht dazu habe kommen können.

Reaumur hat also diese Versuche selbst nicht angestellet, sondern nur gemuthmaßet, daß die schwächere Königin der stärkern unterliegen müsse. Demohnerachtet ist es fast als ein allgemeiner Satz in der Bienenlehre angenommen worden, ohne daß weitere Versuche darüber angestellet worden wären, daß die Königinnen unter einander stritten, sich verwundeten, und ums Leben brächten. Denn was man etwa mit zusammengebrachten und eingesperrten Königinnen vorgenommen hat, verdienet kein Versuch genennet zu werden, weil das hier nicht geschiehet, was im natürlichen Zustand zu geschehen pfleget. Man trift daher in den mehresten Bienenbüchern, wenn darüber gefragt wird: warum außer der Schwärmzeit in jedem Stocke nur eine Königin geduldet würde, diese Erklärung an, daß keine Königin eine andere neben sich leite, sondern alsobald Streit unter ihnen entstünde, bis eine auch wohl beyde das Leben verlohren hätten, wodurch es denn öfters geschehe, daß ein Stock mutterlos werde. Wie denn auch sogar viele von einem Jagen und Treiben der Königinnen unter einander zur Schwärmzeit reden, wodurch zum Theil das Schwärmen

men befördert, oder wenn es wegen schlechter Witterung darzu nicht kommen könne, doch der Streit zuletzt so ernsthaft würde, bis eine den Platz behalten hätte und die übrigen getödtet wären. Wobey es denn auch nicht selten geschehe, daß die einzige noch übrige im Streite so verwundet worden, daß sie den andern nachsterbe, der Stock keine Königin behalte und über diesen unglücklichen Streit eingehen müsse. Hingegen behaupten auch andere und zwar mit Recht, daß es blos ein Geschäfte der Arbeitsbienen sey, um Ordnung in ihrer Republik zu erhalten, eine fremde dazu gebrachte Königin fortzuschaffen, und zur Schwärmzeit eine zur allgemeinen Mutter zu erwählen, die überflüssigen hingegen zu tödten. Noch andere nehmen an, daß nach der Beschaffenheit der Umstände, bald die Königinnen selber, bald die Arbeitsbienen der angreifende Theil oder die Ursache wären, daß viele ums Leben kommen und nur eine übrig bleiben müßte.

H. Huber will uns auch diese Probleme durch seine Versuche ganz auflösen. Er nennt §. 154. diese Materie sehr philosophisch und ein ungeheures Feld von Beobachtungen, deren Resultate aber unendlich merkwürdig wären. Er will dabey §. 149. die Endursachen der kleinsten Thatsachen auf das allerspitzfindigste untersucht haben und Ende und Mittel haben ihm so klar geschienen, daß er behaupten könne, er habe niemals Streit zwischen den Königinnen und Arbeiterinnen, wohl aber oft zwischen den Königinnen selbst gesehen. Er spricht es §. 143. Hrn. Schirach und Riem ganz ab, daß sie jemals die Beobachtung machen können, die gemeinen Bienen machten sich über die fremden Königinnen her und tödteten sie mit ihrem Stachel, weil sie sich keiner andern, als großer Stöcke bedienet, worin sich mehrere Reihen gleichlaufender Wachstafeln befunden hätten; wie hättten sie sogleich den Anfang der Feindseligkeiten sehen können? Er hätte sich aber der günstigsten Stöcke dabey bedienet. — H. Huber hat doch aber, ohnerachtet seiner günstigen Stöcke, als ein Blinder, davon gar nichts sehen können. — Wenn nun aber andere, die in eben so günstigen Stöcken seine Versuche nicht nur wiederholt, sondern auch, obgleich nicht hundertmal wiederholt, die Resultate gar nicht gefunden, die er uns weiß machen will, daß er sie gesehen. Wer wird nun recht gesehen haben? Ist je ein Brief in seinem Werke, der aus lauter leeren Einbildungen und aus nichts weniger, als richtigen Beobachtungen, zusammengesetzt ist, so ist es dieser, und ich muß meine Leser zum voraus um Geduld bitten, diese sich so widersprechenden Thatsachen, die er mit dem weitläuftigsten Wortgepränge beschreibt, anzuhören. Er nennet es die Kriege und Duelle der Königinnen, und schreibt ihnen dabey eben die Leidenschaften bis auf die kleinsten Umstände zu, die sich zuweilen zwischen den Königen der Erde finden lassen. Er macht dabey einen Unterschied zwischen Jungfern- und Mutterköniginnen, welches doch gar keinen Einfluß auf diese Sache haben kann, da es lediglich auf die Mehrheit der Königinnen ankommt. Auch hier bemühet er sich noch mehr beyzubringen, woran Reaumur und andere gar nicht gedacht haben, noch dasselbe muthmaßen können. Denn er will beweisen, daß der Neid und Zorn der Königinnen gegen einander so gar über die ungebohrnen, noch in der Wiege sich befindenden jungen Königinnen sich erstrecke. Um der Ordnung willen folgt nun eine Geschichte nach der andern, wie sie von ihm erzählt werden.

1. Die

1. Die vorausgesetzte Einbildung von dieser Sache, wornach alle darauf folgenden erzählten Thatsachen gemodelt werden.

§. 148. Es darf in einem Stocke nur eine Königin seyn. Daher ists nöthig, daß, wenn von ungefähr eine zweyte darin erzeugt worden, eine von beyden getödtet werde. Nun könnte aber diese Execution nicht den gemeinen Bienen aufgetragen oder erlaubt seyn, weil in einer Republik von so vielen Individuen, unter denen man nicht eine sich immer gleich bleibende Zusammenstimmung voraussetzen kann, es sich öfters zutragen dürfte, daß ein Theil von Bienen sich über eine Königin hermachte, während dem ein anderer Theil die zweyte tödtete, und der Stock der Königinnen beraubt werden würde. Es muß daher seyn, daß die Königinnen allein mit der Mühe beladen seyen, sich die Rivalinnen vom Halse zu schaffen. So wie aber die Natur bey diesen Streitfällen nur ein einziges (oft sind es sehr viele) Schlachtopfer verlangt, so hat sie weislich zum voraus gewollt, daß im Augenblicke, wo durch ihre Stellung die zwey Streitenden ihr Leben eine durch die andere verlieren können, solche beyde eine so starke Furcht empfinden, daß sie an nichts weiter denken können, als an eine Flucht, ohne sich mit ihren Stacheln zu verwunden.

Was für eine irrige Voraussetzung! daß den gemeinen Bienen die Execution nicht aufgetragen werden könne, weil unter so vielen Individuen keine Uebereinstimmung zu vermuthen wäre. Handeln denn diese Republikaner jemals unübereinstimmend? Sind sie es nicht offenbar, die die Anstalt zur Erzeugung junger Königinnen machen, werden sie es denn nun nicht auch seyn, die die überflüssigen auf die Seite schaffen.

schaffen: Wenn H. Huber wirklich beobachtet, und nicht blos seine Einbildungen niedergeschrieben hätte; so würde er gefunden haben, daß, wenn der Tod der überflüssigen beschlossen ist, sich schon die Erwählte im obern Theil des Stockes befindet, wo alles ruhig ist und bleibt, und nur die andern heruntergejagt, von den Bienen ergriffen, festgehalten und zuletzt getödtet werden. Von dem einzigen Irrthum, worein die Bienen hier noch gerathen können, wird an seinem Ort geredet werden. Eben so irrig ist auch diese Voraussetzung, daß die Natur nur ein einziges Schlachtopfer verlange, und deswegen die Königinnen in dem Augenblick, da sie den Streit anfangen wollten, von einer solchen Furcht befallen würden, die sie zur Flucht nöthigte. Es sind zuweilen wohl zehn, zwölf Schlachtopfer. Jede Königin weicht der andern so viel möglich aus, und nur gemeine Bienen sind es, die sie hinrichten.

2. Beweis, daß Jungfernköniginnen einzelne Schlachten unter sich selbst liefern.

§. 147. 150. Zwey junge Königinnen krochen den 15ten May 1790 beynahe zu gleicher Zeit, in einem unserer schwächsten Stöcke aus ihren Zellen. (nach §. 5. wurde nur eine aus der Gefangenschaft gelassen.) So bald sie sich einander erblickten, richtete sich eine gegen die andere mit einem Anscheine von Zorn auf, und sie stellten sich in solche Positur, daß jede ihre Fühlhörner zwischen den Zähnen ihrer Rivalin angestemmt hatte!! Der Kopf, das Brustück und der Leib waren einander gegenüber. Es war ihnen nur noch übrig, den hintern gegen einander anzulehnen, und sich so wechselsweise mit ihrem Stachel zu stechen, daß beyde im Streite stürben.

ſtürben. Allein es ſcheint, daß die Natur nicht
zweyer im Duell begriffener Streiter Tod
verlange. Man ſagte, (wer ſagt dies, als der Verfaſſer?) daß ſie den Königinnen, welche ſich in der
von mir erzählten Lage, nämlich mit Geſicht und
Leib gegen Leib gekehrt, befänden, eingegeben habe,
ſich augenblicklich einander mit der größten Beſtür-
zung zu fliehen, ſo, daß auch zwey ſolcher von mir
angemerkten Rivalinnen, wenn ſie merkten, daß
ihre Hintertheile an einander kämen, ſich einander losließen und aus einander giengen. Sie werden ſehen, mein Herr, daß ich dieſe Beobachtung
oft wiederholte, ſo, daß ſie mir keinen Zweifel übrig
ließ, und mir es ſelbſt ſcheint, daß man in dieſem
jetzigen Falle in die Natur eindringen könne. Einige Minuten hernach, als unſere zwey Königinnen
ſich von einander geſchieden hatten, vergieng ihre
Furcht, und ſie ſuchten einander von neuem auf.
Bald darauf ſahen ſie ſich, und wir ſahen ſie nun
gegen einander laufen. Sie ergriffen ſich, wie das
erſte Mal, und ſtellten ſich in dieſelbige Poſition.
Das Reſultat war aber daſſelbe. So wie ſich ihre
Leiber einander näherten, ſo trachteten ſie nach nichts
weiter, als ſich eine von der andern loszulaſſen, und
nun flohen ſie ſich. Die gemeinen Bienen waren
während dem ſehr gelaſſen, und ihr Tumult ſchien
ſich zu legen, ſo bald ſich die zwey Gegnerinnen ver-
ließen. Wir ſahen ſie zu zwey verſchiedenen Malen die Königinnen in ihrer Flucht aufhalten, dieſelbe bey den Füßen ergreifen, und ſie einige Minuten lang als Gefangene aufhalten. Endlich in einem dritten Angriffe, lief die grimmigſte oder
ſtärkſte dieſer zwey Königinnen auf ihre Rivalin
in dem Augenblicke, als dieſe ſie nicht kommen ſah,
los, ergrif ſolche mit den Zähnen am Anfange der

Flügel,

Flügel, stieg hernach auf ihren Körper, und drängte das Aeußerste ihres Bauches über die letzten Ringe ihrer Feindin an, so, daß sie leicht dazu gelangte, mit ihrem Stachel einzustechen. Sie ließ alsdann ihre Flügel, welche sie zwischen ihren Zähnen hielt, los, und zog ihren Pfeil zurück. Die überwundene Königin fiel, kroch schwächlich fort, verlor ihre Kraft sehr geschwind, und starb hernach. Diese Beobachtung beweist, daß Jungfernköniginnen einzelne Schlachten unter sich selbst liefern.

Man bedenke bey dieser wortreichen Beschreibung erstlich überhaupt, wie unmöglich es gewesen, daß H. Huber solche Kleinigkeiten in einem seiner schwächsten Stöcke, sey es Blätter- oder Glasstock gewesen, habe beobachten können? Denn so schwach auch das Volk war, taugen doch die ersten, wie er weiter unten selber sagt, zu solchen Beobachtungen gar nichts, und wäre es ein platter Glasstock gewesen, so müßte er wahrhaftig ganz andere Dinge gesehen haben, als er uns hier erzählt. Und wie sind denn in einen schwachen Stock zwey königliche Zellen gekommen, da er nicht nur vorher der Natur der Sache gemäß behauptet hatte, schwache Stöcke erzeugten keine Königinnen, sondern auch den grundlosen Satz angenommen, die Bienen ließen auf einmal nur eine junge Königin aus der Gefangenschaft. Wie widersprechend, den Königinnen eine unwiderstehliche Furcht, wenn sie einander nahe kämen, und doch zugleich wieder den größten Grimm zuzuschreiben; eben so die gemeinen Bienen gelassen zusehen zu lassen, und doch soll sich ihr Tumult gelegt haben, wenn die Königinnen auseinander gegangen. Wie schickt sich dieser Vordersatz zu dem Nachsatz? und wie können bald darauf diese gelassenen Bienen (welches doch etwas Wahres enthält) die Königin bey den Füßen

Füßen ergreifen, aufhalten und gefangen nehmen? Wenn es endlich der Natur gemäß wäre, daß eine Königin auf die andere stiege, wenn sie dieselbe umbringen wolle, warum dichtet er ihr denn erst ganz andere Stellungen und daher entstehende Furcht an? Allerdings machen zuweilen zwey in ein enges Behältniß zusammengesperrte Königinnen solche Stellungen gegen einander, zumal wenn sie von verschiedenen Stöcken sind. Allein von dem, was im Nothzwang von zweyen ganz aus ihrer natürlichen Lage gebrachten Königinnen geschiehet, muß man nicht gleich den Schluß machen, daß dieses auch in ihrem freyen Zustand im Stocke geschiehet? Doch genug davon. Ich will nun dasjenige anführen, was ich ebenfalls durch richtige Versuche und Beobachtungen von diesen Kriegen wahrgenommen habe. Ich kann nicht zweifeln, daß viele, auch ohne Glasstöcke, gleiche Erfahrungen werden gemacht haben.

Erstlich ist es eine unleugbare Erfahrung, wenn zwey und mehrere junge Königinnen in einem alten Stock zu Nachschwärmen gebohren worden sind; so entstehet unter ihnen weder Krieg noch Streit, vielweniger wird dadurch eine ums Leben gebracht. Sie leben vielmehr friedlich mit einander beysammen und ziehen insgesammt mit dem Schwarm zu dreyen, vieren, und mehreren gesund und frisch aus. Wenn hernach ein solcher Nachschwarm, der mehrere Königinnen bey sich hat, wie nach Hubers Beobachtungen alle Jungfernköniginnen seyn sollen; ob sie es gleich nicht mehr sind, in einen Stock gebracht worden ist und sich nur einige Zeit darin ruhig verhalten hat, so wird man schon finden, wenn man den Stock behutsam aufhebt und die Lage der Bienen in demselben betrachtet, daß an den Seiten des Stockes oder schon auf dem Standbrete einer, oder etliche Klümpchen von zusam-

Zweyter Theil. E

menhangenden Bienen angetroffen werden, deren jedes in der Mitte eine überflüßige Königin enthält, oder man trift wohl eine um die andere einsam und verlassen, doch noch unverletzt, unten am Rande des Stocks oder vor dem Flugloche an. Fast bey jedem Nachschwarm hat man daher Gelegenheit, sich gesunde und unverletzte Königinnen zu verschaffen und solche zu mancherley Gebrauch aufzuheben. Denn wenn man die zusammenhängenden Klümpchen Bienen mit einem Löffel herausnimmt und sie vor dem Stocke zertheilt, kann man die Königin mehrentheils noch unverletzt erhalten. Die Bienen stehen außerhalb dem Stocke sogleich von ihrer Mordsucht ab, und kehren geduldig zu der Erwählten zurück. Keine Königin, wenn sie auch aus dem Schwarm heraus und herunter gebracht worden ist, kann sogleich ermordet werden, weil jede ihren Anhang und unter denselben auch Beschützer hat, die sich um dieselbe herum legen, damit sie kein tödtlicher Stich treffen soll. Daher diese am Ende selbst das Leben mit darüber verlieren müssen, indem sie von den andern Bienen erstochen werden, damit ein gleiches mit der überflüßigen Königin geschehen kann. Daher man gegen den Abend oder früh morgens doch gewiß, wenn man sie ihrer Willkühr überläßt und die überflüßigen Königinnen nicht selbst wegnimmt, die schutzleistenden Bienen neben den Königinnen auf dem Standbrete todt antreffen wird. Hieraus ist doch wohl genugsam zu ersehen, daß keine von den überflüßigen Königinnen es wagen darf zu der erwählten, die sich in dem obersten Theil des Stockes befindet, hinauf zu gehen, noch diese sich darum bekümmert, was mit jenen vorgenommen wird, sondern es lediglich das Geschäfte der Arbeitsbienen ist, die überflüßigen fortzuschaffen, wie sollte also zwischen den Königinnen selbst ein Duell entstehen können? Ich habe auch mehrmals diesen Versuch angestellt,

gestellt, um der Sache noch mehr durch den Augenschein vergewissert zu werden. Da mir es oft begegnete, sonderlich wenn etliche Nachschwärme zusammenzogen und in einen Stock gebracht worden waren, daß dieselben, ehe ich es mich versahe, auch wohl erst den Tag darauf aus dem Stock wieder auszogen und sich aufs neue an den vorigen Ort anlegten; so machte ich damit, weil ich wußte, daß es von den vielen, bey dem Schwarme befindlichen Königinnen herrührte, den Versuch: Ich ließ einen solchen Schwarm, nachdem ich ihn nur von oben mit einem Tuche bedeckt hatte, lange an diesem Ort liegen, ehe ich solchen wieder in einen Stock brachte, um zu sehen, ob hier nicht schon die überflüßigen Königinnen abgesondert würden, und man dieselben wegnehmen könne. Kaum waren die Bienen auf einen Haufen zur völligen Ruhe, so sahe ich auch, daß sie Königinnen aus dem Innern herausgetrieben brachten, die sie an den Füßen hielten, und die ich denn ohne Bedenken als überflüßige wegnahm. Ja ich ließ einmal einen solchen Schwarm, der aus drey zusammen gezogenen Nachschwärmen mit sehr vielen Königinnen bestund, und sich Nachmittags an den Schaft eines niedrigen Baums angelegt hatte, bis gegen den Abend liegen, um zu sehen, ob sie mit der Auswahl der Königin fertig werden würden. Ich sahe nach und nach neun Klümpchen Bienen auf die Erde herunter fallen, deren jeder eine Königin unter sich hatte, die umgebracht worden war. Dergleichen Beobachtungen und Erfahrungen, die jeder, der mit Bienen umgeht, leicht nachmachen kann, sind doch wohl Beweises genug, daß unter den Königinnen selbst keine Duelle statt finden, sondern lediglich die Arbeiterinnen die Execution auf sich nehmen, die überflüßigen aus dem Stocke zu schaffen.

E 2 Zwey=

Zweytens habe ich darüber schon längst und auch noch neuerlich in diesem Jahre, da es nicht an Nachschwärmen fehlte, wegen Hubers vorgegebenen Beobachtungen besondere Versuche in meinen kleinen Glasstöcken angestellet: Ich nahm dazu nicht allein Nachschwärme und mehrentheils die dritten, die immer viel Königinnen haben; ich brachte auch zu diesen öfters des Abends wieder neue Königinnen, indem ich ihnen ein kleines Volk zusetzte, das ich mit einer aufgehangenen eingesperrten Königin im Garten von den zurückgebliebenen Schwarmbienen gesammelt hatte. Ich beobachtete genau, was mit den ersten Königinnen vorgienge, wenn ich den Nachschwarm in den Stock gebracht hatte. So bald viele Bienen von denselben oben in einer Ecke des Stocks sich dick versammelt und die erwählte Königin unter sich hatten, nahmen die übrigen alle, indem sie sich auf ihre Vorderfüße stellten, mit dem ihnen gewöhnlichen Schnurren und Brausen ihre Richtung dahin und sogleich fiengen auch einige von den Arbeiterinnen an, die unruhig herum laufenden überflüßigen Königinnen an den Füßen zu zwacken und endlich fest zu halten: So bald nur eine fest hielte, waren auch mehrere da, die sie an Füßen und Flügeln anpakten, bis sie ganz von Bienen bedeckt waren. So viel könnte man aber doch noch sehen, daß alle ihr Bemühen dahin gieng, sie herunter auf den Boden des Stocks zu bringen, und keine in die Höhe zu lassen. Dieses gelang ihnen auch bald; so viele ihrer waren. Keine wurde wieder in die Höhe gelassen; und wenn ich auch hier ihren Tod nicht abwarten konnte, so fand ich doch früh Morgens die Leichname vor dem Flugloche und war versichert, daß sich die erwählte oben im Stock befindliche Königin nicht im geringsten darum bekümmert hatte, wie ihre so benahmten Rivalinnen aus dem Wege geschaft werden sollten.

Drit-

Drittens, wenn ich nach etlichen Tagen gegen den Abend abermals ein kleines Volk mit einer Königin in einen solchen Stock einziehen ließ, so wurden die Bienen, die mit dem gewöhnlichen Brausen einzogen, nicht im mindesten beunruhiget, sondern willig aufgenommen. Die Königin gieng unter diesem Brausen getrost mit nach der Höhe, wohin sich der Zug der Bienen lenkte. Nun kamen aber bald einige von den Einwohnern schnell von oben herab gelaufen, und ohne sich im mindesten bey einer der einziehenden andern Bienen aufzuhalten, gieng es gerade auf die Königin los, die sie ergriffen und fest hielten, daß sie nicht weiter konnte, sondern wieder herunter auf den Boden des Stocks mußte, da sie denn weit geschwinder, als jene erstochen wurde, weil sich keine einzige der einziehenden Bienen ihrer annahm und sie schützen wollte, sondern alle nur eilten, um zu den andern in der Höhe zu gelangen. Jeder kann diese Beobachtungen in einem kleinen Glasstock anstellen, und zur Ueberzeugung kommen, daß nichts von mir angeführet worden ist, was in diesen Fällen nicht wirklich geschiehet. Daher Hubers Erzählungen, oder wie er solche immer nennt, Thatsachen, bloße Erdichtungen sind, die niemals haben gesehen werden können.

Daß Jungfernköniginnen, denn das sollen nach Huber's Grundsätzen alle bey den Nachschwärmen befindliche seyn, sich in Menge in dem alten Stock vertragen, ohne daß sie Jagd auf einander machen und tödtlicher Streit erfolge, siehet man ja schon ohne alle Beobachtung in Glasstöcken daran, daß so lange die Bienen noch Lust zum Schwärmen haben, kein Todesfall von einer Königin erfolgt, sondern eine hie, die andere da im Stocke ihren fröhlichen Gesang erhebet, ohne daß man jemals merkte, daß eine von ihnen von den auf ihr zukommenden Feind darin gestöret würde und abbrechen müßte. Ich weiß wohl, daß manche so gar aus diesen verschiedenen Tönen das Jagen, Treiben und Streiten der Königinnen unter einander beweisen wollen. Aber wer hier etwas tumultuarisches vernehmen, oder ängstliche und wehmüthige Töne hören und unterscheiden will, der muß ein besonderes Gehör haben. So bald der Schwarm mit einem Theil der jungen Königinnen abgegangen ist, und keiner weiter erfolgen soll, so hört der Gesang sowohl in dem alten, als in dem neuen Stock, worein der Schwarm gebracht worden ist, auf, und jeder, der nur seine Stöcke aufheben kann, kann es bald darauf an den alten und jungen mit Augen sehen, daß es ein Geschäfte der Arbeitsbienen ist, die überflüßigen Königinnen zu tödten, oder herauszujagen. Wenn sie herausgejagt werden, gehen sie oft auf den alten Stock zurück, finden aber hier gleiches Schicksal, indem sie gleich bey ihrer Rückkunft von den Bienen am Fluglöche angepackt, und entweder wieder abgetrieben, oder an den Füßen zur Verurtheilung in den Stock hineingezogen werden. Es ist daher ganz ungegründet, daß fälschlich so genannte Jungferköniginnen so lange unter sich stritten, bis eine die andere überwunden und den Platz behalten hätte.

H. Huber meinet, daß den Arbeitsbienen um deswillen die Execution an den Königinnen nicht habe überlassen werden können, weil sie leicht dabey unübereinstimmend handeln, und alle ums Leben bringen könnten. Es geschieht auch in der That zuweilen, daß sie diesen Irrthum begehen, mehrentheils aber nur alsdenn, wenn verschiedene Nachschwärme zusammen in einen Stock gebracht worden sind, wo nun jeder seine Königin mit Macht schützen will. Indem dies geschiehet, gelingt es doch wohl beyden Theilen in der Unordnung, einander alle Königinnen wechselsweise umzu-

umzubringen und ein solcher Stock befindet sich am Ende mutterlos.

3. **Hubers Beweis, daß auch die fruchtbaren Königinnen und Mütter gegen einander dieselbe Feindseligkeit haben.**

§. 151. Wir erwählten zu dieser neuen Beobachtung den 22sten Julius einen platten Stock, dessen Königin sehr fruchtbar war, und da wir begierig gewesen, zu wissen, ob sie eben so wie die Jungfernköniginnen die königlichen Zellen zerstören würden. (Dieses ist der weitläuftigen Beschreibung halber bey voriger Beobachtung weggelassen worden, weil es hier wieder vorkommt.) Wir setzten alsobald drey königliche noch verschlossene Zellen in die Mitte ihrer Kuchen. So bald sie solche sahe, fiel sie mit Gewalt die äußern Theile der Zellen an, durchbohrte ihren Grund, und ruhete nicht eher, als bis sie die Nymphen offen gebracht hatte. Die Arbeitsbienen, welche Zuschauer dieses Spektakels waren, kamen alsdenn, um die königlichen Nymphen herauszuziehen. Sie nahmen den Brey, der auf dem Grunde dieser Zellen lag, begierig zu sich, sogen auch das Flüssige, das im Bauche der Nymphe sich befand, auf, und endigten mit der Zerstörung der Zellen, worin sie erzogen worden waren.

§. 152. Wir thaten in der Folge in eben diesen Stock eine sehr fruchtbare Königin, welcher wir das Bruststück mahlten, um sie von der regierenden Königin zu unterscheiden. Es formirte sich sehr geschwind ein Kreis von Bienen um diese Fremde, aber ihre Absicht war nicht, sie zu stechen, oder ihr zu liebkosen, denn sie versammelten sich unvermerkt um solche und umschlossen sie so nahe, daß sie am

Ende eine Minute ihre Freyheit verlor und sich gefangen befand. Was hierbey am merkwürdigsten ist, bestehet darin, daß sich zu gleicher Zeit andere Arbeitsbienen um die regierende Königin anhäuften, und alle ihre Bewegungen hinderten, und wir sahen alsbald, daß sie eben so, wie die Fremde, eingeschlossen war. Man sagte zuweilen, daß die Bienen die Schlacht voraussähen, welche sich die zwey Königinnen liefern wollen, und daß sie ungeduldig sind, den Ausgang davon zu sehen!! denn sie hielten solche nur alsdenn gefangen, wenn sich eine von der andern zu entfernen schiene und wenn es sie dünkte!! daß eine von zweyen, die am meisten in ihren Bewegungen gezwängt worden, sich ihrer Rivalin nähern wolle: alsdenn begäben sich die Bienen, welche diesen Haufen formirten, aus einander, um ihnen die gänzliche Freyheit zu lassen, sich anzugreifen. Hernach können sie, um solche aufs neue einzuschließen, wenn die Königinnen noch geneigt scheinen, sich einander zu fliehen!! §. 153. Wir haben diese Sache sehr oft gesehen, allein sie zeigt einen so neuen und außerordentlichen Zug von der Ordnung des Bienenstocks, daß man es tausendmal wieder sehen müßte, um es positiv zu behaupten. Ich wollte, mein Herr, die Naturforscher einladen, mit aller Aufmerksamkeit die Schlachten der Königinnen zu beobachten, und vorzüglich zu bestätigen, welches die Rolle sey, so die Arbeitsbienen dabey zu vertreten haben. Suchen sie die Schlachten zu vermehren? Erwecken sie durch einige geheime Mittel den Grimm der Streiterinnen? Wie kommts, daß bey der Gewohnheit, da sie sich für ihre eigene Königin Mühe geben, sich doch Umstände finden, wo sie solche mit Arrest belegen, indem sie sich anschickt eine Gefahr zu meiden,

den, die ihr drohet. §. 154. Um diese Probleme aufzulösen, muß man eine lange Reihe von Beobachtungen anstellen. Das ist ein sehr ungeheures Feld, deren Resultate aber unendlich merkwürdig seyn würden. Belieben Sie mir meine öftern Ausschweifungen zu verzeihen. Diese Materie ist sehr philosophisch, aber man muß, mein Herr, Ihre große Fähigkeit besitzen, um solche zu lenken und vorzutragen. Ich setze also nur die Beschreibung der Schlachten unserer zwey Königinnen fort. Nachdem der dicke Klumpen von Bienen, welcher die regierende Königin umgab, ihr einige leichte Bewegung erlaubte, schien sie dem Theil des Kuchens zuzugehen, auf welchem ihre Rivalin war. Alsdenn versammleten sich alle Bienen um sie, nach und nach zerstreuete sich die Menge der Arbeiterinnen, welche die zwey Widersacherinnen von einander trennte. Es war endlich nichts übrig, als von zwey Wegen einer, sich zu entfernen und den Königinnen zu überlassen, sich zu sehen. In diesem Augenblicke wirft sich die regierende Königin auf die fremde, ergreift sie mit den Zähnen nahe bey dem Ende der Flügel und gelangt dahin sie gegen den Kuchen anzudrücken, ohne ihr Freyheit zu lassen, weder Widerstand noch einige Bewegung zu leisten. Hernach bog sie ihren Leib und bohrte in dieses unglückliche Schlachtopfer unserer Curiosität einen tödtlichen Stich.

Was das erstere betrift, daß sich der Neid und die Mordbegierde der Mutterköniginn auch auf die noch in den Zellen verschlossenen jungen Königinnen erstrekken, die äußern Theile solcher Zellen mit Gewalt anfallen und den Grund derselben durchbohren solle; so will er diese Beobachtungen in einem der schwächsten platten Stöcke gemacht haben. Da man aber, ohne dergleichen Beobachtungsstöcke zu Hülfe zu nehmen, schon in bloßen Körben dieses wahrnehmen kann, daß alles, was er der Königin zuschreibt, ein bloßes Geschäfte der Arbeitsbienen ist, wie er denn auch diese die Nymphe herausziehen und aussaugen läßt; so macht schon dieses seine Erzählung zweifelhaft. Denn man siehet es mit Augen, wie mehrere Arbeitsbienen an der königlichen Zelle arbeiten, eine ganze Seite derselben mit ihren Zähnen aufzubeißen, bis sie an die Nymphe gelangen können. Er schreibt daher auch der Königin nur das Durchbohren der Zelle zu und nach §. 144. soll dieses Durchbohren mit dem Stachel geschehen, nachdem sie sich vorher mit ihren Zähnen ein Loch in die Zelle bereitet habe, welches hernach die Arbeitsbienen erweiterten. Wenn aber nun bewiesen werden kann, daß das, was H. Huber von der Mutterkönigin gesehen haben will, auch in solchen Stöcken geschiehet, die keine mehr haben, so muß doch schon dadurch seine Erzählung sehr zweifelhaft werden. Es ist bekannt, daß lange nicht alle Stöcke, die einen Hauptschwarm gegeben haben, auch Nachschwärme bringen. Demohnerachtet trift man nach dem Abgang der alten Königin mit dem Hauptschwarm, wie man in stehenden Körben deutlich sehen kann, oft mehr als eine unverlehrte, zugespundete, und manche auch nur halb verfertigte, jedoch mit Maden belegte Zellen zu jungen Königinnen darin an. Will nun ein solcher Stock, vermuthlich wegen Abgang zu vielen Volks mit dem ersten Schwarm nicht weiter schwärmen, so kann man sogleich nach einer Stunde sehen, wie die Arbeiterinnen über diese Zellen herfallen, solche von der Seite aufbeißen, die Nymphen herausziehen, solche und den Futterbrey nebst den Maden in den halb verfertigten aussaugen und von allen nur eine einzige verschlossene Zelle übrig lassen, woraus sie eine neue Königin erwarten.

warten. Eben dergleichen geschiehet bey dem letzten Nachschwarm, wenn alle ausgelaufene Königinnen, wie oft geschiehet, mit dem Schwarm ausgezogen sind, daß die noch übrigen Zellen zu Königinnen von ihnen bis auf eine einzige zerstöret und ausgefressen werden. Worauf sie die folgenden Tage alle diese Zellen, außer der einzigen übrigen, bis auf den Grund abtragen. Man mache mir nicht den Einwurf, daß doch wohl schon eine ausgelaufene, obgleich noch junge Königin im Stocke vorhanden gewesen seyn könne, die diese Zellen geöfnet und bis auf den Grund durchbohret habe. Ich habe dabey gar zu oft die Erfahrung gehabt, wenn aus solchen unverletzt übrig gelassenen Zellen keine Königin erbrütet werden können, und ich sie nach 14 Tagen noch in eben dem Zustand fand, daß sie wirklich mutterlos waren, schon angefangen hatten bloße Drohnenbrut zu setzen und ich ihnen nach Ausschneidung der Zelle, worin ich eine vertrocknete Made fand, mit einer eingesperrten Königin zu Hülfe kommen mußte, sollte anders der Stock nicht eingehen. Ich habe es aber daran nicht genug seyn lassen, sondern wieder in diesem Jahre, da es nicht, wie im vergangenen, in den Stöcken an verschlossenen königlichen Zellen fehlte, neue Versuche damit in meinem großen Glasstock angestellet, in welchem ich alles so genau, als Huber in seinen so genannten platten Stöcken, bemerken kann. Denn Blätterstöcke, das siehet jeder von selbst ein, können zu solchen Beobachtungen gar nicht gebraucht werden. Ich nahm zu zweyen verschiedenen Malen eine Tafel aus einem andern Stock, woran sich zwey vollkommene verschlossene königliche Zellen befanden, ich setzte dieselbe gerade an den vordern Theil einer Tafel im Glasstock an, worin sich viele leere Zellen von ausgelaufener Brut befanden, und die Königin eben beschäftiget war, dieselben aufs neue mit Eyern

zu

zu belegen, daher sie bey Tage immer auf dieser Tafel zu sehen war. Einmal wie das andere schien es anfangs, als ob diese Zellen von den Bienen gar keiner Aufmerksamkeit gewürdiget würden. Es liefen etliche über die Tafel und über die Zellen weg, ohne sich im geringsten dabey aufzuhalten. Ich ließ mich das Warten nicht verdrüßen. Endlich kam die Königin das erstemal auf der Tafel zum Vorschein, legte wie gewöhnlich ihre Anzahl Eyer, und verbarg sich wieder in der Höhe unter den Bienen. Indem ich dieser hauptsächlich nachsehe, höre ich unten viele geschwind auf einander folgende kurze abgebrochene Töne der Bienen, die sie des Abends, wenn sie den Nachtfaltern nachjagen, die ihre Eyer in die Stöcke legen wollen, so oft von sich hören lassen, und da ward ich denn bald gewahr, daß dieses ein gegebenes Zeichen war, worauf sich auf einmal viele Bienen von oben herunter, indem sie eben diese Töne von sich hören ließen, um die Zellen der jungen Königinnen versammelten. Nur bey der einen war es etwas zu sehen, wie geschwind auf der Seite der Zelle, da viele daran arbeiteten, ein Loch gemacht war. Weil sich aber immer mehrere hinzudrängten, war nur das Ende ihres Bestrebens zu bemerken. Sie brachten aus dieser Zelle eine junge Königin, die noch ganz weiß und deren Hinterleib so ausgesogen war, daß sie nichts als die Haut davon übrig gelassen, alsdenn ließen sie solche herunter auf den Boden fallen. Die andere hingegen, die schon etwas braune Farbe an dem Kopf und auf dem Rücken hatte, ward ganz und unausgesogen herunter gebracht und sie schien nach einigen Bewegungen mit den Füßen noch lebendig zu seyn. Beyde wurden bald darauf von andern Bienen zum Flugloche hinausgeschleppt. Die Königin hatte an allem diesem nicht

den

den geringsten Antheil genommen, worauf auf beyden Seiten der Tafel genau Achtung gegeben worden war, ob sie sich, wie viele andere Bienen, auf die gegebenen Zeichen zu dieser Mordgeschichte herunter begeben würde. Sie ließ sich aber dabey nicht im geringsten sehen. Der zweyte Versuch, der in eben diesem Stock zu Ende des Julius und zwar Vormittags angestellet wurde, da der erste Nachmittags geschehen war, war dem ersten in allem gleich, nur daß das Zeichen zum Angrif weit eher, als beym erstenmal gegeben wurde. Jeder kann diesen Versuch auch in bloßen Stöcken machen. Er wird in einigen Minuten finden, daß die Arbeitsbienen dasjenige ganz allein thun, was Huber in der Hauptsache von der Königin gesehen haben will. Ich glaube daher auch hier zu finden, was ich immer gefunden habe; daß er das Beste und Neueste aus teutschen Bienenschriften genommen, solchem durch seinen Witz einen andern Anstrich gegeben und in solche Beschreibungen eingekleidet habe, wobey sich niemand etwas Bestimmtes denken kann. Wie schickte sich z. B. dies für die Königin, deren Gliedmaßen gar nicht zur Arbeit, geschweige zu einer gewaltsamen Arbeit gebildet sind, daß sie mit Gewalt die äußern Theile der Zellen anfallen und dieselben bis auf den Grund durchbohren soll. Nun hatte er zwar schon vorher §. 144. die Wuth beschrieben, mit welcher dieses von einer jungen Königin geschehen wäre, und wie sie die Nymphen durchstochen hätte. Warum gebraucht er aber hier wieder ganz andere Worte und Wendungen, wenn er die Sache wirklich so gesehen hat, die andere nie gesehen haben, und auch durch angestellte Versuche seine Resultate nicht haben finden können. Wie kann auch dieses seyn, da ja darauf das Schwärmen und die Vermehrung der Bienen in ihrem natürlichen Zustand ankommt, daß die Zellen zu jungen Kö-

niginnen

niginnen so lange unverletzt bleiben, als sie noch Volk
genug haben, Schwärme abzugeben. Ich bin aus
diesen Versuchen und Erfahrungen auf das festeste
überzeugt, daß die Mutterkönigin keinen Antheil
daran nimmt, wenn überflüssige Königinnen in
den Zellen destruiret werden.

Was das zweyte betrift, so ist das vollkommen
richtig und gegründet, wenn eine fremde Königin in
einen Stock gebracht wird, der schon eine hat, daß
sich sehr geschwind um dieselbe ein Kreis von Bienen
formiret, die sie in ihre Mitte einschließen, daß nichts
weiter von ihr gesehen werden kann; aber auch das
einzige Wahre in der ganzen Geschichte. Das andere,
daß die eigene Königin eben so, wie ihre Feindin, eingeschlossen werde, ist grundfalsch. Denn ob sich wohl
einige Bienen nach der Gegend zu, wo sie eben jetzt befindlich ist, anhäufen, so geschiehet doch nichts weniger,
als eine Einschließung. Und wie reimt sich der darauf folgende Galimathias von Schlüssen über die Ge-
müthsbewegungen und Handlungen der Arbeiterinnen,
zu dem Ausgang, daß sie sich doch zuletzt aus einander
trennen, und den Königinnen Platz zur Schlacht machen: Nein! die einmal eingeschlossene fremde Königin wird von den Arbeiterinnen nie wieder losgelassen.
Ich habe die Probe davon mehr als einmal zum Vergnügen anderer im Glasstock gemacht. Der Erfolg
war allemal, wie ich schon vorher angeführet habe, daß
die fremde niemals in die Höhe unter die andern Bienen gelassen wird. Die erste Biene, die sich ihr na-
het, ergreift sie bey den Füßen oder Flügeln und hält
sie fest, auf das gegebene Zeichen eilen geschwind andere herbey, und umlegen sie so fest, wie ein Zwirnsknaul. Alsdenn kommt sie, wenn man nicht selbst
Hand zur Befreyung anlegt, nie anders, als getödtet,
aus ihrer Gefangenschaft heraus. Auch daraus ist

klar

klar, daß hier keine Schlacht zwischen zwey Königinnen vorgehen kann, sondern es lediglich ein Geschäfte der Arbeitsbienen ist, wenn eine fremde Königin in einen Stock kömmt, dieselbe zu tödten und wegzuschaffen.

4. Die Schlacht zwischen zwey Königinnen, deren eine befruchtet, die andere aber Jungfer ist.

§. 156 bis 158. Um endlich alle Verbindungen zu erschöpfen, so würde uns zu entdecken übrig seyn, wie eine Schlacht zwischen zwey Königinnen seyn würde, deren eine befruchtet, die andere aber Jungfer wäre, und was die Umstände und der Ausgang dabey seyen. Wir hatten einen gläsernen Stock, worin die Königin Jungfer und 24 Tage alt war. Wir führten am 18ten September eine fruchtbare Königin in denselben ein, und setzten sie auf die Fläche eines der Jungfernkönigin entgegengesetzten Kuchens, um Zeit zu gewinnen, zu sehen, wie sie die Arbeitsbienen empfiengen. Sie ward alsobald von den Bienen umringt, welche sie versteckten. Als sie während dem kaum einen Augenblick in ihrem Zirkel eingeschlossen gewesen, war sie genöthiget zu legen. Sie ließ ihre Eyer fallen und wir konnten nicht sehen, was aus ihnen werden würde!! Die Bienen trugen solche gewiß nicht in die Zellen, denn wir fanden, als wir sie untersuchten, keine darin. Nachdem der Haufen, welcher sie umgab, sich ein wenig zerstreuet hatte, näherte sie sich gegen den Rand des Kuchens, und fand sich bald nur wenig von der Jungfernkönigin entfernet. Als sie sich sahen, so giengen sie auf einander los. Die Jungfernkönigin stieg alsdenn auf ihrer Rivalin Rücken und that einige Stiche mit dem Stachel

auf

auf ihren Leib. Allein da diese Stiche nur auf die schuppichten Theile trafen, so fügte sie ihr kein Leid zu und die Streiter schieden aus einander. Einige Minuten hernach kamen sie zum Angrif zurück. Diesesmal gelangte die fruchtbare Königin dazu, auf den Rücken ihrer Feindin zu steigen, allein sie suchte vergebens sie zu stechen. Denn der Stachel gieng nicht durchs Fleisch!! ein. Der Jungfernkönigin gelang es sich loszumachen, und sie flohe; auch in einem neuern Angrif, wo die fruchtbare Königin über sie den Vortheil in der Lage hatte, konnte sie entspringen!! Diese zwey Rivalinnen schienen von gleicher Stärke zu seyn, und es war schwer vorauszusehen, auf welche Seite sich der Sieg wenden würde, bis endlich durch einen Glückszufall die Jungfernkönigin jene fremde tödtlich stach, welche in demselben Augenblicke starb. Der Stachel war so tief eingegangen, daß die victorisirende Königin ihren Stachel nicht gleich herausziehen könnte, und er in den Blättern ihrer Feindin zurückgehalten ward. Wir sahen sie bald darauf Kräfte anwenden, ihren Stachel loszumachen. Aber es konnte ihr nicht anders glücken, als bis sie sich über ihren Hintertheil des Leibes, so wie über einen Thürangel drehete. Es ist wahrscheinlich, daß durch diese Bewegung die Bärte des Stachels sich spiralartig an dem Stiel niederlegen und solche dergestalt aus der Wunde, welche sie gemacht, herausgehen.

Ich habe diese letzte Geschichte oder Thatsache, wie sie H. Huber lieber genennt haben will, mehr zu einem Beweis angeführet, wie groß seine Kunst ist, einerley Sache auf ganz verschiedene Art vorzustellen, damit sie das Ansehen der Neuheit gewinne, als daß ich noch viel darüber sagen wollte. Denn der Unterschied

schied zwischen einer Jungfern- und noch dazu 24 Tage alten Jungfernkönigin und einer befruchteten ist so, wie H. Huber will, gar nicht gegründet. Es hätte also hier der Erfolg eben so, wie bey den vorhergehenden seyn müssen. Aber man findet hier weder die Stellungen der Königinnen gegen einander zum Streit, noch die Furcht, womit sie wieder von einander fliehen, noch das Bemühen der Arbeiterinnen, sie von einander zu trennen oder zusammen zu bringen und dergleichen mehr. Vielmehr ist hier sogleich eine auf der andern Rücken, ohne daß sie solche erst bey den Flügeln feste faßt, und die andere so geduldig, daß sie nicht eher fliehet, als bis sie losgestochen wird. Jedoch daß von alle dem, was hier beschrieben worden ist, gar nichts gesehen worden, davon giebt er selbst den Beweis an die Hand, indem er spricht: Er habe sich zu dieser Beobachtung eines gläsernen Stocks bedienet, der mehr, als einen Kuchen neben einander haben mußte, indem er die fruchtbare Mutter auf die Fläche eines der Jungfernkönigin entgegengesetzten Kuchens setzte. Wie konnte er denn nun sehen, was zwischen den Kuchen unter ihnen vorgienge!! Die Bienen versteckten die fruchtbare Mutter, und dennoch sahe er ihre Eyer fallen!! Was ein Blinder nicht alles sehen kann? — Man wird wahrhaftig müde, solche offenbar fade Dinge zu rügen.

Der H. Uebersetzer sagt in der Anmerkung über das beschriebene Bemühen der Königin ihren Stachel loszubekommen: Das ist eine ganz neue, aber auch äußerst seltene Beobachtung, die man dabey so selten machen wird, daß sie noch nicht als beständige Gewißheit angenommen werden kann, nämlich: ob könnte bey allen Bienenköniginnen in solchen Fällen der Stachel in der Art zurücktreten. Man sehe nur bey den gemeinen Bienen, wie viele ihren Stachel seiner Bärte oder vielmehr Wiederhaken wegen nicht an den Bienen zurücklassen müssen, wenn nur wenige ihn herausziehen können. Die Stachel der Bienen haben keine Bärte, sondern wirkliche Widerhaken. Wenn die Bienen einander zwischen das Brustſtück und den Hinterleib ſtechen können, gehet es ohne Gefahr ab, den Stachel zu verlieren. Wenn ſie aber zwiſchen die Blätter ſtechen, ſo verlieren ſie denſelben und thun doch der feindlichen Biene keinen Schaden. H. Huber läßt aber ſeine Königin zwiſchen die Blätter ſtechen, die andere davon ſterben, und doch den Stachel durch geſchickte Bewegung wieder zurückziehen. Jedoch es konnte ihm einerley ſeyn, wohin er ſtechen ließ, da die ganze Geſchichte vom Neid, Streit und Duellen der Königin überhaupt mit unter die Erdichtungen Virgils gehöret, womit er nach ſeiner poetiſchen Einbildungskraft die Bienenlehre bereichert hat, die hernach von Zeit zu Zeit fortgepflanzt, und bis auf den heutigen Tag bey allen Erfahrungen des Gegentheils immer noch vertheidiget wird, weil dieſe Meinung beynahe das Alter von 2000 Jahren erreicht hat. Ich werde vielleicht einmal bey einer andern Gelegenheit davon reden, was für Irrthümer durch dieſen Dichter in die Bienenlehre gebracht und immer beybehalten worden ſind.

§. 11.

Ueber das Einlaſſen fremder Königinnen in einen Stock.

Huber will H. Riem und damit zugleich viele andere widerlegen, die behaupten, daß die Arbeitsbienen die Königinnen angriffen, um dieſelben zu tödten, da wir doch mehr als eine Erfahrung haben, daß ſie uns, wie mir ſelbſt mehr als einmal wiederfahren iſt, von einer einzigen Biene noch in der Hand zwiſchen den Fingern todt geſtochen worden iſt, wenn ich dieſelbe

noch

noch zu retten und zu erhalten suchte. Einen ähnlichen Vorfall erzählt H. Riem im 2ten B. der Bienenbiblioth. S. 169. H. Huber fängt die gegenseitige Behauptung, daß keine Arbeitsbiene einer Königin mit ihrem Stachel schade, und schaden könne, von einer Seite an, die nur ein Franzose durch seinen Witz entdecken können. Er behauptet, im natürlichen Zustande könne sich keine Königin in einen Stock einschleichen, sie könne nicht anders, als mit Gewalt hineinkommen, indem man den Stock öfne. Hier sind seine Beweise:

§. 161. Die Bienen stellen Tag und Nacht eine hinlängliche Wache aus, und unterhalten solche am Eingang ihrer Wohnung. Diese wachsamen Schildwachen untersuchen alles, was hier vorkommt, und so, wie sie darin ihren eigenen Augen allein nicht trauen, berühren sie mit ihren beweglichen Fühlhörnern alle Individuen oder einzelne Bienen, welche in ihren Stock eingehen wollen, selbst alle verschiedene Substanzen, welche man an ihr Flugloch bringt. Welches dann, um es im Vorbeygehen zu sagen, nicht leicht zweifeln lässet, daß die Fühlhörner Organe des Gefühls sind. Wenn sich ihnen eine fremde Königin nähert, so wird solche von den Wache haltenden Bienen augenblicklich ergriffen. Um sie am Eingehen zu verhindern, so fassen sie derselben Beine oder Flügel mit ihren Zähnen, und drängen sie so nahe in ihren Zirkel ein, daß sie sich darin nicht bewegen kann. Nach und nach kommen aus dem Innern des Stocks neue hervor, die sich an diesen Haufen anschließen, und ihn noch gedrängter machen. Alle ihre Köpfe sind gegen das Centrum gerichtet, wo die Königin eingeschlossen ist, und sie halten sie mit einem solchen Anscheine von Wuth, daß man den Ballen, welchen sie formiren, nehmen

nehmen und einige Minuten tragen kann, ohne daß sie es wahrnehmen. Es ist gänzlich unmöglich, daß eine fremde Königin, die so umgeben und gedrängt ist, in einen Stock eingehen könne. Wenn die gemeinen Bienen sie da lange eingeschloßen halten, so stirbt sie, und ihr Tod ist dann wahrscheinlich durch Hunger, oder durch Mangel an Luft, verursachet worden. Es ist wenigstens sehr gewiß, daß sie keine Stiche mit dem Stachel erhält. Es ist uns nur ein einzigesmal wiederfahren, daß wir Stiche der Bienen gegen eine solche gefangene Königin richten sahen, und das geschahe durch unsere Schuld. Gerührt von ihrem Schicksale wollten wir sie aus dem Mittelpunkte des Haufens, der sie umgab, ziehen; im Augenblick aber wurden die Bienen in Zorn gebracht, sie streckten alle ihre Stacheln aus, und einige Stiche trafen die unglückliche Königin, die nun erlag. Es ist so wahr; daß diese Stiche nicht gegen sie gerichtet waren, als mehrere Arbeitsbienen sich selbst damit stachen, und das war gewiß nicht die Absicht, sich eine die andere zu tödten. Wenn wir aber diese Bienen in ihrem Haufen nicht beunruhigten, so begnügten sie sich, die Königin unter sich zu bewachen und sie niemals zu massakriren. Um nun auf H. Riem zurückzukommen, das ist in einem analogischen Umstande mit demjenigen, welchen ich eben beschrieben habe, daß er die Arbeitsbienen eine Königin zornig verfolgen gesehen hat: Er hat geglaubt, daß sie gesucht hätten, sie mit ihrem Stachel zu stechen, und schloß daraus, daß den gemeinen Bienen obliege, die überzähligen Königinnen zu tödten. Allein Sie sehen, mein Herr, nach diesen stückweisen Aufsätzen, daß er sich geirret habe. Er kannte die Aufmerksamkeit nicht, womit die Bienen dasjenige beobachten,

obachten, was an ihrem Flugloche geschiehet, und es waren ihm absolut die Mittel unwissend, welche die Bienen anwenden, um die überzähligen Königinnen zu verhindern, da hinein zu kommen.

H. Hubers Beschreibung, was die Bienen außen vor einem Stock vornehmen, wenn eine fremde Königin nahe an dem Flugloche angeflogen ist, daß sie sogleich von den nächsten Bienen erhascht und fest gehalten werde, ist vollkommen richtig und es ist eine Sache, die jeder mit gesunden Augen eben so genau, ja wohl noch etwas genauer sehen kann und sehen wird. Was er aber wegen der Wache behauptet, daß gar keine fremde Königin in einen Stock mit eingehen könne, ist grundfalsch. Und die absolute Unwissenheit, die er hierin H. Riem aufbürden will, fällt auf ihn selbst zurück, und giebt einen Beweis ab, daß 8 Jahre noch lange nicht hinreichend sind, nur das genau zu beobachten, was mit bloßen Augen vor den Stöcken wahrgenommen werden kann. Nicht nur, wenn etliche Stöcke zugleich vorspielen und große Unruhe vor den Fluglöchern entstehet, geschiehet es, daß eine Königin unter der Menge der Bienen ihren Stock verfehlt, in einen daneben stehenden mit eingeht und eingelassen wird, wie ich oben schon Fälle aus meinen Erfahrungen angeführt habe, sondern auch hauptsächlich beym Schwärmen, da sehr oft beym Ausziehen oder Zurückgang eines Schwarms die Königin auf einen fremden Stock auffällt, einige Bienen ihr nachfolgen, und mit derselben ihren Einzug in einen fremden Stock halten, da man denn allemal sehen wird, wenn auch die Bienen ohne Streit aufgenommen werden, daß doch die Königin auf die von ihm selbst beschriebene Art ein Opfer des Todes werden muß. H. Riem hatte besser beobachtet, wenn er gesagt hatte, daß die Bienen ihren

F 3   Stachel

Stachel wider fremde Königinnen gebrauchten, und sie damit tödteten. Also nicht vom Hunger oder Mangel der Luft umkämen, wie H. Huber will. Er hat es ja selbst gesehen, daß vor seinen eigenen Augen eine Königin erstochen wurde, die er einigermaßen aus dem Zirkel der sie umschließenden Bienen gebracht hatte. Es ist also mehr zu glauben, daß die Bienen nicht eher den Stachel gebrauchen, als bis die anfangs so fest haltenden Bienen etwas nachlassen. Ich habe von Zeit zu Zeit unzählige Klümpgen Bienen, die eine Königin in ihrer Mitte hatten, mit einem Löffel aus den Stöcken geholt und sie aus einander gesondert. Viele waren freylich schon so verletzt, daß sie bald darauf starben, und an ihrer zusammengezogenen Krümme hatte man das Kennzeichen, daß sie gestochen worden waren. Ja mehrmals geschahe es, wenn ich sie schon frey gemacht und bey den Flügeln ergriffen hatte, daß sich etliche Bienen zugleich an meine Finger hängten und ihr einen tödtlichen Stich beybrachten. Die Fälle, die er in den darauf folgenden anführt, daß, wenn er nach 12, 17, 18 Stunden fremde Königinnen in mutterlose Stöcke gebracht hätte, solche allemal auf diese Art von den Bienen eingeschlossen und nach Verlauf einiger Zeit todt gefunden worden wären, hätten ihn eines andern überführen können, wenn er wirklich der genaue Beobachter gewesen, der er seyn will. Es heißt aber allemal, sie wären aus Hunger oder Mangel der Luft umgekommen. Man möchte nun freylich fragen, wie H. Huber, oder vielmehr sein Commentator solche der augenscheinlichen Erfahrung widersprechende Dinge behaupten, und bey allen Beweisen, die er selbst in die Hände bekömmt, daß die Königinnen in dem formirten Ball der Bienen todt sind, behaupten können, sie würden von diesen nicht getödtet oder übel behandelt. Allein, da er in den ersten Briefen ein so mannichfaltiges

tiges Spiel mit dem Hinwegnehmen und Zusetzen der
Königinnen getrieben hatte; so mußte er doch einige
Erläuterung darüber geben, wie er das möglich zu machen wüßte, was andere gar nicht auszurichten im
Stande wären, und dazu legt er hier den Grund, daß
er schlechterdings zu behaupten sucht, die gemeinen Bienen brauchten ihre Stachel niemals wider eine Königin, und ob sie gleich in ihrem eingeschlossenen Zirkel
in den ersten 20 und 24 Stunden stürben, so wäre das
doch nur vor Hunger geschehen, oder sie wären erstickt
und die gemeinen Bienen hätten ihnen nichts feindseli-
ges bewiesen. Damit will er sich den Weg zu der
gleich darauf folgenden, eben so ungegründeten Behauptung bahnen. Aber aller seiner vorgegebenen Beobachtungen ohneracht hat also H. Riem mit denen
Recht, die der allgemeinen Erfahrung gemäß sagen:
fremde Königinnen werden von gemeinen Bienen nicht nur gleich angefaßt, und umschlossen,
sondern auch wirklich getödtet.

§. 12.

Wie die Bienen eine fremde Königin aufnehmen und
empfangen.

Jeder, der nur eine Zeitlang mit Bienen umge-
gangen, weiß auch, wie oft die Bemühung vergeblich
ist, einem seiner Königin beraubten Stocke eine andere
zu geben, wodurch alles wieder in Ordnung kommt.
H. Huber stellt das vom Anfang seiner Briefe, als
die leichteste Sache vor, Königinnen wegzunehmen,
also Stöcke mutterlos zu machen, und gleich darauf
wieder neue zu geben, mit denen sie zufrieden sind und
die innere Verfassung ihrer Republik sogleich nach der
vorherigen Ordnung fortsetzen. Er will daher zeigen,
wie er zu der Erfahrung gelanget sey, daß nach seinem
Willen

Willen eine fremde Königin von den Bienen gut entpfangen und aufgenommen werde. Er will sich sogar durch Widerlegung des H. von Reaumürs den Weg bahnen, eine Sache für wahrscheinlich anzusehen, der die tägliche Erfahrung ganz widerspricht und die daher die Zuverläßigkeit seiner meisten Beobachtungen äußerst verdächtig macht, weil immer dieses dabey voraus gesetzt wird, daß er die Königinnen nach Belieben wegnehmen, und neue zusetzen können. Der H. von Reaumür machte S. 40. seiner Geschichte einen Versuch, indem er etliche hundert Bienen von ihrem bisherigen Stocke abschnitte und solche in einen andern brachte, wie dieselben in dieser Lage eine neue und fremde Königin aufnehmen würden. Er fand, daß sie gut aufgenommen und von ihnen geputzt ward, wo sie unrein war, und sich endlich die Bienen mit ihr ganz oben in den Stock zogen, wo eine sehr kleine Wachstafel hienge, an welcher sie sich versammelten und einen Klumpen machten. Dadurch ward er bewogen zu schliessen: Wenn man den Bienen ihre Königin nehme, und ihnen eine andere zusetze, die neue in demselben Augenblicke gut aufgenommen würde. Allein das pflegte wohl von wenigen Bienen, aber auch nicht allemal, und nur selten zu geschehen, wenn sie ganz aus ihrer bisherigen Lage gebracht und von ihrem gewohnten Stock abgesondert worden sind, wie es hier der Fall war. Aber alsdenn gewiß nicht, wenn ihnen eine fremde Königin in ihrem eigenen Stock zugesetzt wird. Dieses sucht nun H. Huber durch seine angestellten Versuche mit einem Mutterlosen §. 165. ff. zu beweisen. Ich übergehe die weitläufigen Beschreibungen davon, die alle darauf hinauslaufen, daß die neue Königin von den Bienen erstickt würde, wenn sie ihnen in den ersten 24 Stunden nach dem Verlust ihrer Mutter gegeben würde. Wenn es aber erst nach 24

oder

an den Königinnen. §. 12.

oder 30 Stunden geschehe, so werde sie allemal gut empfangen und aufgenommen. Die Beschreibung und der Beweis davon soll in der Anmerkung zu §. 168. dieser seyn:

Ich rede von einem guten Empfange, den die Bienen allen fremden Königinnen, die ihnen nach 24 Stunden zugesetzt werden, wiederfahren lassen. Gleichwie aber das Wort Empfang ziemlich leer ist, so bedarf es zur genauen Bestimmung des Sinnes, in dem ich es nehme, daß ich eine genaue Erzählung vortrage. Am 15ten August 1791 ließ ich einen meiner Glasstöcke (in diesen letzten Briefen sind Blätterstöcke fast durchgehends in Glasstöcke abgeändert) eine fruchtbare Königin, die 11 Monate alt war, eingehen. Die Bienen waren seit 24 Stunden ihrer Königin beraubt, und, um ihren Verlust zu ersetzen, hatten sie schon 12 königliche Zellen zu erbauen angefangen, und das nach der Art, wie ich in einem der vorhergehenden Briefe beschrieben habe. Im Augenblicke, da ich ihnen dieses fremde Weibchen auf den Kuchen setzte, berührten die Bienen, welche sich nahe bey ihr befanden, solche mit ihren Fühlhörnern, zogen ihren Rüssel über alle Theile ihres Leibes und gaben ihr Honig. Alsdenn machten sie andern Platz, welche sie durchaus auf eben die Art behandelten. Alle diese Bienen schlugen mit den Flügeln auf einmal und rangirten sich in einen Zirkel um dieselbe. Es erfolgte hieraus eine Bewegung, welche sich beynahe allen Bienen auf den andern Theilen derselben Fläche des Kuchens mittheilte und sie dahin brachte, herzu zu kommen, um auch von ihrer Seite zu erkennen, was sich am Orte des Auftrittes zugetragen habe. Sie langten bald an, überstiegen den Zirkel, welchen die zuerst gekommenen gemacht hatten,

F 5 näherten

näherten sich der Königin, berührten sie mit ihren Fühlhörnern, gaben ihr Honig, und nach dieser kleinen Zeremonie versammelten sie sich, stellten sich hinter die andern, und vergrößerten den Zirkel. Sie berührten sie mit ihren Flügeln!! bewegten sich geschwinder, und das ohne Unordnung, ohne Tumult, gerade als wenn sie ein Gefühl, das ihnen sehr angenehm sey, zu erkennen gegeben hätten!! — Die Königin war noch nicht von der Stelle weggekommen, wohin ich sie gesetzt hatte; aber nach einer Viertelstunde begab sie sich auf den Weg. Die Bienen entfernt, sich zu widersetzen, öfneten den Zirkel von der Seite, wo sie sich hinwandte. Sie folgten ihr und stellten sich in Reihen!! Sie war indeß in Noth gekommen zu legen, und ließ einige Eyer fallen. — Während dem war alles auf der entgegen gesetzten Fläche des Kuchens, worauf ich die Königin gesetzt hatte, vollkommen ruhig geblieben. Es scheint, daß diejenigen Arbeiterinnen, die sich auf dieser letzten befanden, die Ankunft einer Königin in ihrem Stocke nicht wußten. Sie baueten mit vieler Thätigkeit an ihren Zellen fort, als wenn sie nicht wüßten, daß solche nicht mehr nöthig wären, sie pflegten die königlichen Maden, trugen ihnen Futterbrey zu 2c. Allein endlich kam die neue Königin auf ihre Seite. Sie wurde von ihnen mit eben der eifrigen Bemühung empfangen, die ihr ihre Kameraden auf der andern Seite des Kuchens erwiesen hatten; sie stellten sich in Reih und Glieder, gaben ihr Honig, berührten sie mit ihren Fühlhörnern, und das, was noch am meisten bewies, daß sie solche als Mutter behandelten, war, daß sie augenblicklich aufhörten an den königlichen Zellen zu bauen, daß sie die königlichen Maden auszogen, und den Futterbrey, der sich um sie her angehäuft

gehäuft hatte, aufzehreten. Von diesem Augenblicke an ward die Königin von allem Volk erkannt, und sie verhielt sich weislich in ihrer neuen Wohnung, wie sie es in ihrem angebohrnen Stocke gethan hatte. — Diese Umstände scheinen mir eine gnugsame richtige Idee von der Art und Weise (zu geben), wie die Bienen eine fremde Königin während dem, als sie Zeit hatten, die ihrige zu vergessen, empfangen. Sie behandeln solche vollständig so, als wenn sie ihre natürliche Königin wäre, in diesem Stücke bald so, als wenn sie im ersten Zeitpunkte vielleicht mehr Eifer, oder, wenn ich so reden darf, mehr Merkmale für sie darlegten. Ich empfinde die Unschicklichkeit der Ausdrücke, allein der H. von Reaumür hat sie einigermaßen dazu geweihet. Er hat keine Schwierigkeit gemacht zu sagen, daß die Bienen ihrer Königin Sorgfalt, Respekt, Huldigung erzeigten, und so sind nach seinem Beyspiele dieselbigen Ausdrücke den meisten Autoren entschlüpfet.

H. Huber, oder wer sonst der Verfasser dieser letzten Briefe ist, empfindet selbst, wie er am Ende bekennt, die Unschicklichkeit seiner Ausdrücke. Warum sagt er nicht lieber gerade heraus die Unschicklichkeit, erdichtete Beschreibungen und Erzählungen von Dingen zu machen, die nie auf solche Art gesehen und beobachtet werden können. Er will uns damit begreiflich machen und zugleich erweisen, wie H. Huber nach seinem Gefallen so viele Veränderungen mit den Königinnen in den Stöcken habe vornehmen können. Denn wenn man es nur darin nicht versehe, und eine neue Königin nicht eher, als 24 Stunden nach dem Verlust ihrer gewohnten zusetzte, so werde sie allemal vollkommen als ihre eigene behandelt, gut empfangen
und

und aufgenommen. Vor dem Stocke sollten nach dem Vorhergehenden die Fühlhörner dazu dienen, das fremde Weibchen sogleich zu unterscheiden, es anzupacken und fest zu machen. Im Stocke sollen eben diese Fühlhörner Werkzeuge seyn, ihnen angenehme Empfindungen von der Gegenwart einer fremden Königin zu erwecken. Im vorhergehenden wird den gemeinen Bienen alle Gewaltthätigkeit gegen die Königinnen und gegen die jungen in Zellen abgesprochen, vielmehr gelehret, daß sie dieser ihre eifrigsten Beschützer wider den Zorn und Neid einer Altmutter, oder einer ausgebrüteten jungen Königin wären. Hier läßt er ohne Bedenken die gemeinen Bienen alles thun, und die königlichen Maden herausziehen. Wie konnten wohl in 24 Stunden, in welchen ihnen ihre Unruhe über den Verlust der Königin kaum am Ende derselben verstattet, an Erbrütung neuer Königinnen zu denken, die Maden dennoch gleich so groß gewachsen seyn, daß die Beobachter das Herausziehen derselben bemerken können!! Hier stellt er eine 11 Monat alte Königin erstlich als eine solche auf, die nur männliche Eyer legen könnt und solche fallen lasse. Und gleich darauf läßt er eben diese Eyer mit andern wechselsweise legen. So findet man überall Widersprüche. Der größte Widerspruch ist aber der, daß, wenn man ähnliche Versuche mit mutterlosen Stöcken und fremden Königinnen anstellet, niemals die Resultate erfolgen, die H. Huber allemal gefunden haben will. Wer geht wohl mit Bienen um und hat das nicht oft erfahren, wenn er einen mutterlosen Stock durch Zusetzung einer Königin auf dessen Tafeln hat helfen wollen, es sey nach einem oder zehn Tagen, oder wohl nach etlichen Wochen, daß damit nichts ausgerichtet worden ist, sondern daß diese zugegebene Königin eben das Schicksal gehabt hat, das Huber bey denen gefunden haben will,

die

die vor 24 Stunden in den Stock gebracht worden sind; daß sie nämlich, weil es nicht Widerwille und Haß seyn soll, doch wohl für Liebe erstickt worden wären. Kurz, es ist dieses grundfalsch, daß schon nach 24 Stunden die Königin völlig vergessen seyn sollte. Es dauert vielmehr die Unruhe und das dumpfe Geheul über dieselbe noch etliche Tage fort, wenn gleich schon Zellen zu neuen Müttern erbauet werden. Man bringe ihnen aber erst nach zweymal 24 Stunden ihre weggenommene Mutter wieder und halte sie nur in ihrem Gefängnisse an das Flugloch. Augenblicklich wird durch den ganzen Stock ein Freudenton in ihrem gewöhnlichen Brausen erschallen, die Bienen werden nach ihr zum Flugloche herausströmen und sich um das Häusgen, worinnen sie eine Gefangene ist, herumlegen. Die Gefühle der Bienen und die Art, wie sie sich durch ihre Töne eine gemachte Entdeckung mittheilen, sind so fein, daß gleich das ganze Volk daran Antheil nehmen kann. Daher auch das wider alle genaue Beobachtung und Erfahrung ist, was H. Huber weiter gesehen haben will, daß alles auf der entgegengesetzten Fläche des Kuchens ruhig geblieben wäre, da sich doch die Bienen auf der andern Seite um die Königin herumgedrängt hätten. Kurz, die Versuche sind unzählig, die von Zeit zu Zeit mit mutterlosen Stöcken gemacht werden, sie auf solche Art wieder in guten Stand zu setzen, und es gelingt niemals, oder wenn es auch einmal zu gelingen scheint, so liegt doch hier ein Irrthum zum Grunde. Es hat mich mancher versichert, wenn er nur einem mutterlosen Stock gegen den Abend eine Königin zum Flugloche hineinlaufen lassen, daß es ihm damit gelungen wäre, einem solchen wieder eine Mutter zu verschaffen und dadurch in guten Stand zu setzen. Wenn ich mich aber genau nach der Zeit und Umständen erkundigte,

so

so fand sich bald der Irrthum. Der Stock war mutterlos worden, da er noch taugliche Brut zu Königinnen gehabt, woraus er sich eine erzeugen können. Er hatte auch wirklich eine erbrütet. Da er nun dabey ruhig worden, wieder eingetragen und die junge Königin glücklich geboren worden war, so hatte man geglaubt, eine von den Hineingesteckten sey behalten und angenommen worden, ob sie gleich alle den Tod gefunden hatten. Es ist hier das einzige Mittel, wenn man nicht betrogen werden will, die fremde Königin, die man ihnen giebt, in ein Weiselhäuschen einzusperren, das einen ziemlich langen Angriff hat, damit man es leicht wieder herausziehen könne, so wie dergleichen in meiner Korbbienenzucht abgebildet ist. Dieses steckt man zwischen die Tafeln, worauf sich die meisten Bienen befinden und erwartet, bis sich alle in einen Klumpen darum versammeln. Mit etlichen Stunden ist nichts ausgerichtet, sondern man muß es etliche Tage darin stecken lassen, ehe man gewiß werden kann, daß die Bienen geneigt sind, dieselbe für ihre Mutter anzunehmen. Das einzige gewisse Kennzeichen ist, wenn man nach zwey oder drey Tagen an der obern Spitze des Weiselhäuschen, wo sich die Königin gemeiniglich aufhält, wahrnimmt, daß die Bienen daran den Anfang gemacht haben, neue Wachszellen zu erbauen. Alsdenn kann man die Königin erst frey einlaufen lassen, sie wird gewiß angenommen. So lange aber dieses Kennzeichen an dem Häuschen noch nicht zu finden ist, ist es mehrentheils vergeblich. Sie bringen solche nach zwey bis drey Tagen doch noch ums Leben.

Ich habe H. Hubers Versuche schon vor vielen Jahren in meinen kleinen Glasstöcken und solche zum Ueberfluß auch in diesem Jahre, da ich beständig vorräthige Königinnen haben konnte, mit sechsen derselben zu verschiedenen Tageszeiten angestellet. Den 30.

30. Junius besetzte ich einen Glasstock mit einem kleinen Schwarm. Den 19. Julius, nachdem sie eine ziemliche Tafel von Brut und Honig hatten, nahm ich ihnen die Königin weg. Den 21sten, ingleichen den 22sten setzte ich ihm nach einander frühe, zu Mittage und Abends eine Königin auf die gebauete Tafel. Nicht eher, als in der ersten Nacht, bey Tage dauerte die Unruhe darüber ununterbrochen fort, hatten die von der Mutter verlassenen Bienen Anstalt zu zwey königlichen Zellen gemacht, die auch mit Maden und Futterbrey belegt waren. Mehrere darf man in einem kleinen Stock selten erwarten, denn es ist ihnen nur um eine neue Mutter zu thun. Wenn also H. Huber immer von zwölf und mehreren königlichen Zellen spricht, die gleich den ersten Tag errichtet worden seyn sollen, so gehört auch das unter die vielen übertriebenen Dinge mit, die er zu erzählen pflegt. Den 21. und 22. sehr frühe, da die Bienen noch ruhig waren, setzte ich die erste frische und muntere Königin auf die Mitte der Tafel, wo nicht zu viele, aber auch nicht zu wenige Bienen waren. Sie sondirten nicht erst lange mit ihren Fühlhörnern, sondern die nächsten Bienen ergriffen sie sogleich bey ihren Füßen und Flügeln, formirten nicht erst einen Kreis um sie und stellten sich in Reihen und Glieder, sondern sie war geschwind mit Bienen bedeckt und es formirte sich der Ball, worzu immer mehrere, auch von der andern Seite der Tafel kamen. Fast eine Stunde lang blieben sie unbeweglich, nur daß der Ball immer größer ward und die Zeit wollte mir fast zu lang werden. Schnell lief aber endlich dieser Ball aus einander und nun brachten drey Bienen die bereits erstorbene Königin herunter und schleppten sie zum Flugloche heraus. So ergienge es mit allen nachfolgenden und ich fand diejenigen, welche ich des Abends hineingethan, und

ihr

ihr Schickſal nicht hatte abwarten können, früh morgens vor dem Stock im Sande todt. Die beyden angeſetzten königlichen Zellen wurden dabey mit Sorgfalt fortgebauet und ſie ließen ſich durch die neue zugeſetzte Königin zu nichts weniger, als zur Zerſtörung derſelben bewegen. Vorlängſt habe ich auch Verſuche mit ſolchen Mutterloſen gemacht, die ſich keine Königin mehr erzeugen konnten, jedoch Drohnenbrut hatten. Auch von dieſen geſchahe mit allen auf die Tafel geſetzten Königinnen ein Gleiches und nur mit einigen, im Weiſelhäuschen eingeſperrten, erhielt ich meinen Zweck. Mich wird alſo H. Huber mit ſeinen ſo künſtlich beſchriebenen Beobachtungen nie überzeben, daß nach 24. bis 30. Stunden eine Königin von mutterloſen Bienen allemal gut aufgenommen werde. Ein anderer kann davon glauben, was er will. Er ſtelle aber auch die Verſuche darüber gehörig an und nehme nicht, wie Reaumür, Bienen darzu, die ganz aus ihrer bisherigen Lage gebracht ſind, denn hier laſſen ſie ſich faſt alles gefallen, ſondern ſolche, die in ihrem natürlichen Zuſtand geblieben ſind.

Hier iſt der Ort, wo ich noch eine Anmerkung über die Bauart und Form der königlichen Zellen, in Anſehung derer H. Huber auch etwas ganz eigenes entdeckt haben will, beyzufügen habe, nämlich dieſes: daß diejenigen, worin die Bienen aus Noth aus den Maden gemeiner Bieneneyer junge Königinnen erbrüteten, äuſerlich eine ganz andere Geſtalt hätten, als diejenigen, in welche die Königin ſelbſt ein Ey zur Erzeugung ihres Gleichen lege §. 110. 118. Der Unterſchied, den er entdeckt hat, ſoll dieſer ſeyn, daß diejenigen, die zur Verwandlung einer Arbeitsbienenmade zu einer Königin erbauet würden, nur ſchlecht pyramidenförmig, doch mit der Spitze nach unten gerichtet, wie ein Tubus geformt wären; hingegen die letztern

tern mit vielen Zierrathen von Wachs, welches einem Blumenwerke gleiche, umgeben wären und an den Rändern der Tafeln wie eine Eichel hiengen. §. 269. Der Anfang zu beyden ist aber einerley, wie der Becher zu einer Eichel und daran wird der Bau erst mit dem Wachsthum der Made in der Zelle fortgesetzt, welches erst nach etlichen Tagen geschiehet. Gleichwohl will H. Huber schon hier in den ersten 24. Stunden gesehen haben, daß es königliche Zellen von der erstern Art wären. Die Sache selbst hat ihre gute Richtigkeit, daß im Sommer die königlichen Zellen ganz anders als im Frühjahr, in Schirachischen Kästen zur Erzeugung der Königinnen geformt sind. Die Ursache davon liegt aber lediglich in der Jahrszeit. Zu Anfang des Sommers fehlt es ihnen nicht an Wachs, um einen guten Theil davon zu Zierrathen an den königlichen Zellen zu verschwenden. Im Frühjahr haben sie das nicht, noch weniger, wenn sie in Kästen verschlossen sind. Sie müssen also ihre königliche Zellen aus altem Wachs sparsam errichten. Man trift daher auch in solchen, die gegen den Sommer mutterlos worden sind und viele königliche Zellen mit Maden von Arbeitsbienen belegen, um sich eine neue zu verschaffen, alle diese Zellen mit eben den Zierrathen versehen an, als sie in andern Stöcken sind, die noch Königinnen haben, und worzu sie selbst Eyer zu ihres Gleichen hineinlegen sollen. Die königlichen Zellen werden auch nicht allemal, wie viele für nothwendig ansehen, unterwärts hangend erbauet. Ich habe mehrmals und auch in diesem Jahre wieder in manchem Stock gefunden, wenn er sich nicht Platz genug gelassen hatte, dieselben an den Rändern der Tafeln zu erbauen, daß die Bienen auf dem Standbrete in dem Raum zwischen den Tafeln liegende königliche Zellen erbauet haben, die eben die mancherley Zierrathen

then von Wachs, wie alle im Sommer erbauete königliche Zellen, um sich hatten und worin auch gesunde Königinnen erzeugt worden sind, welches die runde Oeffnung an der Spitze derselben, wie an allen andern anzeigt. Ich kann dergleichen auf dem Standbrete gelegene königliche Zellen noch jedem vorzeigen, zu einen Beweis, wie genau ich jederzeit beobachtet habe, was mit denselben vorgehet.

§. 13.

Ob der Neid und die Duelle der Königinnen oft eine Ursache der Mutterlosigkeit werden.

H. Huber hat uns zwar kein Spektakel von einem solchen Duell zwischen zweyen Königinnen aufgestellt, worin beyde auf dem Platze geblieben wären; er nimmt auch, wenn es zur Verwundung bis zum Tode kommen soll, eine solche Stellung an, wobey fast keine Möglichkeit übrig bleibet, daß die andere auch tödtlich verwundet werden könnte, indem er immer eine der andern Rücken besteigen läßt. Er spricht immer nur von Behauptung des Thrones, also daß nur eine erliegen müsse. Da aber der Augenschein lehrt, daß sich öfters zwey feindselige gemeine Bienen vorne so fest angreifen, daß sie mit einander herunter auf die Erde fallen, und wenn sie sich daselbst etlichemal im Kreise herumgedrehet haben, beyde liegen bleiben und sterben, weil jede ihren Feind tödtlich verwundet hatte; so stellen sich viele den Streit der Königinnen eben so vor und setzen dieses mit unter die öftern Ursachen der Mutterlosigkeit, weil beyde zuletzt noch übrige Königinnen im Streite verwundet würden, daß sie nach und nach sterben müßten. So sagt H. Wurster §. 115. die Königinnen würgen sich oft selbst unter einander und H. K. R. Riem hat darüber in einer Beylage zu §. 143.

§. 143. S. 274. Hübers neuen Beobachtungen seine Meinung auf nachfolgende Art geäußert.

H. Huber wird sich dadurch überführen lassen, daß keine Regel ohne Ausnahme sey, und es also bey den Bienen statt finde: daß mannichmal die Königinnen von gemeinen Bienen umgebracht werden, wenn's andern Theils auch Exempel giebt, daß sich Königinnen zuweilen selbst tödten. Z. E. sagt D. Albrecht in seiner Zootomischen Entdekkung von der innern Einrichtung der Bienen S. 24. f. "die Natur ist oft abweichend; daß die Weiselinnen sich selbst tödten, geschieht nur zu Zeiten, aber das ist böse, denn beyde verstechen sich und sterben; daher ists besser für den Bienenwirth, wenn die Arbeitsbienen diese Arbeit über sich nehmen." Sehen Sie, Freund, wie richtig der H. D. Albrecht von Abweichung aus der Regel spricht: Ja wohl ists böse, und das sehr oft, wenn sich die Königinnen selbst anpacken, denn nun geschieht das, was er sagt: die Bienen werden mutterlos, und das trägt sich gemeiniglich bey denen zu, die zwey- und dreymal geschwärmet haben. Denn bey diesen ist während dem Streit, besonders wenn er langwierig gewesen ist, alle Brut ausgebrütet worden, und da keine neue Eyerlage in der Zeit erfolgte, so fehlt nun der Stoff den Verlust zu ersetzen, und so muß die Folge seyn Mutterlosigkeit.

Ich habe schon oben hinlänglich gezeigt, daß ich bey allen Versuchen und genauen Beobachtungen nie eine Königin die andere verfolgen und sich anpacken sehen. Die einmal oben im Stocke befindliche Königin kam niemals zum Vorschein, wenn die Arbeitsbienen unten mit einer fremden Königin oder mit königlichen Zellen zu thun hatten. Daß die fremde Königin

gin zu jener oben hätte hinauf kommen können, war gar nicht möglich, denn die ersten Bienen hielten sie gleich an und umschlossen sie so fest, daß an kein Fortkommen zu denken war. Nun weis ich wohl, daß mein Sehen noch keinen vollständigen Beweis ausmachen kann, so lange andere nicht mitsehen und eben dergleichen Versuche und Beobachtungen in Glasstöcken anstellen wollen, ob sie nicht eben das finden, sondern nur darüber aus dem, was andere davon gesagt haben, streiten. Es ist mir aber kein einziger Schriftsteller von Bienen bekannt, sogar Huber hat nichts davon, der eine Beobachtung davon angeführet hätte, wie sich zwey Königinnen im Streit zugleich verwunden könnten, daß sie beyde sterben müßten. Immer hat nur einer nachgeschrieben, was von dem andern vorher gesagt worden war. Wenn sich zwey Königinnen und wohl noch darzu von verschiedenen Stöcken, eingesperrt in eine Schachtel oder Weiselhäuschen mit einander herumzerren, so ist das lange kein Beweis, daß sie im Stocke ein Gleiches thun. Denn das ist ein unnatürlicher und ungewohnter Zustand für sie, da sie sonst einander nie so nahe kommen, sondern immer eine der andern, auch wenn viele in einem Stocke sind, ausweicht, daß es nicht zum Streit unter ihnen selbst kommen kann. Man kann dieses deutlich an dem Gesang der jungen Königinnen hören, wenn viele in einem Stocke beysammen sind, und die Bienen noch schwärmen wollen, daß sie in verschiedenen Gegenden des Stocks ihren Standort haben. Eine läßt ihre Stimme oben, die andere in der Mitte, die dritte ganz unten hören. Keine ist nahe bey der andern; der Gesang wird auch niemals wegen des Streits, der unter ihnen wäre, unterbrochen. Endlich sind nicht nur diejenigen Stöcke, die zwey- und dreymal geschwärmet haben, in Gefahr mutterlos zu werden,

keines-

keineswegs aber wegen des entstehenden Streits unter den Königinnen, sondern daher, daß die Arbeitsbienen alle Königinnen, die noch zum Schwärmen reizen könnten, umbringen, auch die noch in den Zellen verschlossenen bis auf eine einzige herausreissen, welche aber hernach nicht zur Geburt kömmt, weil die Made verdorben ist. Auch die Stöcke, die nur einmal geschwärmet haben, vergehen sich oft auf die nämliche Art, eben weil sie nicht mehr schwärmen wollen. H. D. Albrechts Meinung kann um deswillen nicht entscheidend seyn, weil er sich selbst in der Vorrede zu diesen Bogen, die er 1775. herausgegeben, für weiter nichts, als einen Anfänger in der Bienenzucht ausgiebt, der noch wenige Erfahrungen zu machen Gelegenheit gehabt, und sich indessen an dasjenige halte, was er von andern gehöret. Kein einziger von denen, die tödtliche Verwundungen der Königinnen unter sich selbst behaupten, hat einen Beweis davon aus der Erfahrung anführen können. Alle müssen aber doch zugestehen, daß sie bey den Stöcken, die ein oder etlichemal geschwärmet haben und es nicht mehr thun wollen, die überflüßigen Königinnen von den Arbeitsbienen haben verfolgen und tödten sehen. Warum soll denn also hierin Virgils Erdichtung immer noch mehr gelten, als die Erfahrung von dem, was man mit Augen siehet. Man lasse doch endlich einmal solche schlechterdings unerweisliche Dinge aus der Bienenlehre weg, und trage die Sache so vor, wie es die Erfahrung lehret.

§. 14.

Wie man gesunde fruchtbare Königinnen erlangen und zu mancherley Gebrauch aufbewahren könne.

Wenn man die neuen Beobachtungen H. Hübers liest, und findet, wie oft er Königinnen aus ihren

Stöcken weggenommen, und andere an ihre Stelle gebracht haben will; man nehme nur gleich die allererste Erzählung §. 26. wornach er bey einer großen Anzahl Bienenstöcke alle Weibchen, die darin regieret, aus denselben herausgenommen, und an die Stelle einer jeden eine andere eingesetzt haben will, die in dem Augenblick ihrer Geburt gefangen genommen worden wäre; so entstehet natürlicher Weise der Gedanke, woher sich denn H. Huber eine solche Menge vorräthiger Königinnen von verschiedener Art, befruchtete und unbefruchtete, zu jeder Zeit zu verschaffen gewußt habe? Er gedenkt in der Folge keines andern Hülfsmittels darzu, als daß er sich in kleinen Kästen Königinnen nach Schirachischer Art erbrüten lassen. Wenn man aber weiter bedenkt, wie viele Brut aus andern Stöcken zu aller Zeit darzu nöthig ist, und was damit für Schaden an diesen angerichtet wird; auch wie viele von den Brutkästen dennoch mißrathen, daß darin keine Königinnen erbrütet werden, also auch von vielen zu seinen Versuchen nicht einmal Gebrauch gemacht werden können; so muß man sich seinen Apparat zur Erzeugung junger Königinnen fast noch größer vorstellen, als seinen ganzen Bienenstand. Außerdem sieht man keine Möglichkeit, wie diese Versuche haben sollen bewerkstelliget werden können. Jedoch darüber wollen wir die nähern Erklärungen H. Hubers erwarten, worzu in einem öffentlichen Blatte Hoffnung gemacht worden ist. Indessen könnte doch wohl mancher auch auf die Frage verfallen: wo ich denn meine Königinnen zu den mancherley Versuchen, die ich angeführet habe, immer hergenommen hätte, da ich seit 1770. von den Schirachischen Kästen zur Erzeugung junger Königinnen nicht den mindesten Gebrauch mehr gemacht habe. Darüber muß ich mich also erklären. Meine Versuche damit sind alle zur Schwärmzeit angestellet,

gestellet, und da fehlt es mir fast niemals an einer Menge vorräthiger Königinnen. Die in verschlossenen Zellen nehme ich aus solchen Stöcken, welche nicht mehr schwärmen sollen, und die bereits vollkommenen und befruchteten von den Nachschwärmen auf nachfolgende Art. Ich habe eine Menge ziemlich großer gedrechselter Weiselhäuschen, wie solche in meiner Korbbienenzucht abgebildet sind, die oben mit einem nicht strengen, sondern leicht auf- und zugehenden Stöpsel verwahret sind, der mit einem etwas langen Bindfaden an dem untersten Theil des Häuschens angebunden ist, damit ich solchen, wenn es die Umstände erfordern, daß die eingesperrten Königinnen frey gelassen werden sollen, leicht an dem Bindfaden herausziehen kann. Fast bey allen Nachschwärmen sind mehrere, also überflüßige Königinnen. So viele ich nun davon habhaft werden kann, wird jede in ein besonderes Häuschen eingesperrt. Oft finde ich schon manche auf dem angelegten Schwarm unruhig herumlaufen, die ich denn sogleich wegnehme und einsperre. Wenn aber das auch nicht geschehen kann, so finde ich sie doch bald nach dem Einschlagen unten im Stocke an den Seiten oder auf dem Standbrete, wo sie die Arbeitsbienen, wie in einen Ball eingeschlossen haben. Ich nehme diesen kleinen Ball, wo ich ihn antreffe, mit einem löffel heraus und zertheile ihn behutsam vor dem Stocke, da ich denn die meisten noch unverletzt finde und sie zur Aufbewahrung einsperren kann. Will ich nun, um einem Mutterlosen zu helfen, oder einen Glasstock zu verstärken, ein kleines Volk darzu haben; so hänge ich eine und die andere in ihren Häuschen an den Ast eines Baumes auf, woran etwa diesen Tag ein Schwarm gelegen hat. Von jedem eingeschlagenen Schwarme bleiben etliche Bienen zurücke. Wenn nun an einem Tage viele Schwärme gewesen sind, so wird auch die

Sammlung der Bienen zu einen solchem Weiselhäuschen ansehnlich, indem alle von den Schwärmen abgekommene sich darzu finden, und das Häuschen des Abends ganz davon bedeckt ist. Da es frey aufgehangen gewesen ist, kann ich es in der Dämmerung mit allen Bienen hintragen, wohin ich will. Habe ich einen Mutterlosen, so darf ich nur ein solches kleines Volk auf das Standbret legen und den Stöpsel herausziehen. So bringen sie die Königin mit ihrem erregten Brausen unbeschädiget unter die übrigen Bienen im Stocke und es ist ihm geholfen. Will ich das kleine Volk in einen Glasstock bringen, oder einen schon besetzten damit verstärken, so darf ich nur das geöffnete Weiselhäuschen ans Flugloch halten. Die Königin geht bald heraus, und alsdenn folgen alle mit einem frölichen Brausen nach. Man darf dabey kein Stechen fürchten, denn sie sind nur um ihre Königin bekümmert und eben um deswillen hat das Häuschen einen langen Stiel, damit man es mit der bloßen Hand tragen und halten kann. Habe ich die Königin nicht nöthig, und will sie länger aufbewahren, um Versuche damit anzustellen, oder sie im Fall der Noth vorräthig zu haben, so lege ich solche in ihrem eingesperrten Häuschen unter einen Schwarm aufs Standbret, dessen Bienen bald herunterreichen. Diese füttern sie so lange es warm ist, in ihrem Gefängnisse, daß sie nicht stirbt. Nur alsdenn geschiehet es, wenn sie etwan schon gestochen gewesen, oder eine solche kalte Nacht käme, die die Bienen alle zusammen zwischen die Tafeln nöthigte, und sie von ihnen unbedeckt unten alleine gelassen würde. Dieses zu verhüten kann man auch das Häuschen an der Seite des Korbes einstecken, daß es an die Bienen reicht. Auf solche Art behalte ich bis an den Herbst Königinnen vorräthig, so lange ich eine nöthig zu haben gedenke, und daß ich mich dieses

ses Vortheils schon lange bedienet habe und es nicht etwan nur Anfängers Versuche sind, kann man aus meiner Korbbienenzucht sehen.

§. 15.
Giebt es Königinnen von verschiedener Farbe, auch große und kleine?

Einige bejahen das erstere, andere verneinen es, je wie weit ihre Erfahrungen reichen. H. Wurster will eine gelblichte gesehen haben. Die meisten Königinnen sehen freylich oben auf dem Rücken und Hinterleib braun, unten aber röthlichbraun. Doch giebt es auch gelblichte und sehr gelbe, wenn sie ein gutes Alter erreichen. Man trift die von der letztern Art sowohl bey Haupt- als Nachschwärmen an. Manche sehen so hochgelb, daß man sie gleich unter den ganzen Schwarm unterscheiden kann. Das habe ich aber nicht gefunden, was manche behaupten, daß die gelben Königinnen besonders von den Bienen geliebt würden und diejenigen Stöcke, welche dergleichen Königinnen hätten, auch vorzüglich gute Stöcke würden. Denn wenn ich den Nachschwärmen gleich an dem Ort, wo sie sich angelegt hatten, die Auswahl unter den Königinnen machen ließ, habe ich oft gefunden, daß sie die gelben zuerst verfolgten, und eine braune behielten. Wenn man eine gelbe in einen Glasstock zum Beobachten bekommen kann, hat es manchen Vortheil, weil man sie unter den andern Bienen leicht auffindet.

Man macht auch noch einen Unterschied zwischen großen und kleinen Königinnen und will daraus manche ungewöhnliche Vorfälle in der Bienenrepublik herleiten. Es giebt allerdings dem äußerlichen Ansehen nach große, dicke und lange, aber auch kleine, dünne und kurze Königinnen, die kaum von Arbeitsbienen unterschieben werden können. Letztere will man öfters noch in solchen gefunden haben, die nichts als Drohnen erzeugten, und will diesen die Schuld geben, daß nichts als Drohneneyer gelegt würden, da doch gleich ihr äußerliches Ansehen zu erkennen giebt, daß sie unter die unfruchtbaren gehören und also die Eyer zum Drohnen von andern Müttern gelegt werden müssen. Denn wie es von allen Arten unter den Thieren nicht an solchen Weibchen fehlt, die bey aller Begattung doch nicht befruchtet werden, daß sie gebähren oder Eyer legen könnten, so wird es auch unter den Bienen solche Weibchen geben. Eben so ist es mit den kleinen Königinnen beschaffen, die man zur Schwärmzeit lebendig oder todt, an, unter oder vor den Stöcken findet. Es sind überflüssige, die von Bienen weder genähret, noch gepfleget worden sind, weil sie solche nicht nöthig hatten. Daher sie aus Mangel der Nahrung und weil ihnen vielleicht auch keine Begattung zugelassen worden ist, viel kleiner, als andere sind.

§. 16.

Warum zuweilen im Frühjahre die Bienen ihre Königin von sich treiben oder wohl gar tödten.

Es geschieht zuweilen im Frühjahre, daß ein Stock unruhig herumläuft, als ob er die Königin verlohren hätte. Wenn man ihn aber untersucht, so findet man die Königin an den Tafeln oder wohl schon unten auf dem Standbrete herumlaufen, als ob sie die gesündeste wäre. Den folgenden und einige Tage darauf gehet es damit, wenn man Acht hat, eben so. Endlich findet man aber einmal früh Morgens diese Königin aussen am Flugloche oder unten auf dem Standbrete ganz allein ermattet hangen, oder gar todt. Wenn man sie untersucht, so findet man in ihr nicht die geringste Spur von

von Eyern, sie war also unfruchtbar und aus Ungeduld, daß durch sie keine Fortpflanzung des Geschlechts im Stocke geschehen könnte, ward sie also als unnütze, wie jede andere Biene, die einen Fehler an sich hat, fortgeschaffet. Ich fand alsdenn im Stocke weder ein Ey, noch Brut, auch nicht von Drohnen. Da aber dagegen im Sommer oft wahrgenommen wird, daß auch unfruchtbare Königinnen beybehalten werden, so ist allerdings die Frage: Warum im Frühjahre nicht ein gleiches geschiehet, und ohne Zweifel liegt die Ursache darin, daß im Frühjahre der Trieb zur Fortpflanzung weit stärker ist, als wenn es der Jahreszeit nach weiter hinkommt.

§. 17.

Ueber das Problem, wie die Königin im Frühjahr befruchtete Eyer legen könne, da es doch seit dem Herbst an Drohnen oder Männchen in Stöcken zur Befruchtung gemangelt habe.

Diese Aufgabe, die sich selbst ein Reaumür S. 230. gemacht, aber keine ihm genugthuende Erläuterung darüber geben können, hat denen, die die Begattung der Königin mit den Drohnen nach Reaumürischen Grundsätzen angenommen haben, zu manchen besondern Behauptungen Anlaß gegeben. H. Huber und diejenigen, die schon vor ihm seine Begattungsart behauptet hatten, sind damit geschwind fertig, indem sie wider alle gesunde Physik annehmen, durch eine einmalige Begattung werde die Königin auf ihre ganze Lebenszeit, auf zwey Jahre und darüber befruchtet. Wäre dieses gegründet, so wären freylich nur zu der Zeit Drohnen oder Männchen nöthig, wenn junge Königinnen erzeuget würden, die Befruchtung nöthig hätten, und damit wäre freylich aller Zweifel gehoben.

Wer

Wer kann aber mit dieser Auflösung zufrieden seyn? Selbst diejenigen können es nicht seyn, die doch H. Hubers Begattungsgeschichte völligen Beyfall geben. Entweder sie nehmen wiederholte Begattung in der Luft, oder, welches freylich wahrscheinlicher ist, im Stocke an.

Auch neuerlich ist diese Aufgabe, sonderlich im Reichsanzeiger in Bewegung gebracht und darauf die Antwort gegeben worden, daß auch im Winter einige von den großen Drohnen, als Lieblinge der Königin, oder doch eine Art kleiner Drohnen, oder wenigstens Eyer zu Drohnen, die gegen das Frühjahr ausgebrütet würden, in den Stöcken übrig blieben.

Wenn jenes völlig ausgemacht ist, daß die Drohnen wirklich zur Begattung der Königin nöthig sind, und nicht blos zu Drohnenmüttern; so wird sich dieses doch auch wohl noch aus ähnlichen Erfahrungen in der Naturgeschichte eher aufklären lassen, als dadurch, daß man Dinge wider alle Erfahrungen, das Daseyn einiger Drohnen im Winter, als Lieblinge der Königin, oder gar gewisser kleiner Drohnen behaupten müsse; wovon unter den Merkwürdigkeiten an den Drohnen ein Mehreres.

Reaumür macht sich den Einwurf: Wie ist es möglich, daß Eyer, die sonst bald nach der Begattung zur Reife kommen, und gelegt werden konnten, zu einer andern Zeit erst noch ein halbes Jahr nach der Begattung zur Reife kommen sollten? — Er sagt darauf weiter nichts, als: Es ist etwas sehr Besonderes, daß einige Eyer mit der in ihnen eingeschlossenen Frucht nicht eher, als neun bis zehn Monate nach der Befruchtung gelegt werden, andere hingegen eben so vollkommen nach etlichen Wochen, und wieder andere (die Eyer zu Drohnen) in allen Zwischenzeiten ausgeschlossen bleiben. Der erste angenommene Satz kann aber nicht allgemein ohne gemachte

machte nöthige Einschränkung gültig seyn. Denn die Naturgeschichte belehrt uns schon an vielen Thieren, daß Begattung in kalter oder nur sehr kühler Witterung die Wirkung nicht habe, daß die Eyer davon so geschwind wüchsen und zur Reife gelangten, als bey warmer. Tauben und andere Vögel begatten sich noch spät im Herbst und öfters im Winter, ohne daß Eyer reifen und sie zum Legen genöthiget werden, obgleich daran nicht zu zweifeln ist, daß davon Eyer am Eyerstock befruchtet werden. So bald sich aber Frühlingswärme einfindet, werden ihre Nester belegt. Es ist wahr, sie begatten sich auch vorher aufs neue, und man könnte die Einwendung machen, daß die Begattung, die lange vorher gegangen wäre, keinen Einfluß auf Befruchtung der Eyer gehabt hätte, mithin auch dieselben nicht wachsen und reifen können. Auch dieses zugegeben, so finden wir doch gegen das Ende des Winters die Eyer an den Eyerstöcken solcher Thiere merklich größer, als vorher im Herbste. Also haben sie doch einiges, obgleich sehr langsames Wachsthum gehabt, das sich immer nach der Witterung gerichtet hat, bis die warme beständig worden ist. Es scheint also gar nichts Unmögliches zu seyn, daß bey der Bienenmutter die im Herbst befruchteten Eyer nach der natürlichen Einrichtung ihres Eyerstocks nicht eher, als gegen das Frühjahr, wenn wirklich mäßige Witterung eintritt, zum Wachsthum und zur Reife gelangen können.

Jedoch wir haben noch einleuchtendere Beyspiele in der Naturgeschichte, daß auf die Begattung im Herbst erstlich das Reifen und Legen der Eyer im Frühjahr erfolge. Alle Arten anderer Bienen, auch Hummeln, so gar Hornissen und Wespen haben dieses mit der Mutter unserer Honigbienen gemein, daß die Begattung im Herbst geschiehet, und im Frühjahre bauet erst eine einzige Mutter ihr Nest, bauet so lange allein Zellen,

und

und legt fruchtbare Eyer hinein, bis sie so viele Kinder erzogen hat, die hernach das Werk fortsetzen, und die Mutter und die Brut mit Futter versorgen können, da alsdenn diese, wie die Königin der Bienen nicht mehr aus dem Neste gehet, sondern sich blos mit der Eyerlage beschäftiget. Wer kann hier zweifeln, daß diese einzelnen Mütter, wovon manche wie Hornissen, mit einem einzigen Ey, das sie täglich legen, den Anfang machen, sich nicht schon im Herbste begattet haben. Und dennoch legen sie erst im Frühjahr Eyer, fangen mit einzelnen an, werden immer fruchtbarer, und es erwächset daraus ein so großer Bau und Menge am Volk. Ich ließ im vergangenen Jahr zwey Arten von Wespen und eine Hornisse in den ledigen Stöcken fortbauen, worin sie ihre Nester angefangen hatten, weil ich bald sahe, daß ich keine zu den Schwärmen nöthig haben würde. Beyde Wespenarten hatten ihren Korb im Julius ganz vollgebauet, und flogen fast so stark als ein Bienenstock. Die Hornissen hatten ihren Korb ebenfalls größtentheils voll Gebäude; weil aber, sonderlich die letzten nun anfiengen den Bienen lästig zu werden, so beschloß ich sie zu tödten und ihre Nester zu untersuchen. Ich machte mit einem Wespennest den Anfang und tödtete es früh morgens, ehe eine ausgeflogen war, mit Schwefel, um alle und jede untersuchen zu können. Es geschahe nicht von mir allein, sondern in Gegenwart eines jungen Bienenfreundes, auf dessen Augen ich mich verlassen konnte. So genau wir erstlich alle Wespen untersuchten, so fanden wir doch alle von einerley Art und nur die alte Mutter, die, wie die Bienenkönigin, noch einmal so groß war, wie die übrigen, und ihren dicken Hinterleib noch voller Eyer hatte. Keine einzige war darunter, deren Hinterleib gerundet gewesen wäre, wie der Drohnen. Wir untersuchten die Brut so wohl den Zellen, als den Nymphen nach, und

auch)

auch darin konnten wir keine Abänderung finden. Es sahe eine Zelle wie die andere, eine Nymphe wie die andere aus, keine war größer oder kleiner, als die andere.

Wo ich nicht irre, hat Reaumür die Beobachtung bey einem Wespennest gemacht, daß, wenn ihre Menge sehr angewachsen ist, sich außer den Mauleseln, wie er die Arbeitenden nennet, viele Weibchen und Männchen unter ihnen befänden. Wir tödteten das andere also in der Mittagsstunde, wo die meisten außer dem Korbe waren, nahmen das Nest zur Untersuchung heraus, und setzten den Korb sogleich wieder an seine Stelle. Wir fanden in dem Neste wieder nichts anders, als im vorigen. Nur eine Königin, die sich an Größe von allen andern unterschiede, und die übrigen Ertödteten und die Nymphen in den Zellen waren von einerley Art. Die in Menge zurückkommenden Wespen fiengen zwar sogleich einen neuen Bau im Korbe an, setzten auch denselben lange fort, baueten aber weiter nichts, als gerade herunter gehende Wände von der Materie, womit sonst ihre runden Nester umgeben sind. Kein Anfang zu einem runden Waben, oder zu einer Zelle, war in dem ganzen unordentlichen Bau zu finden, zum Beweis, daß sie wie die Bienen mit ihrer Mutter und Brut alles verloren hatten. Nun wäre noch der Versuch zu machen gewesen, auf welchen ich aber nicht fiel, ob sie nicht wie die Bienen im Stande gewesen wären, sich eine neue Königin zu erzeugen, wenn wir ihnen einen Waben mit Brut und Eyern hineingegeben hätten. Ich bescheide mich aber gern, da diese Untersuchung schon zu Ende des Julius geschahe, daß vielleicht erst im August oder September die jungen Weibchen und Männchen, die das Geschlecht fortpflanzen sollen, gebohren werden können. In dem Hornissenest trafen wir einen Waben mit Nymphen an, dessen Zellen etwas größer zu seyn schienen und die

Nym-

Nymphen, die aber noch nicht vollkommen waren, hatten gegen die, die in den andern Waben waren, breite Hinterleiber, aber ebenfalls nur eine Königin, die sich an der Größe von allen andern unterschied und den Hinterleib voll Eyer hatte. Es soll mir diese Untersuchung nur zum Beweise dienen, wie lange bey dieser Art von Insekten die Begattung im Herbst vermögend seyn könne, befruchtete Eyer zu legen, wenn nicht unter den bisher so genannten Geschlechtlosen oder Mauleseln schon Männchen vorhanden sind, mit denen eine neue Begattung geschehen könne. Auch hier sind genauere Untersuchungen nöthig, um daraus mehreres Licht zu erlangen, und da man mir es nicht so zur Last wird legen können, wenn ich der Untersuchung wegen Hornissen und Wespen tödte, als bisher in Ansehung der Bienen geschehen ist, die ich so grausam und unbarmherzig getödtet haben soll; so werde ich künftig auch damit mehrere Versuche anstellen, aber sie bald aus der Bienenhütte weg an einen solchen Ort bringen, wo sie den Bienen nicht lästig seyn können.

Nun ist zwar nicht zu leugnen, daß Wespen und Hornissen in ihren Nestern nicht überwintern, sondern wenn sie im Herbste ihre eigene Brut aufgefressen haben, solche auf einmal wie ein Bienenschwarm aus und davon ziehen, so daß man von ihnen nicht das geringste Ueberbleibsel im Neste findet. Man sagt, daß sich die Weibchen einzeln in die Löcher der Bäume, oder auch unter die Erde begäben, und den Winter in der Betäubung zubrächten. Wenigstens habe ich einmal bey der Fällung eines alten Apfelbaums zu Ende des Märzes in einem kleinen hohlen Ast eine Hornisse angetroffen, die matt herauskam, da sie aber eine Zeitlang auf meinem Schnupftuch in der Sonne gelegen hatte, wirklich davon flog. Wenn wir nun gleich von den Bienen keineswegs sagen können, daß sie den Winter in einer Betäubung liegen, so wissen wir doch auch, daß sie sich keine große Bewegung machen, als bis sich die kalte Luft in wärmere umändert. Mehrentheils geschiehet das schon in den leidlichen Tagen des Februars, wo sich auch die Eyerlage alsbald anfängt. Wie sollten wir nicht weit eher annehmen können, daß die Bienenmutter in ihrer Natur eben so beschaffen sey, wie jene, daß ihre Eyer nur bey warmer Witterung gedeihen und zur Reife kommen, als solche Dinge um deswillen von den Drohnen behaupten, deren Ungrund durch die täglichen Erfahrungen augenscheinlich widerlegt wird.

Die Erfahrung scheint dieser Hypothese auch deswegen günstig zu seyn, weil, wenn bey leidlicher Witterung auch Eyer gelegt und Brut angesetzt worden ist, doch dieses alsbald wieder aufhört, wenn aufs neue kalte Witterung eintritt. Auch dieses ist an andern den Bienen ähnlichen Insekten deutlich zu bemerken, daß sie, wenn im April oder auch erst im May wieder sehr kalte Tage kommen, dieselben in ihren Nestern, wie z. B. Hummeln und Hornissen ganz unthätig bleiben, und keine Vermehrung der Brut auch nicht mit einem einzigen Eye erfolget, wie ich in diesem Jahre bn der Hörnisse deutlich wahrgenommen, deren Eyer und Maden ich täglich bey solcher Witterung zählte, und niemals eine Vermehrung fand. Auch scheint mir das ein Beweis davon zu seyn, wenn man im Winter ein kleines Volk Bienen in einem temperirten Zimmer täglich füttert, daß auch hier bald junge Bienen erzeugt werden, so bald man aber denselben wieder in die Hütte in die Kälte bringet, höret das Brutsetzen gänzlich auf. Fortgesetzte Beobachtungen werden auch hier mit der Zeit immer mehr Aufklärung und Gewißheit verschaffen. Denn wer hat bisher seine Beobachtungen darauf gerichtet?

Zweytes Kapitel.
Merkwürdigkeiten an den Drohnen.

§. 18.
Von kleinen Drohnen.

Der H. von Reaumür hat schon die Entdeckung gemacht, daß es eine gewisse Art kleiner Drohnen gebe, und ihre Erzeugung ziemlich richtig beschrieben. Es heißt S. 269. seiner Geschichte:

Ob nun schon die männlichen Bienen viel größer sind, als die andern, so erzählt doch H. Maraldi, daß er in einem Stock, davon man alle Bienen umgebracht hatte, eine große Anzahl Afterhummeln gefunden, welche nicht viel größer gewesen, als die gemeinen Bienen. Mir ist ein einigmal begegnet, dergleichen kleine Männlein anzutreffen, und ich habe wirklich eines davon in meiner trocknen Insektensammlung aufbehalten. Da man nun solche kleine Männlein in den Stöcken, worin man nach ihnen sucht, nicht allemal antrift, so ist es wahrscheinlicher, daß bisweilen Männlein wegen eines Umstandes, der sie am Wachsen hindert, klein bleiben, als daß sie eine besondre Art Afterhummeln seyn sollten. Wir haben Fälle erzählt, da die Mutter aus Noth zwey, oder wohl drey Eyer in eine Zelle hat legen müssen. Kann es denn nicht auch geschehen, daß die Arbeitsbienen die großen Zellen, darin die männlichen Würmer ihr gehöriges Wachsthum erlangen sollen, nicht zu rechter Zeit verfertiget, oder, daß die schon verfertigten alle mit Honig angefüllt gewesen?

fen? Alsdenn hätte die Mutter nothwendig ihre Eyer, daraus Männlein werden sollen, in ordentliche Zellen legen müssen, da denn der Leib eines jeden Wurmes zu stark und zu bald durch die Wände der Zellen zusammen gepreßt worden, und die Größe, so er in einer geräumigen Zelle erhalten hätte, nicht hat erlangen können.

Reaumür bestimmet ihr äußerliches Ansehen und Größe hinlänglich, indem er sagt, daß sie nicht viel größer, als die Arbeitsbienen wären. Größer sind sie allerdings als diese, aber der Gestalt nach den großen Drohnen am runden Kopfe, langen Flügeln und breiten Hinterleibe vollkommen ähnlich, so daß sie auch sehr leicht von Arbeitsbienen unterschieden und herausgefunden werden können. Was Debraw von solchen kleinen Drohnen geträumt hat, und ihm andere immer noch nachschreiben, die von Arbeitsbienen nur an dem Stachel unterschieden seyn sollten, ist gänzlich ungegründet. s. 1. Th. §. 32. 33. Diese sind es, die ich nie habe zugeben können, weil sie niemals existiren. Ich weiß daher nicht, wie mir H. CR. Riem in den Anmerkungen zu Huber's neuen Beobachtungen, neben andern Irrthümern, die ich in meiner Korbbienenzucht haben soll, hat Schuld geben können, daß ich meinte, es gäbe keine kleine und große Drohnen, da ich mich doch darüber S. 59. deutlich genug erkläret hatte?

Nur im vergangenen Frühjahre und Herbst fand ich an meinem großen Glasstock und an einem mutterlosen Gelegenheit deutlicher einzusehen, als bisher geschehen war, wie solche einzelne kleine Drohnen in richtigen Stöcken, auch zuweilen in mutterlosen wohl mehrere entstunden. Denn daß nur, wie einige wollen, in mutterlosen Stöcken dergleichen kleine Drohnen angetroffen werden sollten, in richtigen aber niemals, ist ohne allen Grund. Man trift auch bey den letztern, sonderlich im Frühjahre dergleichen, aber nur sehr einzeln an. Bey dem vorjährigen zeitigen Frühjahre bemerkte ich zu Ende des Märzes auf einer Tafel von kleinen Brutzellen, woraus die darin gewesne Brut schon einmal ausgelaufen war, und die Königin wieder anfieng in die erledigten Zellen Eyer zu legen, daß die Arbeitsbienen sehr geschäftig waren, in der Mitte derselben auf einen Fleck, etwa eines halben Guldens groß, die Zellen bis auf den Grund abzubrechen. Ich versäumte nicht, von Zeit zu Zeit ihr Werk daselbst genau zu betrachten. Ich vermuthete, daß sie sich hier einen Durchgang zu ihrer Bequemlichkeit anlegen würden, wie in vielen Tafeln geschiehet, oder daß sie sich wohl gar einen Platz aufs Künftige zu königlichen Zellen bereiteten. Ich irrte mich aber in beyden. Nach zwey Tagen fand ich an diesem Orte andere, aber Drohnenzellen errichtet, sie waren von eben dem grauen Wachs erbauet, als die vorigen kleinern hatten, weil sie noch kein neues Wachs zum Bau haben konnten. Wie sie denn überhaupt im Frühjahr ihre Ausbesserungen der Tafeln mit altem Wachse machen. Es waren neun Zellen von eben der Weite, wie sonst die Drohnenzellen sind, sie bekamen auch etliche Linien mehr Höhe, als die Zellen darneben zu gemeinen Bienen. Ich konnte bald die darin heranwachsenden großen Maden unterscheiden und wie sie so weit waren, daß sie anfiengen dieselben zuzuspünden, welches man an ihren zirkelförmigen Bewegungen um die Zellen wahrnehmen kann, wurden sie von unten herauf von den Arbeitsbienen völlig bedeckelt. Den neunten April waren schon einige, und den 11ten alle ausgelaufen:

Aus

Aus dieser Beobachtung wurde ich erstlich überzeugt, daß im Frühjahr weit zeitiger, wenigstens zu etlichen Drohnen Brut angesetzt wird, als manche bisher geglaubt haben, und daß dieses nicht in kleine, von den Bienen nur etwas erhöhete, sondern in neuerbaueten ordentlichen Drohnenzellen geschiehet. Denn die ausgekommenen Drohnen hatten ihre ordentliche Gröſſe, und konnten in keinem Betracht kleine Drohnen genennet werden. Wie hätte das auch seyn können, da man ihnen größere geräumigere Zellen gegeben hatte. Fürs andere sahe ich daraus, wie es zuginge, daß man oft bey Mutterlosen mitten unter den Arbeitsbienen Zellen einzelne, auch wohl mehrere erhöhete oder koppichte Zellen fände, woraus denn keineswegs kleine, sondern ordentliche große Drohnen erzeugt werden. Man findet in vielen Bienenbüchern dieses, daß nur mutterlose Stöcke kleine Drohnen erzeugten, weil dieselben in kleinen Zellen ausgebrütet würden, in richtigen Stöcken geschähe aber dergleichen niemals. Es kommt aber hier nicht auf die Beschaffenheit der Stöcke, sondern auf die Zellen an, und wir sehen es an sehr vielen Mutterlosen, daß sie fortfahren nur ordentlich große Drohnen, und keine einzige kleine zu erzeugen. Ich hatte im Herbst darauf einen Stock, der zwar nur einmal geschwärmet hatte, an dem ich aber doch bald gewahr wurde, daß er mutterlos seyn müßte, weil er die Drohnen behielte und die meisten Bienen auf den hintern Drohnentafeln lagen, die vordern von Arbeitsbienen aber von Tage zu Tage immer mehr davon entblößt wurden. Ich schnitte ihm in der Mitte des Augusts alle große Tafeln zu Drohnen aus, um ihn zu nöthigen, sein weiteres Brutsetzen in den kleinen Zellen fortzustellen. Zu Anfang des Octobers tödtete ich ihn auf einem Tische, damit ich alle Bienen bekäme, und nicht nur diese, sondern auch den Zellenbau in den Tafeln genau untersuchen könnte. Ich sammlete beym Ausschneiden alle Bienen sorgfältig zu den bereits auf den Tisch liegenden, und ich brachte nicht mehr, als noch 379 Arbeitsbienen, und 113 Drohnen, alle von gewöhnlicher Größe zusammen. An einer Mutter fehlte es. In einer einzigen Tafel war noch Drohnenbrut vorhanden. Diese bestunden in 19 zugespündeten, aber großen Zellen, deren manche ganz alleine stunden, und neben ihnen die kleinen Zellen abgebrochen waren; fünf und dreyßig mit großen und kleinen Maden, wovon die Hälfte in kleinen Zellen befindlich war, und noch eine Menge Eyer zu 2 bis 6 in einer Zelle. Von den erstern waren schon manche todt in den Zellen, so wie von den Maden und Eyern manche ganz vertrocknet. Es war natürlich, daß die wenigen Bienen nicht so viel Wärme mehr unterhalten, auch nicht so viel Futterbrey verschaffen konnten, als zur Eibrütung aller Eyer nöthig war, und da sie doch die Eyer nicht außer ihrem Zirkel haben wollen, so entstehet daher die Unordnung, die in den meisten solcher Körbe angetroffen wird, daß viele Eyer in einer Zelle beysammen liegen. Es würden also auch hier am Ende einige kleine Drohnen zum Vorschein gekommen seyn, wenn sich die arbeitenden Bienen nicht so sehr verringert gehabt. Ihre Anzahl reichte nicht mehr hin die kleinen Zellen abzubrechen und größere zu erbauen, daher lagen schon in kleinen Zellen Maden mit Futterbrey. Die Erzeugung dieser kleinen Drohnen geschieht also entweder aus Noth, oder aus Versehen. Denn man müßte den Bienen mehr, als menschlichen Verstand zuschreiben, wenn man behaupten wollte, daß sie in der Austheilung der Eyer in die Zellen, die sie nur alsdenn zu verrichten haben, wenn aus Noth mehrere in eine Zelle gelegt worden sind, nie einen Fehler begehen könnten. So wahr das ist, daß man sie oft Eyer

zwischen

zwischen ihren Zähnen herumtragen sieht, für welche sie bequeme Zellen suchen und solche hernach in denselben ablegen; so kann es doch geschehen, daß manche in unbequeme Zellen gebracht werden oder darin liegen bleiben. Und auf solche Art mag es geschehen, daß auch zuweilen im Frühjahre in richtigen Stöcken eine und die andere kleine Drohne erzeugt wird. Denn da sie hier den wenigen Drohnen, die sie erbrüten wollen, erst die Zelle darzu mit unter den Arbeitsbienenzellen errichten, wie leicht kommt ein Ey zur Drohne in eine darneben stehende Arbeitsbienenzelle, woraus hernach eine so unvollkommene Geburt entspringt. Es geschiehet sehr selten, daß man solche kleine Drohnen vor richtigen Stöcken findet. Wer seine Stöcke fleißig aufhebt und unterkehrt, der wird noch zuweilen am ersten solche kleine Drohnen, die aber gleich heruntergeworfen worden sind, weil sie noch ganz weiß aussehen, auf dem Standbrete finden. Selten wird man eine flugbare davon bey richtigen Stöcken bemerken. Wenn es aber einmal geschehen sollte, daß man eine solche kleine Drohne an ihrem singenden Ton, der der großen ihren noch übertrist, gewahr würde; so lasse man sich die Mühe nicht verdrießen, darauf genau Achtung zu geben, zu welchem Stocke sie gehöre, und was mit ihr vorgenommen werde. Im vorjährigen zeitigen Frühjahre, erblickte ich, wie sonst auch geschehen war, zu Anfang des Aprils vor zweyen Körben an verschiedenen Tagen eine. Die kleine Drohne flog munter um das Flugloch herum und in die Luft; sie sind im Ab- und Anfluge schneller, als die großen. Sie kam bald aus der Luft wieder zurück. So wie sie aber an den Stock anflog, um in denselben einzugehen, kam die nächste Biene und stieß sie herab, daß sie sich wieder in die Luft begeben mußte. Dieses Spiel wurde oft wiederholt, bis es einmal traf, daß sie gerade zum Flugloche hineinfahren konnte. Schon daraus kann man sehen, daß diese mißrathenen Bienen keine angenehmen Gäste in den Stöcken sind, weil man sie nicht wieder hineinlassen will, wenn sie einmal herausgegangen sind. Ich untersuchte gleich den andern Morgen das Standbret, ob sie des Nachts nicht herunter getrieben worden, und daselbst todt zu finden sey. Ich fand sie auch wirklich todt und so geht es mit allen unrichtigen Stöcken, wenn sie flugbar werden. Sie werden nicht geduldet, sondern entweder ausgetrieben oder getödtet. Sie lassen sie daher selten so weit kommen, daß sie flugbar werden, sondern werfen sie gleich nach dem Auskriechen herunter. Aus diesen vielfältig erlangten Erfahrungen mit den kleinen Drohnen, die auch andere leicht beobachten können, ist doch wohl offenbar: Daß diese Mißgeburten, wie sie Janscha mir Recht nennet, in richtigen Stöcken so wenig geduldet werden, als andere Mißgeburten von gemeinen Bienen, großen Drohnen und Königinnen.

Diesem ist nicht entgegen, wenn zuweilen schlecht beschaffene Stöcke, die entweder eine unfruchtbare Königin haben, oder mutterlos sind, mehrere solche kleine Drohnen im Sommer haben und dieselben auch geduldet werden. Von der erstern Art habe ich vor langen Jahren, da ich aber noch nicht so weit war, die wahre Ursache davon einzusehen, einen einzigen solchen Stock gehabt, und nach der Zeit niemals wieder. In demselben fand sich eine Menge solcher kleinen Drohnen, und die Arbeitsbienen nahmen täglich ab, so daß davon noch wenige zu sehen waren. Jene wurden aber beständig geduldet, und flogen munter aus und ein. Denn unrichtige Stöcke dulten ja große Drohnen zu allen Zeiten, wie sollten sie sich Mühe mit den kleinen geben? Dieser Stock, da ich ihn endlich ausbrach, hatte noch eine Königin, der man es

aber

aber gleich am Hinterleibe ansehen konnte, daß sie eine unfruchtbare wäre.

§. 19.
Ob diese kleinen Drohnen auf die Befruchtung der Königin einen Einfluß haben.

Viele behaupten dieses, insonderheit hat H. C. R. Riem im 5ten Th. seiner neuen Sammlung ökonomischer Schriften, S. 182. eine weitläufige Anmerkung deßhalber zu meinen Beobachtungen beygebracht, auf welche ich bis hieher die Antwort schuldig geblieben bin. Sie bestehet in folgenden:

S. 182. †) besondere Anmerkung zur Note w. gehörig. Da so viele über das Daseyn einiger Drohnen im Winter streiten, und gern alle ermordet wissen wollen, wie man im heurigen Reichsanzeiger Num. 55. und 75. ersehen kann, und ersehen wird, woselbst ich aber darüber zur Aufheiterung alles gesagt habe, was sich nur immer sagen ließ; so will ich darauf beziehend anfügen, daß nicht nur ich, mit mehrern Deutschen gemeinschaftlich das sichere Daseyn einiger „aber nicht vieler" Drohnen über Winter ehemals und auch heuer wieder bis spät im November hinein, nachdem doch vorher eine Menge von gesunden Stöcken abgeschlachtet worden, bey einigen sicher auch gesunden Bienenvölkern gesehen habe: sondern daß auch schon längst ein französischer Schriftsteller, der Abbe de la Pluche, in seiner 1732. das erstemal, und 1763. zum andernmale aufgelegten Schrift: Le Spectacle de la Nature etc. in der neuen Edition 1 B. S. 148. im Original, und in der deutschen Uebersetzung, betitelt: Schauplatz der Natur 1sten Theil, Frankfurt und Leipzig im Monatßischen Buchladen, S. 172. ein gleiches

behau-

behauptet hat. Nämlich, daselbst heißt es: „Doch sind einige (Drohnen) davon (vom Morde) ausgenommen, die etwas von kleinerer Art, auch nicht so gefräßig und leichter zu ernähren seyn mögen. Diese behält man auf das künftige Jahr zum Gebrauche. Ich bemerke dieses deswegen, weil die Königin gleich mit Anfange des Frühlings schon wieder befruchtet ist, ob man gleich bisweilen nur einige wenige Hummeln (Drohnen oder Männchen) wahrnimmt, die von den gemeinen Bienen, was die Größe betrift, gar wenig unterschieden sind." Desgleichen findet man eben daselbst S. 166. bey dem Geschlecht der Drohnen gesagt: „Sie sind um ein Drittel größer und dicker, als die gemeinen Bienen. Doch hat man auch einige gefunden, welche, was die Größe betrift, von einer gemeinen Biene nicht unterschieden sind." So schrieb schon 1732. ein beliebter Schriftsteller: Er zeigte uns, ob er gleich auch manches Unrichtige hat, hier sehr richtig die Ursachen an, wie wir uns vom Daseyn der Drohnen irren können. Nämlich, da sie oftmals nur einige der kleinsten Drohnen über Winter aufbewahren, wie leicht es sey, daß die Verläugner dieses Daseyns solche kleine Drohnen übersehen haben könnten, als sie Untersuchungen anstellten. Warum wollen also Neuere von dem, was sie gerade nicht selbst sahen, das Gegentheil behaupten? das ist unrecht. Ich muß gestehen, so sehr geübt ich in Erkennen der Bienen auch bin, daß ich — so wie man mannichmal nur mit Mühe junge noch unfruchtbare Königinnen von den gemeinen Bienen unterscheiden kann — noch größere Mühe hatte, die kleinen Arten Drohnen zu finden: wenigstens waren sie schwer im Trupp von vielen Bienen zu unterscheiden, und in Huberischen

schen Anmerkungen heißt es S. 132. Es sind immer schon einige wenige kleine Drohnen im Frühlinge da, die in Arbeitsbienenzellen erbrütet worden sind; und diese verrichteten das Begattungsgeschäfte entweder im Stocke, oder nahe vor demselben, wenn sie nicht weit fliegen können.

Hier werde ich getadelt, daß ich als ein neuerer Schriftsteller den ältern nicht beypflichten will, und in andern Anmerkungen heiße ich ein solcher, der noch an alten Vorurtheilen hange. Wenn man aber die Wahrheit sucht, kann man weder die ältern ganz verachten, noch den neuern gleich in allem Beyfall geben, So habe ich es immer gemacht und denke darin doch wohl nicht Unrecht gehandelt zu haben. Den angeführten französischen Schriftsteller habe ich zwar nicht gelesen, weil wir einen bessern Neuen Schauplatz der Natur haben, ich habe aber eben dieses, was hier von den kleinen Drohnen gesagt wird, in manchen andern Bienenschriften gefunden, die es vielleicht daher genommen gehabt. Wenn aber nun dasjenige, was 1732. von Bienen geschrieben worden ist, wohl geprüft werden muß, ehe man einem solchen Autor beypflichtet, der nicht selbst Beobachter, sondern nur ein Sammler dessen ist, was andere davon gesagt oder geschrieben haben; so kann ich wohl keines Unrechts beschuldiget werden, wenn ich diesem nicht völlig beypflichte. Denn daß ich nicht unter diejenigen gehöre, die dem H. Pluche entgegen das Daseyn der kleinen Drohnen leugneten, weil sie solche nicht gesehen oder vielmehr übersehen haben sollten, das hoffe ich im vorhergehenden §. genugsam dargethan zu haben. Diese Mißgeburten sind bald von mir bemerkt worden, obgleich ihre Erscheinung bey fehlerfreyen Stöcken sehr selten ist. Wegen ihrer sonst ordentlichen Drohnengestalt ist es mir auch nie schwer angekommen, sie von andern sogleich zu unterscheiden. Daß aber alle Jahre bey richtigen Stöcken dergleichen kleine Drohnen erbrütet werden und zu sehen seyn sollten, ist schlechterdings wider alle Erfahrung. Kaum in etlichen Jahren bekommt man einmal im April oder May eine oder etliche zu sehen, außerdem ganz und gar nicht, es sey denn bey einem fehlerhaften Stock. Sonderlich geschieht es in einem zeitigen Frühjahr, weil da die Bienen bald und viele Brut ansetzen und also auch ein Versehen mit den Drohneneyern neben den kleinen Zellen leicht möglich ist.

Wenn aber eben dieser Autor vollends von zweyerley Arten kleiner Drohnen spricht, von solchen, die etwas kleiner, als die großen, auch nicht so gefräßig und leichter zu ernähren waren, und von solchen, die in Ansehung der Größe von gemeinen Bienen nicht unterschieden sind, H. Riem auch von kleinen Arten und nicht von einer spricht; so muß ich gestehen, daß ich weiter keine Art kennen gelernt oder je gesehen habe, als die an der Gestalt den großen Drohnen vollkommen ähnlich ist. Ich kann auch nicht glauben, daß dergleichen jemals existiret haben 1 Th. §. 33. Wenn er ferner sagt, dergleichen kleine Drohnen, weil sie nicht so gefräßig und leichter zu ernähren seyn möchten, wurden zum Gebrauch auf künftiges Jahr aufbehalten, darüber werde ich meine Erfahrungen, weil dieses auch von einigen großen Drohnen behauptet wird, im folgenden §. mittheilen.

Wenn aber H. de la Pluche die Nothwendigkeit der Erhaltung dieser kleinen Drohnen aus dem Grunde behauptet, und ihm H. Riem auch darin beypflichtet, damit sie die Befruchter der Königin zu Ende des Winters seyn könnten; so gehört dieses vor allen andern unter die wunderbaren Erdichtungen mit, die man von
Zeit

Zeit zu Zeit gemacht hat, um es der Bienenmutter nicht an Drohnenmännchen zur Begattung fehlen zu lassen. Auch deswegen sollen dergleichen kleine Drohnen noch im Frühjahre daseyn, ehe die großen erzeugt würden. Siehet man es denn aber im Frühjahre nicht offenbar, daß, wenn ja einmal an einem richtigen Stokke eine solche kleine Drohne zum Vorschein kommt, dieselbe nicht zwey Tage geduldet, sondern alsbald ausgetrieben, oder getödtet wird: und hernach an demselben keine wieder gesehen wird, wie sollten sie denn im Winter aufbehalten werden können? Wollte man etwan einwenden, eben um deswillen würden sie im Frühjahre ausgetrieben, weil sie ihre Dienste verrichtet hätten, die großen an ihre Stelle träten und erst im Herbst wieder neue von dieser Art erzeuget würden? Da im Herbst gar keine Drohnen, außer wenn er außerordentlich honigreich ist, erzeugt werden, wo sollten denn die Eyer zu diesen herkommen? oder sollen auch wohl gar noch besondere Eyer zu diesen gelegt und dadurch die Wunder in einem Bienenstock vermehret werden? Ich verspreche dem für jede kleine Drohne einen Dukaten, die er in einem richtigen Bienenstock im Herbst auffinden kann. Und wenn auch bey honigreicher Zeit bis im October und weiter hin große gedultet worden wären, so wird man doch niemals neben denselben eine kleine sehen. Sie sind unvollkommene Bienen ihrer Art, können daher zum Zeugungsgeschäfte nicht tüchtig seyn und eben weil sie zu nichts taugen, werden sie bald nach ihrer Entstehung wieder fortgeschafft. Nie wird eine den Winter über in einem Stocke bleiben, da sie zur andern Zeit nicht geduldet werden. Man gebe nur auf das genau Achtung, was man im Frühjahre früh Morgens beym Abkehren unter den Stöcken findet. Man wird gewiß diese kleine Drohnen entweder unvollkommen reif, oder wenn sie flugbar worden sind,

sind, ertödtet darunter finden. Freylich sind solche Beobachtungen leichter an Körben zu machen, die man zu aller Zeit aufheben kann, als in Stöcken, die erst mit Mühe geöfnet werden müssen, oder wo man es zur Regel gemacht hat, die Bienen so wenig als möglich durch das Aufheben zu beunruhigen. Wenn ich aber nun aus langer Erfahrung überzeugt bin, daß ich damit meinen Bienen nichts schade, sondern vielmehr eine Wohlthat erzeige, weil ich das auf einmal wegnehme, was sie nur mit größter Mühe hinausbringen können; warum sollen denn gerade meine Beobachtungen, die ich dabey zu machen Gelegenheit finde, nichts gelten? Warum beruft sich Hr. Riem immer auf anderer Beobachtungen, führet selten eine eigene an, und verwirft immer die meinigen? Glaubt er, daß ich Dinge in die Welt hineinschreibe, wie Huber, die ich nie genau beobachtet oder gesehen hätte und wovon ich gewiß versichert bin, daß es auch andere wahrnehmen müssen. Die kleinen Drohnen sind schlechterdings nur im Frühjahre zu sehen, im Herbste wird nie eine zu finden seyn, obgleich behauptet wird, daß sie im Winter übrig bleiben sollen. Wo kann aber eine übrig bleiben, wo keine existirt und wie sollte im Herbst das Versehen wie im Frühjahr möglich seyn, daß ein Drohneney in einer Arbeitsbienenzelle erbrütet würde, da die Drohnen nicht mehr unter den Arbeitsbienen, sondern in den eigentlich dazu erbauten Tafeln von großen Zellen erzeugt werden. Daher auch Mutterlose im Herbste, so lange sie noch ziemliches Volk haben, ihre Drohnen in diesen Tafeln erbrüten.

§. 26.

§. 20.

Vom Austreiben der Drohnen aus richtigen und mit Königinnen versehenen Stöcken.

Ich nenne es blos ein Austreiben, weil dabey, so viele es auch behaupten, niemals ein Mord oder wirkliche Ertödtung mit dem Stachel vorgehet, sondern die Drohnen lediglich aus dem Gewirke heraus, entweder an die untern Ränder der Tafeln auf einen Klumpen, oder gar auf das Standbret und alsdenn bey schönem Wetter zum Flugloche herausgetrieben, und wenn sie zurückkommen und wieder hineinwollen, gleich abgestoßen werden, wodurch denn viele, wenn sie vom Fliegen ermüdet auf die Erde fallen, draußen umkommen müssen. Sie bringen sie an Flügeln und Füßen herausgeschleppt, nie wird man aber bey der genauesten Aufmerksamkeit eine Arbeitsbiene ihren Stachel wider eine solche Wehrlose gebrauchen sehen. Jeder siehet es, daß alle Jahre bey richtigen Stöcken an Königinnen, die Drohnen in der Mitte des Sommers ausgetrieben werden. Jedoch läßt sich davon keine gewisse Zeit bestimmen, denn der eine Stock thut es früher, der andere später, je nachdem die Drohnen im Frühjahr früher oder später erbrütet worden sind, oder nachdem der eine zeitiger als der andere geschwärmet hat. Auch hat die Witterung und Nahrung einen großen Einfluß. Wenn sich zu Ende des Augusts gute Herbsttracht einfindet, daß sie wieder am Wachsbau arbeiten und Honig sammlen können, werden sie nicht nur lange geduldet, es werden auch neue erbrütet, so daß das völlige Austreiben erst spät im October geschiehet, ja wohl bis in den November hinein dauert. So geschahe es sonderlich im vergangenen Jahr 1794, da nach Abschaffung der zuerst erbrüteten Drohnen, erst im Julius wieder viele neue erbrütet wurden, daß sich immer noch einzelne Drohnen im November vor den Stöcken sehen ließen, die aber sehr matt waren, und von denen selten eine, wenn sie ausflog oder vielmehr von Arbeitsbienen ausgestoßen wurde, wieder zurückkam. Ehe sie noch die flugbaren Drohnen austreiben, fangen sie schon einige Zeit vorher an, die Nymphen und Maden von denselben herauszuziehen und die ausgesogenen Gerippe auszutragen, welches das Kennzeichen ist, daß die Flugbaren bald werden nachfolgen müssen. Die Meinungen von der Art, wie die Drohnen fortgeschaft werden, und von der Ursache, warum es geschehe, sind also wieder sehr verschieden. Reaumür nennt es eine grausame Behandlung und Niedermezelung, andere die Drohnenschlacht, welches mit der Beschaffenheit der Sache nicht übereinkömmt, da die Drohnen wehrlos sind, und sich alles gefallen lassen müssen. Huber nennt es das Tödten der Drohnen. Auch dieses drückt die Sache nicht gehörig aus. Er will aber doch davon durch seine angestellten Beobachtungen weit bessere Aufschlüsse geben, als man bisher gehabt habe. Einige behaupten schlechterdings, daß alle Drohnen ausgetrieben und nicht eine einzige auf den Winter übrig gelassen würde. Andere s. Reichsanzeiger 1. B. 1793. Num. 55. und 75, daß einige, die besondere Lieblinge der Königin wären, auch den Winter hindurch erhalten, ja wohl, wenn alle ertödtet worden wären, im Herbst wieder etliche neue mitten unter der Arbeitsbienenbrut erzeugt würden, denen alsdenn als Lieblingen der Königin kein Leid widerführe. Auch hat man dieses erst neuerlich zu behaupten angefangen, wozu H. Huber Gelegenheit gegeben hat, daß die ausgetriebenen Drohnen in den Stöcken darneben Zuflucht suchten und dieselbe auch so lange darin fänden, als diese noch keine Anstalt machten, die ihrigen abzuschaffen. Vorjetzt

das

das erstere und vom Ueberbleiben der Drohnen im Winter im folgenden §.

H. Bonnet hat diesen Umstand bey den Bienen wohl beobachtet und beschrieben. Er nennt daher den Tod der Drohnen einen Hungertod, welches mit H. Riem's und vieler anderer Beobachtungen übereinstimmet. Demohnerachtet will H. Huber dieses nur für wahrscheinlich gelten lassen, weil nach §. 172. noch die Möglichkeit übrig sey, daß diese Abschlachtung auf den Böden der Stöcke geschehe, und daß man bis jetzt noch nicht dazu gelanget sey, es daselbst zu sehen, weil dieser Theil dunkel und den Augen der Beobachter entgangen ist. Er erzählt uns daher seine neuen Beobachtungen, die er darüber angestellt haben will, §. 173. also:

Damit die Richtigkeit dieses Zweifels (wie es eigentlich mit dem Tod der Drohnen zugienge) gehoben werde, dachten wir auf einen gläsernen Boden, um denselben bey den Kästen anzubringen, so daß er zum Grund derselben diente, und wir uns unter sie begeben konnten, um zu sehen, was sich am Orte der Scene zutrüge. Wir errichteten eine gläserne Tafel, auf welche wir sechs mit Schwärmen dieses Jahres besetzte Stöcke stellten, und indem wir uns unter diese Tafel legten, suchten wir wahrzunehmen, wie die Drohnen ihr Leben verlören. Diese Erfindung gelang wunderbar. Am 4ten Julius 1787. sahen wir die Arbeitsbienen eine wahre Massakre machen, und das bey den sechs Stöcken zu derselbigen Stunde, und mit denselben Partikularitäten!! Der gläserne Boden war mit Bienen bedeckt, die sehr feindselig zu seyn schienen, und die sich über die Drohnen hermachten, so wie sie auf dem Grunde des Stockes anlangten. Sie ergriffen sie bey den Fühlhörnern oder den Flügeln, und nach-

dem sie solche hin und her gezerret, oder daß ich so
rede, sie von einander getrennet hatten, so stachen sie
solche mit starken Stichen der Stacheln, welche
sie gewöhnlich zwischen die Ringe des Leibes richte-
ten. Im Augenblicke, da dieser fürchterliche Stachel eine von ihnen berührte, war solche todt; sie
streckten ihre Flügel aus, und starben. Wenn indessen die Arbeiterinnen solche nicht so getödtet fanden, wie es uns schiene, so stießen sie ihren Pfeil
nochmals auf solche, und so tief ein, daß sie viel
Mühe hatten, solchen zurückzuziehen. Sie mußten
sich auf ihnen herumdrehen, um sich loszumachen.

Ist je eine Beschreibung von H. Huber oder seinem Verbesserer wider alle Glaubwürdigkeit, ja sogar
lächerlich, so ist es diese. Um den Leser irre zu führen,
redet er anfangs von Kästen, die er dazu gebraucht
habe, ohne im geringsten zu sagen, was es für Kästen
gewesen wären. Sie müßten eigentlich kein befestigtes
Bodenbret gehabt haben, wenn die Glastafel anstatt
desselben hätte sollen untergelegt werden können. Allein daß es dergleichen Kästen nicht gewesen, davon be-
nimmt er dem Leser gleich den Gedanken wieder, da er
solche sechs mit Schwärmeh dieses Jahres besetzte
Stöcke nennet. Auch völlig zugegeben, daß er einen
gläsernen Boden, worauf sechs Kästen oder Stöcke stehen können, in Bereitschaft gehabt hätte, oder denselben herbeyschaffen können; so mußten doch wohl jene
Kästen oder Stöcke ohne Boden seyn, wenn von unten
herauf etwas in denselben sollte gesehen werden können? Hatten diese Stöcke, wie er uns vorher selber
sagt, ihre hölzerne Böden so wohl als Seitenrahmen,
was konnte die untergelegte gläserne Tafel helfen, und
wie konnte nun etwas gesehen werden, was von oben
herab vorgienge, wenn man auch auf dem Rücken lie-
gend,

-gend, von unten hinauf guckte? Welche offenbare Unwahrheit, daß diese Stöcke zu einer Stunde und mit denselben Partikularitäten die Schlacht mit den Drohnen angefangen haben sollen? da der Anfang davon bey vielen Stöcken so verschieden ist; und wie falsch, daß sie solche mit starken Stichen getödtet hätten? Hätte Huber hier eine der Sache angemessene Beobachtung anstellen wollen, so hätte es auf eine ganz andere Art, und auch mit ganz andern Stöcken geschehen müssen: so würde er denn auch nichts anders gefunden haben, als was bessere Beobachter schon längst wahrgenommen, daß die Drohnen nicht durch den Stachel der Arbeitsbienen ums Leben gebracht werden, sondern den Hungertod leiden müssen. Seine beschriebene Beobachtung kann also nicht im mindesten für einen Beweis gelten, daß er dadurch die eigentliche Art, wie die Drohnen ums Leben gebracht würden, außer allen Zweifel gesetzt habe. Er hat also hier wieder eine Beschreibung nach seiner Einbildung gemacht, wovon er nie etwas Wirkliches gesehen hat.

In meinem Glasstock, ob er gleich einen hölzernen Boden hat, kann von oben herunter auf den Tafeln und Boden alles beobachtet werden, was zu der Zeit, da die Drohnen ausgetrieben werden sollen, vorgehet, da die lächerliche Lage, die Huber mit seinem Burtnens von unten herauf genommen haben will, fast gar nichts sehen lässet. Die Sache geht gar nicht so eilig und hitzig zu, und auf eine Stunde in allen Stöcken los, als diese Beobachter haben wollen. Der Anfang wird auch keineswegs mit den flugbaren Drohnen, sondern mit der Brut derselben gemacht, welches doch Huber wieder als das letzte Geschäfte der Bienen mit den Drohnen beobachtet haben will. Ich will es daher beschreiben, wie ich es im vergangenen Jahr im Glasstock beobachtet habe, da er reichlich mit Drohnen ver-

sehen

sehen war. Allenthalben machten sich die Bienen den 20sten Julius zuerst über die dem Auskriechen nahe und noch bedeckelte Drohnenbrut her. Den erstern halfen sie die Deckel aufbeißen, und so bald so viel Oefnung war, daß die junge Drohne herausgezogen werden konnte, so ergriffen solche ein paar Arbeitsbienen jede bey einem Fühlhorn, zogen sie heraus und warfen sie, woran auch andere halfen, herunter, bis sie auf den Boden kamen, anstatt daß sonst jede sich durchgefressene Drohne selbst heraushilft und sogleich von Arbeitsbienen gefüttert wird. Wenn diese herunter und oft noch lebendig zum Flugloche hinausgeschaft sind, so geht es über die unreifen Nymphen davon und über die Maden her, die ebenfalls alle von den Arbeitsbienen herausgezogen werden und während dieser Arbeit wird von ihnen alles ausgesogen, und aus den Zellen aufgeleckt, was sie noch von ihnen gebrauchen können. Die ausgesogenen Bälge müssen alsdenn ebenfalls zum Flugloche hinaus. Während diesen Geschäften können sich die flugbaren Drohnen immer noch in und vor den Stöcken lustig machen. Soll es nun aber auch über die Flugbaren hergehen, so fangen die Arbeitsbienen alle im obern Theil des Stocks befindliche zu jagen an. Selten ergreifen sie eine bey den Füßen oder Flügeln, denn es scheint, als ob diese schon wüßten, daß sie nun fliehen müßten. Bey Tage gehen diese Gejagten mehrentheils von selbst zum Flugloche hinaus und nur wenige müssen von den Arbeitsbienen gleichsam mit Gewalt dazu genöthiget, und an den Flügeln hinausgeschleppt werden. So bald eine davon wieder zum Flugloche hereinschlupft und sich wie gewöhnlich, im schnellen Lauf in die Höhe auf eine Tafel begiebt, wird solche von der nächsten Biene herunter gestoßen und die untern nöthigen sie dazu, daß sie wieder zum Flugloche hinaus muß. Des Abends sitzen sie in dichten Klumpen,

pen, mit den Köpfen an einander gedrängt, an den untersten Enden der Tafeln, und auf dem Boden, und auch hier wird von den Arbeitsbienen nicht die mindeste Gewalt angewendet, sie in solchen dichten Haufen zusammen zu halten. Sie liegen gleichsam den über sie befindlichen Arbeitsbienen in einem leidenden Gehorsam zum Füßen. So findet man sie auch noch des Morgens dichte zusammengedrückt auf eben der Stelle, daß also gar kein Zweifel übrig bleiben kann, da sie gar nicht mehr auf den Tafeln geduldet, sondern bey Tage zum Flugloche hinausgewiesen werden, des Abends ihnen nur noch im Untersten des Stocks ein Platz vergönnet, und keine mehr gefüttert wird, daß sie keine Nahrung mehr erhalten und mithin den Hungertod sterben müssen. Denn so geht es immer auf vierzehn Tage lang fort, bis keine mehr übrig ist. Keineswegs ist aber die Sache, wie Huber will, in zwey Tagen geschehen. Er läßt aber auch alle Drohnen durch scharfe Stiche und Pfeile umbringen. Das geschiehet aber bey keiner einzigen. Fällt ja Regenwetter ein, so müssen sie unten in ihrer Stellung sitzen bleiben, und keine macht irgend eine Bewegung sich in die Höhe zu begeben. Dieses geschiehet nur, wenn sie an schönen Tagen ausfliegen können. Erst nach acht Tagen wird man gewahr, daß einige gestorben sind und todt herausgeschleppet werden. Andere, wenn sie zum Abfluge genöthiger werden, sind so matt, daß sie gleich vor dem Stocke auf die Erde fallen und nicht wieder in die Höhe kommen können. Der Hunger tödtet sie also endlich alle, jedoch fast mehrere bey dem gezwungenen Ausflug außer, als in den Stöcken, wie man denn um solche Zeit bey einem ansehnlichen Bienenstande sehr viele im Garten auf der Erde matt herumkriechen siehet. Wenn aber viele Regentage gewesen sind, so findet man freylich am Ende die meisten auf dem Standbrete unter den Stöcken todt.

Eine Anmerkung muß ich hier noch beyfügen. Es geschieht zuweilen schon im Junius bey der besten Trachtzeit, daß die Bienen anfangen die Drohnenbrut häufig auszuziehen und aus den Stöcken zu werfen. Hier ist aber dieses kein Kennzeichen einer bald darauf folgenden allgemeinen Austreibung der Drohnen, sondern vielmehr eine Anzeige, daß sie diese Zellen zur Aufbewahrung des Honiges nöthig haben. Um sich also Raum zum Unterbringen des Honiges zu verschaffen, muß die Drohnenbrut heraus, und daraus siehet man ebenfalls, daß die Drohnen immer die entbehrlichste Art von Bienen in einem Stocke sind, weil sie beym Ueberfluß so wohl, als bey hereinbrechendem Mangel am ersten fortgeschaft werden.

§. 21.

Ob einige oder alle Stöcke den Winter über etliche Drohnen als Lieblinge der Königin behalten.

Reaumür hat darüber Untersuchungen angestellet, und keine im Winter übrig gebliebene Drohne in Stökken, die ihre Königinnen gehabt, gefunden. H. Huber läßt sie ebenfalls alle mit scharfen Stichen umbringen und keine übrig bleiben. Es ist auch von jeher dieses als eine unzweifelhafte Regel in den Bienenbüchern angegeben worden: Welcher Stock noch spät im Herbste Drohnen sehen lasse, da sie die übrigen alle abgeschaft hätten, der sey mutterlos. Diese Regel wird auch noch jederzeit durch die Erfahrung bestätiget werden. So wenig man es oft bey dem muntern Fliegen und Eintragen eines solchen Stockes hat glauben wollen, daß er mutterlos seyn könnte, so wird man es doch

in

indem darauf folgenden Frühjahr also finden, wenn man
ihn den Winter über hat stehen lassen.

Demohnerachtet hat auch hierin der H. C. R.
Riem in den Anmerkungen zu Hübern §. 106. und
175. so wie in dem Reichsanzeiger 1793. 1. B. Num.
75. und in einer Anmerkung zu meinen Beobachtungen,
5. B. der Neuen Sammlung eine andere, nämlich diese Meinung geäußert:

Er habe oft erfahren, daß die Arbeitsbienen nicht
alle Drohnen tödteten, sondern doch einige Lieblinge der Königin leben ließen. Selbst daß sie
manchmal nach vollbrachter Drohnenschlacht — vermuthlich, wenn ihnen die Königin abhanden gekommen — wieder viele zu erbrüten anfangen und in der
Folge auch größtentheils wieder in den Ecken der
Stöcke zusammentreiben, und da verhungern lassen.
Hübers N. B. S. 160.

Ich will nun meine darüber gemachten Beobachtungen und erlangten Erfahrungen mittheilen. So
wenig ich bey irgend einem richtigen Stocke, deren ich
fast unzählige untersucht habe, jemals im späten Herbste nur eine einzige sogenannte kleine Drohne angetroffen habe, die über Winter hätte bleiben können,
eben so wenig ist jemals von mir darin noch eine einzige
große Drohne, die als ein Liebling der Königin hätte
angesehen werden können, gefunden worden. Daher mir
das jederzeit eine Regel ohne Ausnahme geblieben ist:
Drohnen bey einem Stock im späten Herbst bleiben ein richtiges Kennzeichen der Mutterlosigkeit. Ich kann auch nicht einsehen, wie noch die Frage von großen Drohnen seyn kann, die im Winter als
Lieblinge der Königin übrig gelassen werden sollten,
da man schon eine gewisse Art kleiner annimmt, die
zum Winter und im Frühjahr das Befruchtungsge-

schäfte mit der Königin fortsetzten, da keine großen mehr existirten. Entweder müssen also die kleinen Drohnen, oder diese Lieblinge nur in der Einbildung als nothwendig zur Befruchtung angesehen worden seyn, oder es hat wohl keines von beyden einigen Grund, und so ist es sonder Zweifel.

Daß zuweilen noch spät im Herbste bey vielen Stökken Drohnen gesehen werden, ist nichts außerordentliches. Denn wenn zu Ende des Mayes und Anfangs Junius solche schlechte und kalte Witterung einfällt, daß die zuerst angesetzt gewesene Drohnenbrut wieder destruiret wird, so wird hernach dieselbe, wie vorm Jahre, bey wieder eintretender guter Tracht eben so häufig aufs neue eingeschlagen, und alsdenn werden sie auch später, jedoch immer aufs späteste zu Ende Octobers ausgetrieben. Auch kann dieses noch gute Herbsthonigtracht bewirken, ohne daß die Königin abhanden gekommen seyn müßte, daß nach völlig vorher geschehener Austreibung der Drohnen, wieder eine Menge neuer erbrütet werden. Gemeiniglich fangen unsere Bienen im Churkreise die Abschaffung der Drohnen zu Ende des Julius an, und kommen damit gegen die Mitte des Augusts zu Stande. Wenn wir also dieselben um diese Zeit aufs Heidekraut bringen, sind die Drohnen alle ausgetrieben gewesen. Denn solche, die noch Drohnen haben, mitzunehmen, hütet sich jeder, weil er befürchten muß, ein solcher Stock sey mutterlos, und werde also unter der Menge ausgeraubet werden. Ist nun das Heidekraut honigreich, daß sie aufs neue im Wachse bauen können, so erbrüten sie auch sogleich neue Drohnen und bringen davon Anfangs Octobers eine Menge mit nach Hause, die aber, weil sie im Felde nichts mehr finden, auch gleich nach ihrer Nachhausekunft nicht größtentheils, sondern alle wieder ausgetrieben werden. Hat ja ein Stock nach völliger

Abschaffung der Drohnen die Königin wirklich verloren, so ist es ganz natürlich, da er sich selten um diese Zeit wieder eine neue Mutter verschaffen kann, daß er wie alle Mutterlose, noch einige Drohnen erbrüte. Soll aber, wie es scheint, die Meinung diese seyn, daß wegen der Befruchtung der jungen Königin nun auch wieder neue Drohnen erzeugt werden müßten, und also um dieses Umstandes willen einige Stöcke Drohnen im späten Herbst, wie dergleichen im November, ja December gesehen worden, behalten könnten, wenn sie die übrigen alle abgeschaft hätten; so ist ja die Erfahrung an Ablegern schon längst klar dargethan, daß die Erzeugung einer jungen Königin nicht die nothwendige Folge habe, daß auch Drohnen erzeugt werden müßten.

Man traue also einem solchen Stock, der im späten November, oder gar December bey schönem Wetter noch Drohnen vor dem Flugloche sehen läßt, niemals. Man untersuche ihn genau, er wird gewiß mutterlos seyn. Man nehme ihn noch im Herbste weg und mache sich das Honig desselben zu Nutze, wenn man nicht in Gefahr kommen will, sich durch denselben im Frühjahr Räuberey in die Hütte zu bringen.

Ich erinnere mich, wo ich nicht irre, nur neuerlich im Reichsanzeiger wider meine und vieler anderer gemachte Erfahrung, daß in keinem richtigen Stock über Winters Drohnen übrig bleiben, den Einwand gelesen zu haben: Es wären dieses nur geringe und schlechte Stöcke, welche getödtet würden, und durch solche könnte nichts bewiesen werden; auch würden die kleinen Drohnen, die man von den Arbeitsbienen nur am Gefühl des Stachels unterscheiden könne, leicht übersehen worden seyn. Die letztern sind ein wahres Hirngespinste und der H. Autor wird so wenig, als irgend ein anderer jemals eine solche Drohne aufge-

funden haben. Was aber das erstere betrift, so sind
freylich die vielen Stöcke, die ich schon im späten Herbst
getödtet, und wegen der Drohnen untersucht habe,
zwar geringe Stöcke an Honig, aber der innern Beschaffenheit nach in Ansehung der Bienen doch richtige
oder solche gewesen, wie sich jedes Bienenvolk auf den
Winter einzurichten pflegt, das eine Königin hat.
Ich bin nie gewohnt gewesen, eine Untersuchung bey den
Bienen nur obenhin anzustellen. Daher ich fast in jedem Herbst nicht einen, sondern mehrere und zwar die
besten von denen, die ein Opfer des Todes werden mußten, durchsucht und jede Biene besonders betrachtet habe. Ich habe aber niemals etwas anders darin, als
Arbeitsbienen und eine Königin gefunden. Wenn es
auch nur einige wären, die den Winter über Drohnen
behalten sollten, so müßte ich doch wohl auch einmal einen getroffen haben, oder wenn es nur kleine Drohnen seyn sollten, die übrig blieben, so müßte ich doch
wohl eine von diesen, da ich sie nur gar zu gut kenne,
gefunden haben: nie ist aber eines von beyden geschehen. Nun möchte ich aber auch wohl fragen, ob jene
Herren, die das Gegentheil behaupten, auch so untersucht und einmal nur einen guten und richtigen Stock
aufgeopfert haben, um darin zur Gewißheit zu gelangen? Ich habe auch dieses im vergangenen Herbst zum
Ueberfluß gethan. Es kam einer meiner Bienennach-
barn, der noch ein Anfänger war und nicht gern einen
Stock einbüßte, und verlangte von mir von denen, die
ich ausstoßen würde, ein kleines Volk von Bienen mit
einer Königin, weil er glaube, daß einer seiner besten
Stöcke, ob er gleich nicht geschwärmet habe, mutterlos wäre, indem sich immer noch vor dem Flugloche,
es war bald zu Ende Octobers, hätten Drohnen sehen
laßen. Ich hatte dergleichen nicht, weil die Bienen
vorm Jahre nicht geschwärmet hatten. Ich that ihm

den

den Vorschlag: Er sollte den Stock, um eine nöthige Untersuchung mit ihm anzustellen, zu mir bringen, ich wollte ihm einen aus meiner Hütte von eben dem Gewichte dargegen setzen, der gewiß eine Königin hätte. Wir wollten ihn alsdenn tödten. Fände er sich mutterlos, so stünde es ihm frey, den Stock mit dem Honige zu behalten. Fänden wir aber Königin und Bienen in richtigem Stande, sollte er den in meiner Hütte ausgesetzten dafür haben. Er ließ sich dieses gefallen und brachte seinen Stock gegen den Abend. Wir tödteten denselben auf einem Tisch im Gartenhause, indem wir die nöthige Portion von Schwefel in einem von Sand gemachten Kranz anzündeten, und beym völligen Brennen den Stock darauf setzten, auch den Sand fest rundherum andrückten, daß keine Luft aus- und eingehen könnte. Wenn man dabey etlichemal stark mit der Hand auf die Krone schlägt, fallen die allermeisten todt auf den Tisch. Die wenigen in den Tafeln hangen gebliebenen werden dann beym Ausschneiden darzu gebracht und sodann bey hellem Tage Stück vor Stück durchsucht, wie es Reaumür mit den Gebadeten machte. Wir nahmen dieses Geschäfte des andern Tages zu Mittage vor. Der Stock befand sich reich an Bienen und Honig, die Tafeln waren bis herunter reinlich und es fand sich nichts von eingestopftem Bienenbrod darin, wie bey mutterlosen zu seyn pflegt. Es war also an dem richtigen Zustand desselben nicht im geringsten zu zweifeln. Wir schnitten alle Tafeln aus und brachten die daran noch befindlichen Bienen zu denen auf dem Tische und sahen nun alle Stück vor Stück durch. Die Königin wurde bald aufgefunden, aber nirgends eine Drohne, worüber sich der Besitzer um so mehr verwunderte, da er versicherte, daß er beym Wegnehmen und Zubinden des Korbes von seinem Orte, noch etliche todte Drohnen auf dem Standbrete gefunden

funden habe. Aber eben dieses hätte ihn von der Richtigkeit seines Stocks versichern können. Denn wenn auch spät im Herbst noch einige Drohnen bey einem richtigen Stock vorhanden sind, so werden sie doch alsdenn getödtet, wenn sie nicht mehr ausfliegen können. Wer nun meinen Untersuchungen dennoch nicht glauben will, der tödte im späten Herbst einige seiner richtigen Stöcke. Ich will mit meinem ganzen Bienenstand dafür bürgen und jeden ersetzen, worin nur eine einzige große oder kleine Drohne gewesen, der seine Königin hat. Ohne dergleichen Untersuchungen selbst angestellt zu haben, muß man aber auch andern, die sie oft gemacht haben, nicht so widerstreiten.

§. 22.

Können im Winter Eyer zu Drohnen in den Stöcken aufbehalten werden, wovon im Frühjahr gleich unter den ersten Arbeitsbienen neue ausgebrütet werden.

Auch diese Möglichkeit ist von manchen unter den neuern Schriftstellern von Bienen, als eine wahrscheinliche Meinung vorgetragen worden, damit es der Bienenmutter nicht an Drohnen zur Begattung fehlen könne, indem aus den vorräthigen Eyern gleich im Frühjahr unter den ersten Arbeitsbienen auch Drohnen erzeugt würden. Einige sagen, diese Eyer würden an den Rändern der Tafeln aufgehoben. Man findet zuweilen allerdings Eyer in den Zellen der untern Tafeln. Diese sind aber von den Nachtfaltern, woraus bey eintretender Frühlingswärme die Räupchen zu den Motten entspringen, die sich hernach vom Gemülle auf dem Standbrete nähren. H. Bonnet behauptet, daß dasjenige, was man bisher für ein Ey gehalten, zwey Monate lang ohne Nahrung leben könne, und H. C. R. Riem, daß sie die Bienen eine kurze Zeit im
Som-

Sommer, aber lange im Winter an kühlen Orten im Stocke vor dem Verderben zu bewahren wüßten, s. Hübers N. B. S. 114. 115. Gesetzt, es habe alles dieses seine Richtigkeit, so läßt es sich doch schwerlich auf die Drohneneyer, die im Sommer gelegt, und bis zum Frühjahr aufbehalten werden sollen, anwenden.

Es bleiben freylich, wie die Erfahrung lehret, unzählige Eyer von weit kleinern Insekten, als die Bienen sind, im Winter von der größten Kälte, auch sogar in freyer Luft unbeschädiget und unverdorben. Diese sind aber theils hartschalig, theils mit einem solchen Kitt oder Gespinste überzogen, daß ihnen die Kälte durchaus nichts schaden kann. Die Eyer der Bienen sind aber dünnschalig und können also in großer Kälte unmöglich von solcher Dauer seyn, so wenig als es andere von der Art z. B. der Fliegen sind. Wollte man sagen, daß die Kälte in den Bienenwohnungen so strenge nicht wäre, so ist dieses wider alle Erfahrung. Denn wenn die Kälte sehr strenge wird und sich die Bienen in ihren Stöcken deswegen immer mehr zusammenziehen müssen; so findet man auch an den volkreichsten, daß überall an dem untern Theil der Tafeln von ihrem erregten Broden Eiszapfen gefroren sind; der Grad der Kälte also so hoch steigt, daß diese weichschaligen Eyer außer dem Neste der Bienen unmöglich unbeschädigt erhalten werden können. Wie denn deswegen wohl noch im April und May, wenn sehr kalte Nächte kommen, und sich die Bienen enger zusammen ziehen, in den entblößten Tafeln alles, was darin an Nymphen, Maden und Eyern vorhanden ist, erfrieret. Was ist aber die Kälte im May, gegen die strenge Kälte im Winter: Sollen sie aber in dem Neste der Bienen erhalten werden, so müssen sie sich ihrer Natur nach von der Wärme entwickeln und in Maden verwandeln,

wandeln, welche dann, wenn ihnen kein Futterbrey zugesetzt wird, bald vertrocknen.

Außerdem, daß man keine Möglichkeit sieht, wie die Eyer so lange gut und tüchtig zum Ausbrüten erhalten werden können, ist auch nicht der geringste Grund der Nothwendigkeit vorhanden, warum es so seyn müßte. Ohnstreitig hält man die baldige Erbrütung einiger Drohnen zum Ausgang des Winters um deswillen für nothwendig, weil sich die Königin erst wieder müsse begatten können, ehe sie fruchtbare Eyer legen könne, und im Herbste alle Drohnen getödtet worden wären? Bleiben denn aber nicht die Drohnenmütter übrig, welche sobald, als es im Frühjahr nöthig ist, Eyer zu Drohnen legen können? Denn daß das Eyerlegen so wohl bey der Königin, als bey den Drohnenmüttern seine bestimmte Zeit nach Beschaffenheit der Witterung habe, daran kann doch wohl nicht gezweifelt werden, da es bey andern ähnlichen Insekten eben so hergehet, und dieselben im Frühjahre fruchtbare Eyer legen, ob sie gleich zu der Zeit keine Männchen bey sich haben. Ich habe die Tafeln von den Stöcken, die ich im späten Herbste ausbrach, auf das genaueste untersucht, ob darin nicht irgendwo Eyer aufbehalten würden, von denen zu vermuthen wäre, daß sie den Winter über erhalten würden, und erst im Frühjahre zum Ausbrüten kämen. Ich habe nirgends dergleichen angetroffen. In der Anmerkung zu Hubers N. B. §. 50. heißt es: daß sich Eyer viele Wochen in kühlen Gegenden des Bienenstocks in Eyerform erhielten. Daß sie aber auch in der strengen Kälte zum Ausbrüten gut erhalten würden, beweiset ihre behaltene Eyerform noch nicht. Die Versuche müßten damit weiter fortgesetzt worden seyn. Die Erfahrung lehrt unwidersprechlich, daß gegen das Frühjahr zuerst eine ziemliche Anzahl Eyer zu Arbeitsbienen da sind, und erst, wenn viele davon

schon

schon ausgebrütet worden, mitten unter denselben in einem kleinen Bezirk einige Zellen zu Drohnen erbauet werden §. 18. So oft man dieses im Frühjahr wahrnimmt, so wenig ist mir jemals jenes im Herbst vorgekommen, ob ich gleich oft noch in einer Tafel der getödteten Stöcke noch einige Brut fand, daß darunter nur eine einzige Drohnenzelle anzutreffen gewesen wäre. Es gehört daher die Behauptung, daß im Winter Eyer zu Drohnen aufbehalten würden, ebenfalls unter die vielen ungegründeten Muthmaßungen, die man um das Daseyn einiger Drohnen im Winter zu behaupten, auf die Bahn gebracht hat.

§. 23.

Ob die ausgetriebenen Drohnen in andern Stöcken, welche solche noch dulten, Zuflucht suchen und finden.

H. Huber will bey der Beobachtung der Drohnenschlacht noch eine andere, bisher unbekannt gewesene Entdeckung gemacht haben, die im folgenden bestehet:

§. 174. Am andern Tage behielten wir, um diese Stöcke zu beobachten, dieselbige Stellung, und wurden Zeugen von einer neuen Scene des Niedermetzelns. Während drey Stunden sahen wir die Bienen ihre Männchen in einer Art der Furie tödten. Sie hatten den vorigen Tag die eigenen Männchen ihrer Stöcke massacrirt; allein diesen Tag machten sie sich über die Drohnen her, welche die Benachbarten austrieben, und die in ihren Wohnungen Zuflucht suchten. Wir sahen sie auch aus den Kuchen einige Nymphen ausziehen, die da noch übrig waren, sie sogen mit Begierde alles auf, was noch in ihrem Leibe Flüßiges war, und schleppten sie hernach vor die Stöcke hinaus. Am andern Tage erschienen keine Drohnen mehr in diesem Stocke.

Der

Der H. Uebersetzer scheint dieser Beobachtung aus seinen Erfahrungen in der Hauptsache Beyfall zu geben, indem er darüber in der darzu gebrachten Note die Erläuterung giebt:

Diese (die fremden Drohnen) werden allerdings durch Stiche erlegt, weil sie hier fremd sind. Manche aber entwischen wieder, und suchen nun abermals ihren Tod in ihren eigenen, oder in andern benachbarten Stöcken. Wie kann es nun anders seyn, als daß diese um so mehr feindselig angefallen und mit Stichen erlegt werden müssen, da die Bienen ohnehin um diese Zeit zorniger, wie sonst sind, alle fremde Bienen überhaupt weit strenger anfallen und behandeln, so auch die Drohnen.

Etwas deutlicher ist seine Meinung hierüber im 5. B. der Neuen Sammlungen S. 187. ausgedrückt, woselbst er meiner Behauptung, die fremden Drohnen würden in jedem Stocke, wie andere fremde Bienen und Königinnen behandelt, und fänden darin keine Zuflucht, dieses entgegen setzt:

2) So lang ein benachbarter Stock seine Drohnen duldet, so läßt er noch fremde Drohnen ein; so bald er aber seine eigenen umzubringen anfängt; darf auch keine fremde mehr eingehen. Wenigstens trug es sich heuer wieder so zu und H. Huber bemerket eben dasselbe.

H. Huber läßt wider alle Erfahrung gleich den ersten Tag alle eigene Drohnen abwürgen, da doch darzu eine weit längere Zeit und mehr als acht Tage erfordert werden. Schon daraus kann man sehen, wie er beobachtet habe. Den darauf folgenden Tag sollen sie eben so geschwind mit den fremden Drohnen fertig worden seyn, die aus den benachbarten Stöcken in ihrer

Wohnung

Wohnung Zuflucht gesucht und eingelassen worden wären. Ich möchte nur wissen, woran H. Huber und sein Uebersetzer es erkannt hätten, daß dieses fremde Drohnen von den benachbarten Stöcken gewesen; da eine wie die andere aussieht? und welcher offenbarer Widerspruch: sie sollen die fremden einlassen, so lange sie ihre eigenen dulten, und die eigenen waren doch schon den Tag vorher umgebracht? Sie sollen sie einlassen und dennoch den nämlichen Tag mit grausamen Stichen über sie herfallen. Wie kann H. Riem nach seiner Versicherung eben das bemerkt haben, was H. Huber als eine neue Entdeckung angiebt. Denn es ist ja ganz unmöglich, fremde Drohnen an einem Stocke von den eigenen zu unterscheiden, wenn sie ohne Widersetzlichkeit eingelassen und auch eine Zeitlang geduldet werden sollten?

Ich habe schon im vorjährigen Sommer, da mir dieses entgegengesetzt worden war, alle mögliche Versuche mit den Drohnen in meinem Glasstock angestellet, um das Wahre zu finden; sowohl zu der Zeit, da er selbst noch keine Drohnen hatte, als zu der Zeit, da es ihm daran nicht fehlte; daß Drohnen, wenn sie an einen fremden Stock anfliegen, sogleich wie andere fremde Bienen abgetrieben werden, kann man schon oft vor den Fluglöchern sehen, obgleich die Bienen solche nicht so zornig anfallen, daß sie sie mit dem Stachel zu verwunden suchten. Sie ergreifen sie gemeiniglich bey einem Hinterfuß und das ist für jene genug auf die Flucht zu denken. Um aber dessen noch mehr versichert zu werden, setzte ich von Zeit zu Zeit fremde Drohnen auf die Flugschiene des Glasstocks, nahe am Eingang desselben. Sie wurden sogleich abgetrieben, und keine einzige eingelassen. Ich ließ solche nun durch ein anderes Flugloch, das nur im Sommer offen ist und nicht so sehr von Bienen besetzt gehalten wird, in den Stock selber

selber eingehen. Die fremden Drohnen blieben unten in dem Raum unter der Tafel, wo es von Bienen leer war, ließen ängstliche Töne von sich hören und suchten durch das lichte Glas zur Flucht zu kommen. Bald kamen aber einzelne Arbeitsbienen, faßten solche eine bey den Flügeln, die andere bey den Hinterfüßen und wiesen sie zu dem gangbarsten Flugloche hinaus. Keine einzige ward gestochen, sondern nur mit Gewalt bis an das Flugloch gebracht, wodurch sie entfliehen konnte. Ich habe dieses vom Junius bis in den September oft wiederholt, auch alsdenn noch, wie die eigenen Drohnen alle abgeschaft waren, und niemals einen andern Erfolg gehabt. Ich habe im heurigen Jahr, da der Glasstock erst zu Ende des Julius anfieng einige Drohnen zu erbrüten, bis dahin alle Wochen etlichemal fremde hineingethan. Auch hier ward keine geduldet, ob es ihnen gleich daran mangelte. Daraus sieht doch wohl jeder leicht, daß die Arbeitsbienen bey den sich ihrem Schicksal so geduldig unterwerfenden Drohnen, keine solche Anreizung zum Zorn bekommen können, als ihnen in den oben angeführten Stellen zugeschrieben wird. H. Huber hat also gewiß auch darin keine neue Entdeckung gemacht und es ist ganz ungegründet, daß fremde Drohnen so lange in andere Stöcke eingelassen und geduldet würden, als sie ihre eigene dulteten. Ich weis wohl, daß diese ungegründete Sache sogleich um deswillen Beyfall und Vertheidigung gefunden hat, weil daraus erhelle, wie Königinnen, die in ihrem eigenen Stock keine Drohnen hätten, doch von fremden befruchtet werden könnten. Wenn aber auch alsdenn keine fremde Drohne aufgenommen und geduldet wird, da die Bienen noch keine eigenen haben, so ist ja offenbar, daß sie sie darzu nicht nöthig haben können.

§. 24.

§. 24.

Ob die Drohnen selbst fressen, oder durch die Arbeitsbienen gefüttert werden müssen?

In den meisten Bienenbüchern werden die Drohnen beschuldiget, daß sie große Fresser und doch unnütze Bäuche wären, und will daraus die Ursache herleiten, daß sie, sobald als möglich, wieder abgeschaft würden. Andere erklären sie darin für unschuldig und behaupten, daß sie die großen Fresser nicht seyn könnten, weil ihnen alles, was sie zu ihrer Nahrung bedürften, von den Arbeitsbienen gereicht würde, und sie selbst nicht fressen könnten. Ein Ungenannter hat darüber im Reichsanzeiger 1794. 2. B. Num. 45. die Erklärung gegeben:

Wer seine Bienen in Wohnungen hat, wo man hineinsehen kann, wird öfters beobachten können, daß die Drohnen in der Geschwindigkeit eine gefüllte Honigzelle leeren können; wer dieses aber nicht hat, und er will wissen, ob die Drohnen selbst fressen, der füttere nur zur Zeit der Drohnenschlacht, oder setze zu der Zeit früh, wenn die Bienen die Drohnen herunter auf das Bodenbret getrieben haben, den Stock auf ein neues Bret, und gebe den auf dem Bret befindlichen Drohnen verspühteten Honig hin, so wird er sogleich sehen, daß die Drohnen die Kunst können, versiegelten Honig zu öffnen und ihrer dicken Köpfe ungeachtet aus den Zellen heraus zu holen, und mehr wird zur Ueberzeugung nicht nöthig seyn.

Ich habe mir zu dem Ende im vergangenen Jahre, da ich zum erstenmal im großen Glasstock Drohnen in Menge hatte, alle Mühe gegeben, hierin etwas Entscheidendes zu entdecken. Ich muß aber gestehen,

stehen, daß ich noch nicht gewiß bin, welches von beyden statt finde. Das habe ich bey jungen Drohnen, wie bey jungen Arbeitsbienen gesehen, daß, wenn sie ihre Zelle verlassen haben, sich alsbald mehrere Arbeitsbienen um sie versammeln, um sie nicht nur zu putzen, sondern auch zu füttern. Die jungen Arbeitsbienen strecken aber auch bald selbst ihre Zungen aus, um Honig in sich zu saugen, wenn sie davon offene vollgefüllte Zellen antreffen. Daß ich aber einmal eine Drohne, so oft ich sie darauf sitzen sahe, eine solche Zelle hätte ausleeren sehen, kann ich nicht sagen, noch weniger, daß sie sich an eine zugespündete Zelle gemacht hätten, da sie doch ihre meiste Zeit oben auf den zugespündeten Honigzellen im Stocke zubringen. Ihre Zähne scheinen auch nicht einmal darzu geschickt zu seyn, sich darzu den Zugang zu eröffnen. Nie habe ich eine Drohne eine Bewegung machen sehen, um eine zugespündete Honigzelle zu eröffnen, oder herunter zu gehen, wo offene Honigzellen waren, um eine auszuleeren. Noch gestern habe ich bey einem Stock, der die Drohnen austrieb, ein kleines flaches Gefäß mit Honig, da ich keinen zugespündeten hatte, unter die schon ziemlich vermatteten Drohnen gesetzt, keine machte eine Bewegung darnach, um sich davon zu sättigen, obgleich die wenigen Arbeitsbienen, die dabey waren, sich geschwind darüber hermachten. Selbst alsdenn, da sie schon zum Austreiben herunter an den Boden des Stocks auf einen Haufen gebracht worden waren, und doch manche bey Tage wieder beym Rückfluge in die Höhe auf die Tafeln kam, habe ich keine über eine Honigzelle herfallen oder die Zunge ausstrecken und eine Beugung mit dem Kopf darnach machen gesehen, sondern sie liefen nur unruhig auf den Tafeln hin und her. Zwey Tafeln hatten bis auf das Bodenbret zugespündeten Honig, die gehäuften Drohnen lagen bis an dieselben und

doch

doch machte keine einzige eine Bewegung nach dem Honig in die Höhe. Im Gegentheil kann ich auch dieses nicht sagen, daß ich flugbare Drohnen, wie die jungen öfters hätte von den Arbeitsbienen füttern sehen. Es müßte lediglich seyn, daß dieses, wie vieles in einem Bienenstock, nicht unter die Tagesgeschäfte gehörte, sondern blos in der Nacht geschähe, wie sie da am meisten bauen, Brut bedekkeln, und Honig verspünden. Damit ich nun nicht wieder den Vorwurf bekomme, als widerstritte ich nur dem, was ich nicht gesehen hätte, will ich hier nichts Entscheidendes angeben, sondern bis zur weitern Aufklärung einem jeden seine Meinung lassen.

Drittes Kapitel.

Merkwürdigkeiten bey dem Schwärmen der Bienen.

§. 25.

Von dem Schwärmen der Bienen überhaupt.

Wie Gott allen Thieren und Insekten den Trieb zur Vermehrung eingepflanzt hat, so haben auch die Bienen nicht nur den Trieb sich im Frühjahre, so viel ihnen nur möglich, zu vermehren, sondern auch nach §. 1. dieses Besondere an sich, daß, wenn sie sich dergestalt vermehrt haben, daß sie ihre bisherige Wohnung nicht mehr fassen will, sie Anstalt zu jungen Königinnen machen, worauf sich ein großer Theil von dem andern absondert und zu einer neuen Kolonie vereiniget, der alsdenn an einem schönen Tage aus der bisherigen Wohnung auszieht und eine neue suchet. Einen solchen Auszug nennet man denn das Schwärmen der Bienen. Und dadurch hat sich die Bienenzucht seit etlichen tausend Jahren so wohl in den Wäldern, als in den Gärten unter der Aufsicht der Menschen immerfort erhalten und vermehret. Denn Unzählige würden nicht daran gedacht haben, sich mit der Bienenzucht abzugeben, wenn nicht ein gefundener oder zugeflogener Schwarm die erste Veranlassung worden wäre, einen Bienenstand zu errichten.

Man sahe daher in den ältesten Zeiten das Schwärmen der Bienen als das einzige in ihre Natur gelegte Mittel zur Vermehrung der Bienenzucht an, weil man kein anderes wußte. Denn was man

man hie und da aus den ältesten Schriftstellern zum Beweis hat beybringen wollen, daß ihnen die Wissenschaft, die Vermehrung der Bienen durch besondere Arten vom Ablegen zu befördern, nicht ganz unbekannt gewesen sey, ist viel zu dunkel, als daß es mit Zuverläßigkeit behauptet werden könnte. Wenigstens war ihnen die wahre Ursach, was den Bienen zur Errichtung einer neuen und abgesonderten Kolonie Anlaß geben könnte, ganz unbekannt, da man die Königin für den einzigen Mann im Stock hielte und nicht einsahe, wie mehrere derselben erzeugt werden könnten.

Man sahe es daher in jenen Zeiten mehr für einen Glücksfall an, wenn die Bienen sich sehr durchs Schwärmen vermehrten, als daß man den eigentlichen Ursachen davon hätte nachspüren sollen. Was man daher davon in alten Bienenbüchern findet, läuft mehrentheils darauf hinaus, wie man durch mancherley sonderbare Mittel das Schwärmen der Bienen befördern könne. Leider sind aber die meisten angegebenen Mittel nach dem damaligen Genius der Zeit auf Aberglauben gegründet. Man war daher allemal geneigt, denen, die auch ganz natürliche und einfache Mittel anzuwenden wußten, von ihren Bienen Schwärme zu erlangen, gewisse geheime Künste zuzuschreiben, und Mancher, der darin vor andern bey seiner Bienenzucht glücklich war, war auch wohl schalkhaft genug, um seine natürliche Kunst, die Bienen zum Schwärmen zu reizen, desto eher zu verbergen, andere ganz sonderbare Mittel dazu als große Geheimnisse anzugeben.

In Niedersachsen und Pommern gebrauchte man in ältern Zeiten allgemein, wie es auch jetzt noch von den Meisten geschiehet, das natürlichste Mittel die vom Tödten der Bienen im Herbste übrig behaltenen Stöcke zeitig im Frühjahr wieder durchs Schwärmen zu vermehren. Man fütterte nämlich die Stöcke, die

man zur Zucht hatte stehen laſſen, und ließ dieſelben
durchaus keinen Mangel leiden. Denn das iſt ausgemacht, daß ununterbrochene gute Nahrung im
Frühjahre, und daher entſtehende große Vermehrung des Volks die wahre Urſache werden,
den Inſtinkt zu reizen, junge Königinnen zu erbrüten und zu ſchwärmen, wenn darneben ihre
Wohnungen ſo beſchaffen ſind, daß ſie ſolche bald mit
Gebäude anfüllen können. Der Niederſachſe beſchnei-
det daher die zur Zucht oder zum Schwärmen aufbehal-
tenen Mutterſtöcke gar nicht; er ſondert ſolche darzu
aus, die jung ſind, zahlreiches Volk, vollen Bau und
wenigſtens ſo viel Honig haben, daß ſie damit bis zur
gewöhnlichen Frühjahrsfütterung gut ausreichen können.
Er thut daran ſo übel nicht und wendet die in ihre Natur gelegten Mittel an, ſie zum zeitigen und vielen
Schwärmen zu reizen. Denn dabey wird das ihnen
gelaſſene ganze Raas bald völlig mit Brut beſetzt und
die gehoften Schwärme finden ſich in Zeiten, oft ſchon
zu Anfang, doch gewiß zu Ende des Mayes ein, wenn
die Witterung darzu günſtig iſt.

In Oberſachſen, in der Lauſitz und Böhmen, wo
man von Alters her wohl mehrentheils aus eingeführter
Gewohnheit weit größere Bienenwohnungen hatte, dieſelben im Frühjahre beſchnitte und bey der wenigen Anzahl der Stöcke das Tödten im Herbſt für unbillig, ja
grauſam hielte, war von jeher das Schwärmen der
Bienen weit ſeltener. Es mußten außerordentlich gute
Honigjahre ſeyn, wenn ſie ihre größtentheils ausge-
ſchnittenen großen Behältniſſe wieder mit Bau anfüllen und dodurch zum Schwärmen angereizt werden ſoll-
ten. Und wenn ja noch einige um Johannis den vollen Bau erlangten, und nun Schwärme erfolgten, kamen doch ſolche insgemein ſo ſpät, daß es nur ſogenannte Quaalbienen wurden, die lange Zeit mit vieler

Mühe

Mühe gefüttert werden mußten, und doch wohl kaum in etlichen Jahren zu einem nutzbaren Stock in die Höhe gebracht werden konnten. Indessen leiteten diese allgemeinen Erfahrungen auf einen allgemeinen Grundsatz in Ansehung des Schwärmens der Bienen, nämlich auf diesen: Je nachdem die Bienenzucht in mäßigen oder allzugroßen Wohnungen getrieben wird, und je nachdem man ihnen im Frühjahre Raas und Honigvorrath genug zum Brutsetzen läßt und giebt, oder nicht; nachdem können sie ihrem Instinkt nach, Schwärme abschicken, oder müssen solches unterlassen. Einige einzelne Ausnahmen, da zuweilen auch ein Stock, der noch wenig neuen Bau hat, dennoch einen kleinen Schwarm abschickt, oder ein vollgebaueter volkreicher es zur gehörigen Zeit nicht thut, haben besondere Ursachen, die in der Folge vorkommen werden.

Swammerdam ist unstreitig der erste gewesen, der aus richtigen Gründen der Physik, weil er gefunden hatte, daß der bisher so genannte König weiblichen Geschlechts und die Mutter aller andern Bienen sey, auf die Idee gerieth, daß durch das Ausfangen der Königin mit einem Theil der Bienen aus dem Stock, Schwärme oder neue Colonien von Bienen errichtet werden könnten. Man sehe seine Bibel der Natur S. 177. f. f. Da aber dieses Buch erst spät, auch den gemeinen Bienenvätern wenig bekannt wurde, wurde es eine geraume Zeit nur als ein großes Geheimniß fortgepflanzt, bis es Grüwel in seiner Brandenburgischen Bienenkunst, zu Ende des vorigen Jahrhunderts zuerst bekannt machte. Jedoch auch dieses hatte den Erfolg noch nicht, daß viele Versuche damit gemacht, und von Geübten darin eine praktische Anweisung öffentlich bekannt gemacht worden wäre: wie man die Bienen, wenn sie nicht freywillig schwärmen wollten, dennoch nöthigen könne, einen Schwarm abzugeben. Man behielte es immer noch als ein Geheimniß für sich.

Nicht eher, als bis Schirach den Ton angab, mehrere Aufmerksamkeit auf die Bienenzucht zu richten, und die Erzeugung junger Bienenmütter, welches bisher ebenfalls als ein besonderes Geheimniß nur wenigen bekannt gewesen war, zur allgemeinen Wissenschaft brachte, geschahe es, daß auch jenes bald kein Geheimniß mehr blieb, sondern von Verschiedenen in Schriften bekannt gemacht wurde. Schirach suchte seine Entdeckung nicht nur gleich auf die Vermehrung der Bienenzucht anzuwenden, sondern machte auch daraus Schlüsse, warum die Bienen bisher zum Theil geschwärmet, zum Theil nicht geschwärmet hätten. Er lebte in einer Gegend, wo das Schwärmen der Bienen, wegen der großen Behältnisse, worin sie gepfleget wurden, etwas Seltenes war. Kein Wunder also, daß er seine erfundene Kunst Ableger zu machen, anfangs eine unschätzbare Kunst bey der Bienenzucht nannte, weil er nun ein gewisses Mittel zur willkührlichen Vermehrung der Bienen in den Händen zu haben glaubte. Aus Vorliebe zu seinen Kindern, berechnete er die Kosten so genau nicht, die nur ein Ableger seiner Art erforderte, wenn er einem freywilligen Schwarm zu Johannis gleich kommen sollte; noch sahe er gleich den großen Schaden ein, der den alten Stöcken durch das Ausschneiden der Brut, und das Hinwegnehmen vieler Bienen verursachet würde; noch dieses, in wie wenig Jahren die Witterung zu der Zeit darzu bequem sey, als diese Ableger gemacht werden sollten. So wurde dieses zwar auf seine Empfehlung eine kurze Zeit als das beste Mittel zur Vermehrung der Bienenzucht in allen Gegenden gerühmt und ausgebreitet, es kam aber auch fast eben so bald wieder in Vergessenheit, da andere aufstunden, die bessere und der Natur der Bienen angemes-

angemeſſenere Arten der künſtlichen Vermehrung angaben. Theils dadurch, daß man das Austreiben der Königin mit einem großen Theil Bienen zur Schwärmzeit, als eine leichte und dem Trieb der Bienen zu dieſer Zeit am nächſten kommende Behandlung vorſtellte, theils daß man mancherley Arten von theilbaren Bienenwohnungen an die Hand gab, die zur Schwärmzeit auf eine leichte Art aus einander getrennt, und alſo aus einem volkreichen Stock zweye gemacht werden könnten. Kurz, es gieng auch hier, wie es gemeiniglich herzugehen pfleget, daß eine nützlich ſcheinende Entdeckung mit Enthuſiaſmus angenommen und darauf in der Einbildung mehr gebauet wird, als dieſelbe hernach zu leiſten im Stande iſt. H. Riem machte 1768. in den Churpfälziſchen Preisſchriften ſeine verbeſſerte Art Swammerdammiſche Ableger durchs Austrommeln zu machen, bekannt. Wie er denn auch einer von den erſten geweſen, der die theilbaren Körbe zur zweyten Art erfunden und bekannt gemacht hat. Ich ſchäme mich nicht auch hier zu geſtehen, da ich bald zur Gewißheit kam, wie wenig die Schirachiſchen Ableger Fortkommen hätten, daß ich mich dennoch von dieſem Enthuſiaſmus hinreiſſen ließ, neue Verſuche mit dem Abtreiben nach Grüwels Vorſchrift vorzunehmen, und da dieſe in zwey an ſich guten Bienenjahren beſſer ausfielen, eine Anweiſung darzu in etlichen Bogen herauszugeben. Ich wünſche es heute noch, daß es nie geſchehen wäre. Warum? werde ich am gehörigen Orte anzeigen. Die dritte Art, die Bienen, wie man ſpricht, gleichſam perennirend oder immer fortdauernd zu machen, ſolche, ohne ſie dem ungewiſſen und gefährlichen freywilligen Schwärmen zu überlaſſen, zur ſchicklichſten Zeit zu vermehren, und den möglichſten Nutzen davon zu ziehen, ſollte endlich dieſe ſeyn, wenn man dieſelben in theilbare Wohnungen brächte,

die

die nach Erforderung der Umstände zu aller Zeit verändert, vergrößert, oder verkleinert werden könnten, welches die Magazinbienenzucht genennet wurde. Man hat davon so vielerley Anweisungen, wie hölzerne Kästen und Körbe darzu schicklich eingerichtet werden können, von Gelieu, Riem, Ramdohr, Christ, Wurster und andern, daß es unnöthig seyn würde, weiter etwas davon zu sagen, da es fast jedem bekannt ist und darin wohl die allermeisten Versuche angestellet worden sind.

Dadurch bekam nun das Kapitel von Vermehrung der Bienen, oder vom Schwärmen, in den Bienenbüchern eine ganz andere Gestalt, als es vorher gehabt hatte. Es wurde nun eine Abtheilung zwischen freywilligen, und erzwungenen oder künstlichen Schwärmen gemacht. Schicklicher ist aber wohl hier das Wort Ableger, dessen ich mich auch weiter allein bedienen werde. Viele fiengen nun an, das freywillige Schwärmen als eine der Bienenzucht nur nachtheilige und verderbliche Sache vorzustellen, und ertheilten den Rath, sich blos mit dem Ablegen zu beschäftigen; vergrößerten die Mühe und die Gefährlichkeiten, die mit dem erstern verbunden wären, weit mehr, als dieselben wirklich sind. Andere wollten aber doch noch einige Stöcke zum freywilligen Schwärmen ausgesetzt, einige zu Ablegern, und die übrigen zu Magazinen bestimmt haben. In manchen Bienenbüchern wird daher von der Behandlung freywilliger Schwärme weiter nichts gesagt, als wie ungewiß und gefährlich dieselben sind, und gänzlich davon abgerathen Wodurch Anfänger in der Bienenzucht, die doch insgemein lesen, was sie nur davon in die Hände bekommen können, sehr irre gemacht werden müssen, weil die Meinungen so sehr verschieden, und oft einander ganz widersprechend sind.

Die

bey dem Schwärmen. §. 25.

Die Erfahrungen, die man beym Ablegen der Bienen machte, gaben auch weiter Gelegenheit den eigentlichen Ursachen von der Entstehung freywilliger Schwärme nachzuspüren und es entstunden auch hierin neue Meinungen. Vorher hatte man geglaubt, daß jeder richtige Stock, wenn er gegen die Schwärmzeit sein Gebäude vollendet, und alles mit Brut von Arbeitsbienen und Drohnen besetzt wäre, aus natürlichem Instinkt, oder weil die Königin besondere Eyer zu ihres Gleichen lege, eine Menge Zellen zu jungen Königinnen erbaue, und wenn diese bald zur Reife gelanget wären, die bisherige alte Königin mit einem Schwarm auszielhe. Auch wenn hernach mehrere Königinnen ausgebrütet würden, und Neid und Streit unter ihnen entstünde, so erfolgten auch wohl mehrere Schwärme aus demselben Stocke. Da man aber nun bey dem Ablegen öfters wahrnahm, daß auch solche Stöcke noch schwärmten, denen der größte Theil der Bienen mit ihrer darin gewesenen Königin abgenommen worden war, auch diejenigen zuweilen ein Gleiches thaten, die bey der Theilung der Magazine keine Königin behalten hatten, und sich erst neue hätten erbrüten müssen; hingegen manche gute, vollgebauete und volkreiche Stöcke bey allem Vorliegen doch nicht schwärmten; so nahm man in Ansehung der freywilligen Schwärme den Grundsatz an: Es erfolge von dem besten Stock nicht eher ein freywilliger Schwarm, als bis die Königin gestorben, oder sonst verloren gegangen wäre. Denn nur alsdenn erst erbaueten die Bienen zur Sicherheit viele königliche Zellen, und wenn mehrere davon glücklich erbrütet würden, so verursache der Neid und Streit unter ihnen einen, oder mehrere Schwärme. Außer diesem Fall, daß die Königin aus dem Stock weggekommen sey, geschähe das Schwärmen niemals, weil die Bienen ihrer Natur nach

nach lieber bey ihrem gesammelten Vorrath bey einander blieben, als daß sie sich von einander trenneten.

Endlich trift man auch darin einander ganz entgegenstehende Meinungen an, wer unter den verschiedenen Arten von Bienen in einem Stocke eigentlich zum Schwärmen reize oder den Anfang zum Auszug mache und die andern darzu antreibe. H. Huber, der auch besondere Beobachtungen über die Entstehung der Schwärme angestellt haben will, schreibt dieses im Allgemeinen dem Neid und Streit unter den Königinnen, nach §. 237. aber einem gewissen schnellen Laufen der Königin über alle Kuchen und Bienen im Stocke zu, welches die Arbeitsbienen in eben diese Bewegung setzte, daß sie ihr in voller Unruhe nachfolgten und zum Flugloche herausstürzten. Andere, wie Herold, schreiben diese Bewegung zur Unruhe und Auszug den Drohnen zu, weswegen er auch dieselben im eigentlichen Verstande Schwärmbienen nennet. Andere den Arbeitsbienen, weil diese die Königin gleichsam mit Gewalt nöthigten, mit ihnen aus dem Stocke auszuziehen. Da sowohl mancherley zufällige Veränderungen im Innern des Stocks, als auch die Witterung von außen die Bienen zum Schwärmen anreizen, aber sie auch verhindern kann, dasselbe nicht zu thun, und eben daher verschiedene Arten von freywilligen Schwärmen entstehen; so muß erst manches davon deutlich aus einander gesetzt werden, ehe die wahren Ursachen von freywilligen Schwärmen jeder Art aufgefunden werden können. Zu dem Ende muß man aus richtigen Kennzeichen wissen, ob ein Stock vom Frühjahr an in seinem richtigen Zustand geblieben ist und die Königin behalten, oder ob er dieselbe verloren hat und mutterlos worden ist? Was eigentlich die Schwärmzeit nach Beschaffenheit der Gegend, und wieder nach der Beschaffenheit eines jeden Stocks insondersonderheit heiße? Die gewöhnlichen Benennungen der verschiedenen Arten freywilliger Schwärme in den Bienenschriften und die innerlichen und äußerlichen Kennzeichen an jedem Stock, ob er sich zu irgend einer Art von Schwärmen anschicke, oder nicht? Geschieht dieses nicht, so geräth man natürlicher Weise durch einzelne besondere Vorfälle beym Schwärmen auf Trugschlüsse, welche noch überdieß durch manchen Vorfall beym Ablegen scheinen bekräftiget zu werden, ohne gehörig zu erwägen, daß die Bienen durch das Ablegen aus ihrem natürlichen Zustand, worin sie sich befanden, herausgesetzt und zu ganz andern Dingen angetrieben werden, als sie außerdem vorgenommen haben würden.

§. 26.

Ueber die Schwärmzeit.

Alle Schriftsteller von Bienen reden von einer gewissen Schwärmzeit und was nun eigentlich darunter verstanden werde, darüber muß man einig seyn, wenn die Untersuchung über die eigentliche Ursach dieses und jenes Schwarms nicht ein Mißverständniß werden soll. Schwärmzeit kann nicht nur eine gewisse Zeit im Jahre heißen, worin durch das Zusammentreffen verschiedener vortheilhafter äußerlicher Umstände für die Bienen der natürliche Instinkt zum Schwärmen angereizt wird. Es muß auch im Innern des Stocks noch eine nähere Ursach vorhanden seyn, wenn seine Schwärmzeit eintreten soll. Denn ein Stock schwärmt früher, der andere später, der dritte gar nicht, obgleich bey einem, wie bey dem andern die äußerlichen vortheilhaften Umstände zum Schwärmen zur gewöhnlichen Zeit da sind. In Ansehung des erstern, welche äußerliche Umstände die Schwärmzeit herbeybringen

bringen, sind die Schriftsteller ziemlich einig. In Ansehung der letzern aber, der Ursachen im Innern des Stocks, welche eines jeden seine Schwärmzeit bestimmen, sind ihre Meinungen sehr verschieden.

Jeder Schriftsteller setzt die Schwärmzeit nach Beschaffenheit der Nahrung der Bienen in seiner Gegend früher oder später im Jahre, überhaupt aber nach der Verschiedenheit der Gegenden von der Mitte des Mayes bis gegen das Ende des Julius. So ist z. B. in einem Bezirk von zehn Meilen des Churkreises in Sachsen die Schwärmzeit sehr verschieden der Jahrszeit nach. Nahe an der Elbe, wo im Frühjahre Weiden, Rübsen und gute Baumblüthe die Bienenstöcke zeitig vollkommen machen, gehet die Schwärmzeit vielmals schon zu Ende des Mayes an, und dauert alsdenn bis anfangs Julius. Nur etliche Stunden davon jenseits der Elbe, wo die Bienen bis in den Junius nur mäßig bauen können, und erst um Johannis volle Tracht auf dem Heidekorn bekommen, geht die rechte Schwärmzeit erst acht, vierzehn Tage nach Johannis an. Und auf dem sogenannten hohen Flämig noch später, weil daselbst weißer Klee und Heidekorn noch später blühen, und daher die Schwärme, die erst zu Jacobi kommen, oft noch ihren Ausstand erhalten, welches disseits der Elbe niemals geschieht.

Darin kommen auch alle überein, wenn die Bienen in der nach der Gegend gewöhnlichen Schwärmzeit wirkliche Schwärme geben sollen, solche gerade zu der Zeit auch die beste Nahrung haben und darnach auszugehen nicht durch üble Witterung verhindert werden müssen. Denn die Jahreszeit kann zum Schwärmen daseyn und doch von den Bienen keine Anstalt darzu gemacht werden, weil die Witterung oder der Mißwachs an gewissen Feldfrüchten ihnen die Nahrung nicht zukommen läßt, die sie darzu bedürfen. Es muß also

äußer

außer der, durch die Erfahrung bemerkten Jahreszeit, auch noch in jeder Gegend die gewöhnliche gute Nahrung darzu kommen, wenn bey den Bienen der Trieb zum Schwärmen erregt werden soll. Darzu kommt noch ein dritter äußerlicher Umstand. Der erste und stärkste Trieb aller Bienen im Frühjahre ist der, den vor sich habenden Raum in ihrer Wohnung mit Gebäude, Volk und dem nöthigen Unterhalt darzu, mit Honig, auszufüllen. Sind also ihre Wohnungen an sich zu groß, oder werden ihnen dieselben zeitig durch Untersätze erweitert, so arbeiten sie blos nach ihrem ersten und vornehmsten Instinkt fort, und machen keine Anstalt zum Schwärmen, und in so fern hat H. Wurster vollkommen recht, wenn er behauptet, die Bienen trennten sich nicht gern. Geschieht es demohnerachtet einmal von einem solchen Stock, der noch Raum genug vor sich hatte, so ist das ein außerordentlicher Fall, wovon unten besonders geredet werden wird. Daher erfordert H. Wurster auch mit Recht §. 297. daß diejenigen Stöcke, die man zum Schwärmen bestimmt habe, nur aus drey vollgebaueten Halbkörben oder Kästen bestehen, wovon der oberste im Frühjahre noch mit Honig angefüllt seyn müßte, und setzt hinzu, daß diejenigen, welche vier Kästen hätten, viel seltener schwärmten, weil sie genug Raum hätten und sich gut zusammen vertragen könnten. Darin findet man also die Schriftsteller ziemlich einig, daß in jeder Gegend nach den äußerlichen Umständen die Schwärmzeit eintrete, wenn sie vieles Volk, gute Nahrung und nicht allzugroße Wohnungen hätten. Diese drey Umstände müssen beysammen angetroffen werden, wenn die Bienen zur Schwärmzeit solche Schwärme geben sollen, die wegen der Menge des Volks, das ausziehet, insgemein Hauptschwärme genennet werden.

Wenn aber nun weiter gefragt wird, was zu diesen äußerlichen Umständen noch im Innern des Stocks darzu kommen müsse, wenn er wirklich einen Schwarm geben und seine Zeit darzu da seyn soll, so sind die Meinungen nicht einerley. Im allgemeinen ist zwar darin noch einige Uebereinstimmung, daß es heißt: es müßten entweder mehrere Königinnen schon im Stock wirklich vorhanden seyn, oder doch diejenigen, die sich in Zellen befänden, bald zur Reife kommen. Daher auch dieses allgemein angenommen wird, ein Stock, der nicht mehrere Königinnen habe, schwärme niemals. Man kann also dieses nur die eigentliche Schwärmzeit eines Stocks nennen, wenn man versichert ist, daß er Anstalt zu jungen Königinnen gemacht, oder dieselben schon wirklich erbrütet hat. Darzu gehört aber, daß man aus richtigen Kennzeichen zu beurtheilen wisse, ob ein Stock vom Frühjahr an in richtigem Zustand verblieben und die Königin behalten hat; oder ob er dieselbe verloren, und dadurch in einen andern Zustand versetzt worden ist.

§. 27.

Beschaffenheit eines Stocks vom Frühjahr an, bis zur Schwärmzeit, der im richtigen Stande bleibt und die Königin behält.

Davon bin ich im Stande eine richtige Beschreibung zu machen, und untrüglich gewiß, daß jeder, der seine Bienen auf eben diese Art beobachtet, es eben so finden wird. Meine einfachen ganzen Körbe, die ich führe, haben 18 Zoll Höhe, und von unten, bis über das Flugloch eben diese Weite, bis sie anfangen kegelförmig zuzulaufen. Das Flugloch ist in der Mitte. Unten auf dem Standbrete wird nie eines geduldet, weil die Bienen beym fleißigen Abkehren wenig auszutragen

gen haben und dieses nur Gelegenheit zum Raub giebt.
Die Untersätze, deren ich mich nach den Umständen bediene, sind 4 bis 6 Zoll hoch. Diese sind schon seit undenklichen Zeiten bey der Korbbienenzucht im Churkreise gebräuchlich gewesen, so wie die Anhängekästen bey den Klotzbruten. Im Frühjahre nach dem Beschneiden werden alle ohne Untersätze aufgestellt und enthalten alsdenn noch mehr Raum, als zwey sogenannte Halbkörbe oder Kästen. Da ich alle meine Bienen darzu gewöhne, daß sie sich vom Frühjahr an, ohne in Unruhe zu gerathen, aufheben und in dem Innern besehen lassen; so kann ich mich auch auf das gewisseste überzeugen, ob der und jener Stock noch in seinem richtigen Zustand ist, oder nicht. Dieses Aufheben und Besehen geschieht nicht von hinten, denn hier wollen es die Bienen weniger vertragen lernen, sondern von vorne, damit ich das völlige Licht darzu habe. Ich thue es ohne Kappe und Rauch entweder früh in den kühlen Morgenstunden, da sie nicht arbeiten, und ganz stille liegen, oder in den Mittagsstunden, da die meisten im Felde sind und nur eingetragen wird. Hier kann ich, da die Tafeln mehrentheils von Bienen entblößt sind, recht gut sehen, ohne sie im geringsten mit Rauch zu beunruhigen, wie weit der Bau und die Brut gefördert ist. Ueber ein paar Tage müssen alle einmal diese Musterung paßiren und nur bey sehr großer Wärme ist es zuweilen nöthig, ihnen mein Daseyn durch einen Zug Tabaksrauch beym Aufheben des Korbes zu erkennen zu geben, wenn sie ruhig bleiben sollen, ausserdem niemals. Ein richtiger und guter Stock heißt bey mir im Frühjahre derjenige, der außer gnugsamen Honigvorrath seine Königin, häufig angesetzte Brut, und so viel gemeine Bienen hat, daß, wenn ich ihn zu Ende des Märzes (selten geschiehet dieß erst im April) bis an das Flugloch, oder etwas darüber queerdurch

beschnit-

beschnitten habe, das ganze Raas von den darin befindlichen Bienen bedeckt werden kann; wie man dieses, wenn man einige Minuten nach dem Beschneiden nachsieht, finden wird, indem darauf ihre erste Beschäftigung ist, die durch das Beschneiden uneben gemachten Tafeln wieder gehörig abzuglätten und zum neuen Anbau geschickt zu machen. An denjenigen Tafeln, die mit Brut belegt sind, sammeln sie sich sogleich in einen dichten Klumpen oder Sack, der etwas herunter hängt. Hier wird oft noch an eben dem Tage von sehr volkreichen der neue Zellenbau schon wieder angefangen, und verbreitet sich bald, wenn die Witterung gut bleibt, über alle Tafeln queer durch den Korb. Ich kann also von Tage zu Tage genau bemerken, ob der Bau an den Tafeln und die Einsetzung der Brut weitern Fortgang hat oder nicht. So lang die Brut im Stocke sich immer weiter vermehrt, muß jeder zugeben, ist auch noch die Königin darin vorhanden, die alle Eyer zur Arbeitsbienenbrut leget, und wodurch die Bienen angetrieben werden, immer mehrere Zellen darzu zu erbauen. Sobald sie hernach auf irgend einer Art von Blüthen Honigtracht finden, fangen sie neben den ersten Tafeln mit kleinen Zellen zu Arbeitsbienenbrut, auch größere mit Honig oder Drohnenzellen zu bauen an und jemehr sie an diesen arbeiten, daß sie bald länger, als die andern werden, desto gewisser ist es, daß die Honigtracht fortdauert und sie ihre Königin noch haben, und man wird oft finden, daß ein volkreicher Stock an einem einzigen schönen Tage auf 4 bis 6 Pfund am Gewichte zugenommen hat. Insonderheit arbeiten sie an einer der größten und breitesten dieser Tafeln unermüdet fort, um solche bis auf das Standbret herunter zu bringen. Man wird auch diese durchgehends mit Drohnenbrut besetzt sehen, wenn andere darneben, die auch große Zellen haben, Honig enthalten. Dabey verlängern sich auch
die

die Tafeln mit kleinen Zellen immer mehr, und zum Beweis, daß die Königin noch vorhanden ist, werden auch alle diese voll Brut. Wenn die größte Drohnentafel bis herunter breit erbauet und völlig mit Brut besetzt ist, welches gemeiniglich zu Anfang des Mayes, selten noch im April geschieht; so wird man auch gewahr werden, daß an derselben, auch wohl zugleich an einer darneben stehenden Anstalt zur Erbauung königlicher Zellen gemacht wird. Anfangs sieht man freylich weiter nichts, als die Grundlage darzu an den Seiten dieser Tafel, oder in der Mitte derselben und der darneben stehenden, wo ein Durchgang für die Bienen darin gelassen worden ist, und in diesem Zustand bleiben sie mehrentheils bis an das Ende des Mayes, weil die letzte Zeit dieses Monats immer kühle, auch wohl kalt ausfällt, und nicht eher wieder volle Nahrung für sie im Felde ist, bis die Schießbeere blühet und bald darauf die Kornblume und weißer Klee folget. Nun werden zuerst alle übrige Tafeln von kleinen Zellen, die zum Theil zurückgeblieben waren, vollends herunter und breit erbauet, daß bis auf die letzte Zelle Brut hineingebracht werden könne, und die Königin beweiset auch hier noch ihr Daseyn, daß wie die Zellen erbauet worden sind, auch dieselben mit Eyern belegt werden. Die Grundlagen zu den königlichen Zellen stehen nur etliche Zoll hoch in den Tafeln, oft zweye oder dreye nebeneinander, die meisten ganz unten an den Rändern, daß man es also leicht bemerken kann, wenn zum weitern Fortbau derselben geschritten wird, und daß es zu der Zeit geschiehet, wenn die Königin noch vorhanden ist, indem sie dieses mit ihrer täglichen Eyerlage in die kleinern Zellen beweiset. So sieht es in jedem richtigen und volkreichen Stock, dem es nicht an Honig mangelt, vom Frühjahr an, bis zur Schwärmzeit aus. Man kann sich aus der ununterbrochen fortgehenden Eyerlage aufs Gewisseste überzeugen, daß ein solcher Stock nicht nur die Königin behalten, und noch bey sich habe, sondern daß auch, indem dieselbe noch im Stocke ist, von den Bienen Anstalt zur Erbrütung junger Königinnen gemacht wird. Davon sind viele gemeine Bienenväter im Churkreise so gewiß überzeugt, als ich es bin. Sie besehen daher ebenfalls öfters ihre guten Stöcke, ob sie nach dem Fortgang des Baues, und des Brutsetzens, und nach dem Zunehmen der königlichen Zellen bald Schwärme erwarten können. Man hat zu solchen Beobachtungen keinen Glasstock nöthig. Jeder versuche es nur mit einem Stock und besehe ihn im Frühjahr öfters, er wird eben dieses in richtigen Stöcken bemerken.

§. 28.
Beschaffenheit eines Stocks in dem Innern, dessen Königin gegen die Schwärmzeit gestorben oder verloren gegangen ist.

Daß die Königinnen, wie andere Bienen, zu allen Zeiten sterben oder sonst verloren gehen können, ist eine Erfahrung, zu der jeder, der die Bienenzucht nur eine Zeitlang treibet, bald gelangen muß. Daß aber dieselben, wie andere Bienen, nach eines Jahres Alter sterben, oder doch die Meisten höchstens nur $\frac{3}{4}$ Jahre lang sollten leben können, und ein längeres Leben derselben etwas sehr seltenes sey, wird man niemals durch richtige Erfahrungen beweisen können. §. 4. Am wenigsten, daß die meisten Königinnen gegen und zu der Schwärmzeit stürben, und daher die Schwärme entstünden. Eine genaue Achtsamkeit auf die innere Beschaffenheit mutterloser Stöcke kann uns davon aufs gewisseste überzeugen.

Bey

bey dem Schwärmen. §. 28.

Bey der genauen Aufsicht, die ich über meine Bienen führe, wird mir kein Stock mutterlos, an dem ich es nicht gleich bemerken sollte. Außerdem, daß ich sie alle Tage, wenigstens wenn sie geflogen haben, noch gegen Abend besuche, und wenn sich ja ein solcher unglücklicher Zufall mit einem zugetragen haben sollte, es an der Unruhe und dem Herumlaufen der Bienen am Flugloche bemerke, was geschehen ist, habe ich auch durch die Erfahrung untrügliche Kennzeichen am innern Bau derselben, es erfolge dieser Verlust, wenn er wolle. Ist die Königin schon im Winter, ehe sie noch die Eyerlage angefangen hat, verloren gegangen, so sind entweder die meisten Bienen über dem Suchen der Königin erstarrt und nachgestorben und man trift bey dem Beschneiden nur noch sehr wenige, bisweilen gar keine mehr an. Sind aber noch ein paar Händevoll vorhanden, so haben sie zwar in ihrem Neste Anstalt zur Brut gemacht. Es sind aber nur wenige Zellen mit Eyern und Maden belegt, und wenn einige ziemlich erwachsen sind, kann man es leicht unterscheiden, daß es Drohnen werden müssen. Ist aber der Stock noch voller Bienen und Honig, so trift man schon zugespündete koppichte Drohnenbrut und an den Durchgängen der Tafeln angefangene königliche Zellen, ja auch wohl meist fertige und zugespündete an, die aber nicht die gehörige Länge haben, auch mehr auf eine Seite gekrümmt, als gerade herunter stehen. Verläßt man sich darauf, daß die Bienen damit für eine Mutter gesorgt hätten, und dieselbe in kurzer Zeit wieder haben würden; so ist man getäuscht. Denn wenn auch etwas in dergleichen Zellen erbrütet wird; so kommt doch am Ende weiter nichts, als eine Drohne heraus, und ihr weiteres Verhalten beweiset es in wenig Tagen, daß es ihnen noch an einer Mutter fehlet und dieses dadurch: Wenn auch die beste Tracht an

Rübsen,

Rübsen, und an der Baumblüthe eintritt, und das viele Volk fleißig einträgt; so werden sie doch weiter nichts, als ein kleines Stückchen Tafel mit Drohnenzellen anbauen, bald wieder nachlassen, und keine einzige neue Zelle zur Arbeitsbienenbrut ansetzen, ob sie gleich ihr Bemühen, sich eine Mutter aus ihrer Brut zu verschaffen, oftmals durch Erbauung neuer königlicher Zellen wiederholen.

Geht die Königin alsdenn erst verloren, wenn sie einige Zeit geflogen und eingetragen haben, etwan im Anfang des Aprils, und sie läßt Brut von allerhand Art im Stock hinter sich; so werden die Bienen in der ersten Nacht ihren Verlust durch den Anbau königlicher Zellen zu ersetzen suchen, und nach etlichen Tagen wird man dieselben schon zur Hälfte errichtet, mit Maden belegt, und mit Futterbrey versorgt finden. Ein solcher Stock, wenn er vieles Volk hat, trägt alsdenn so gut, wie die andern; wenn er aber noch nichts Neues zu bauen angefangen hatte, so geschieht das nunmehr auch nicht. Die Bienen bleiben immer in ihrem alten Raas, wo sie die königlichen Zellen und die noch übrige Brut haben, sitzen, und wenn alle neben ihm stehende Stöcke im Bau täglich weiter kommen; so wird man doch bey diesen auf fünf, sechs Wochen lang den Anbau einer neuen Zelle vergeblich suchen, weil sie keine Königin haben, die Eyer legen kann, worzu neue erfordert würden. Dabey nehmen die Bienen mehr ab, als zu, weil die wenige auslaufende Brut nicht hinreichend ist den täglichen Abgang derselben im Felde zu ersetzen. In solchen Stöcken wird man immer nur zwey, höchstens drey königliche Zellen angesetzt finden. Dennoch geschieht es hier zuweilen, wiewohl äußerst selten, daß sich die Bienen über die Auswahl einer Königin nicht vereinigen können, und man nach drey Wochen das gewöhnliche Tüten der jungen Königinnen, als die

die Losung zu einem Schwarm zu hören bekommt, der
denn auch, aber gemeiniglich erst, wenn sie viele Tage
lang dieses Spiel getrieben haben, erfolgt, aber freylich ist ein solcher frühzeitiger, von einem Mutterlosen
abgegangener Schwarm am Volke kaum dem schlechte-
sten Nachschwarm im Sommer gleich. Den alten
Stock findet man darauf ganz von Bienen entblößt und
keine einzige Zelle mit Brut besetzt. Wo sollte diese
auch herkommen, da drey Wochen lang keine Mutter
vorhanden gewesen, die Eyer hätte legen können, und
wenn sie nun auch eine junge Königin erbrütet haben,
so ist doch diese nicht gleich nach ihrer Geburt im Stande die Eyerlage anzufangen, und es gehen auch hier
wieder auf vierzehn Tage hin, ehe es geschieht, daß also nicht eher als nach 7, 8 Wochen merklicher Zuwachs
an Bienen bey einem solchen Stock erfolgen kann, weswegen auch ein Anfangs des Aprils mutterlos gewordener
Stock, wenn er auch nicht geschwärmet hat, selten eher,
als um Johannis im neuen Bau zu arbeiten anfangen
wird. Wenn er aber sogar einen Schwarm abgegeben
hat, wird es im ganzen Sommer nicht geschehen, daß
er weiter bauete, wenn man ihn nicht durch einen Nachschwarm am Volke verstärket. In etlichen und dreyßig Jahren, seitdem ich mich mit der Bienenzucht beschäftiget habe, habe ich von solchen Stöcken, die noch
nicht angebauet und die Königin Anfangs des Aprils verloren gehabt, nur zwey kleine Schwärme, einen den 8ten,
den andern den 12ten May gehabt; aus beyden jedoch
würde bey allem Füttern nichts worden seyn, wenn ich
sie nicht um Johannis mit guten Nachschwärmen hätte
verstärken können. Die alten befanden sich aber nach
einiger Zeit wieder mutterlos und auch diesen mußten
Nachschwärme zugesetzt werden.

Endlich geschieht es auch noch bey solchen Stöcken,
die zu Anfange des Mayes schon die Hälfte mit neuem

Bau und noch mehr, und alles mit Brut wohl besetzt haben, doch immer sehr selten, daß sie mutterlos werden. Wenn man es auch an den gewöhnlichen äußerlichen Kennzeichen nicht sollte bemerkt haben, daß dieses geschehen wäre; so wird man doch von dem Tage an finden, daß ein solcher Stock auf einmal an dem weitern Fortbau der Tafeln Stillstand macht. Anstatt daß die andern Stöcke darneben mit ihrem neuen Bau immer weiter kommen, und denselben früh Morgens und des Abends beym Aufheben so mit Bienen belegt haben, daß man nicht das Geringste von den Tafeln sehen kann; so ziehet sich der, der die Königin verloren hat, immer mehr zwischen die Tafeln zusammen. Er bringt gleich am ersten Tag die Eyer zur Brut, die unten in den Tafeln eingelegt gewesen sind, in die obern von ausgelaufener Brut leer gewordenen Zellen, zunächst den angesetzten königlichen. Wenn in den ersten Tagen nur ein Zoll Blöße unten an den Tafeln zu sehen gewesen ist, so werden es in acht Tagen drey bis vier Zoll seyn und die Tafeln immer bleiben, wie sie gewesen sind. Es können keine Eyer zu Arbeitsbienen, wohl aber noch zu Drohnen gelegt werden. Daher wird man auch bald bemerken, wenn die Arbeitsbienenbrut bald ganz ausgelaufen ist, daß sich die meisten Bienen auf den Drohnentafeln in einen Sack zusammenhängen. In der dritten Woche sieht man keine Brut in den Tafeln von kleinen Zellen mehr, wohl aber in den Drohnentafeln. Nach dieser Zeit fangen die jungen Königinnen, wenn nicht gleich die erste ausgebrütete zur Mutter erwählet, und die übrigen unreif ausgebissen worden sind, ihren gewöhnlichen Gesang, als die Losung zum Schwärmen an. Der Stock fliegt von Tage zu Tage schwächer, weil sich ein großer Theil Bienen zum Schwarm sammelt und zum Auszug bereit hält, der aber immer noch etliche Tage auf sich warten läßt,

läßt, auch wohl gar noch die überflüßigen Königinnen in einer Nacht tödtet, daß daraus nichts werden kann. Erfolgt er aber dennoch, so hat er gemeiniglich, wie andere Nachschwärme, etliche Königinnen bey sich, weil hier, da es schon gegen die Schwärmzeit gehet, mehrere angesetzt und erbrütet worden sind. Nach abgegangenem Schwarm findet man den alten Stock von Bienen ganz entblößt, und es werden deren von Tage zu Tage immer weniger, so, daß man nur einzelne Bienen aus- und eingehen siehet, wenn er auch noch eine Königin hat, denn oft werden auch diese nach dem Schwärmen wieder mutterlos. Nicht eher, als nach der siebenten Woche können die Bienen bey einem solchen Stock wieder merklich zunehmen, daher ein solcher Stock wohl im ganzen Sommer nicht weiter bauet und im Herbst so schlecht befunden wird, daß das Ausfüttern zu theuer zu stehen käme. Der Schwarm von einem solchen Stock kommt niemals einem andern ersten Schwarm, wobey sich die alte Königin befindet, am Volke gleich, und ist nicht stärker, als ein mäßiger Nachschwarm. Daher auch aus demselben nicht viel werden kann, wenn man ihm in Zeiten nicht mehreres Volk verschaffet. In der ganzen Zeit meiner Bienenwirthschaft habe ich etwan 15 Stöcke gehabt, die zur Schwärmzeit mutterlos worden sind, von denen nicht mehr, als 6 geschwärmet haben. Die übrigen tödteten die Königinnen, wenn sie auch ihren Gesang angefangen hatten.

Aus allen diesen muß man soviel einsehen, daß der Verlust der Königin im Frühjahre bis zur Schwärmzeit, die Bienen allemal in Ansehung ihrer innerlichen Oekonomie in sehr große Verlegenheit bringen müsse, indem sie ihrem ersten und vornehmsten Instinkt so viel möglich zu bauen und sich am Volk zu vermehren nicht nachkommen können.

Ich

Ich weis daher nicht, wie H. Wurster, als ein gewiß sehr praktischer Bienenvater, der einen ansehnlichen Bienenstand hat, und solchen selbst besorgt §. 63. in der 2ten Auflage seiner vollständigen Anweisung zur Magazinbienenzucht hat behaupten können,

daß ein Stock vom May bis in den August die Königin etlichemal (andere sagen drey-, viermal) einbüßen, und doch gut bleiben, und die Arbeit ununterbrochen fortgehen könne, weil in diesen Monaten unsäglich viele Eyer gelegt würden und die Bienen ihren Abgang aus der vorräthigen tauglichen Brut sogleich wieder ersetzen.

Wie können erstlich in diesen Monaten unsäglich viele Eyer in einem solchen Stock gelegt werden, da mit dem Tage des Abgangs der Königin die Eyerlage bis zur Reife der jungen Königin stille stehen muß, welches gewiß bis in die fünfte Woche geschiehet. Wenn nun dieses vom May bis in den August etlichemal geschehen soll, wie viele Wochen und Tage bleiben wohl von diesen Monaten übrig, in welchen Eyer gelegt und daraus Bienen erzeugt werden können. Unsäglich viele Eyer kann die Königin in wenig Tagen nicht legen. Sie hat ihre bestimmte Zahl, und höchstens an einem Tage etliche Hundert. Wie sollte also ein solcher Stock gut bleiben, und dessen Arbeit ununterbrochen fortgehen können? — Nein! Die Arbeit steht nach Abgang der Königin sogleich in allen stille. Sie bauen keine Zelle mehr; sie können keine neue Brut einsetzen; die eingetragenen Hösgen bleiben daher in solchen Stöcken, wie bey allen Mutterlosen, so lange ungebraucht liegen, bis sie wieder eine Eyerlegende Königin haben. Die abgegangene Königin ist auch aus der vorräthigen tauglichen Brut nicht sogleich ersetzt. Erst nach vier, fünf Wochen kömmt sie in den Stand,

der

der vorigen Mutter Stelle zu vertreten. Wenn also
der Abgang der Königin in diesen Monaten nur einmal
geschehen ist, so wird der Stock gewiß schon so schlecht,
wenn er auch nicht schwärmet, daß er den ganzen Sommer zu thun hat, wenn er wieder gut werden soll. Geschiehet es nun zwey, ich will nicht sagen, drey und
viermal, so ist er unwiederbringlich verloren, wie wir
offenbar an allen den Mutterlosen sehen, welchen wir
Brut zur Erzeugung einer neuen Königin geben, dieselbe auch glücklich ausbrüten und aufs neue ihre Oekonomie ordentlich einrichten, aber bald darauf wieder
so unglücklich sind, dieselbe zu verlieren. Denn
wenn sie nun auch aus der rückgelassenen Brut eine neue
erbrüten, so mangelt es doch an Arbeiterinnen, und
es kann nichts weiter daraus werden. Wenn H.
Wurster sich bemühen will, wie er es gewiß kann,
die innere Beschaffenheit mutterlos gewordener Stökke genauer zu untersuchen, er wird sich dergleichen
Behauptungen gern begeben, und einsehen lernen,
daß die Königinn wohl länger als ein Jahr leben
müsse, auch ihr Tod zur Erzeugung der Schwärme
nicht so schlechterdings nöthig seyn könne, als er uns
zu bereden sucht. Jedoch davon weiter unten.

§. 29.

Verschiedene Arten freywilliger Schwärme und die nächste
Ursach von jeder Art.

Jedes Volk von Bienen, es sey stark oder schwach,
das mit oder ohne Königin aus einem Stock ausziehet,
und sich an einen andern Ort begiebt oder anlegt, pflegt
man einen Bienenschwarm zu nennen. Daß aber ein
solcher Auszug aus einem Stock geschiehet, davon giebt
es verschiedene Ursachen, und daher findet man auch
zum

zum Unterschied mancherley Benennungen der Schwärme in den Bienenschriften.

Schon im März oder Anfangs des Aprils hört man oft sagen, daß man einen Schwarm Bienen ziehen, oder angelegt gesehen habe. Solche Schwärme werden Hunger- auch in manchen Gegenden Bettelschwärme genennet. Es können verschiedene Ursachen in dem Innern des Stocks vorhanden seyn, weswegen sich das ganze Volk entschließt, denselben mit oder ohne Königin in den ersten schönen Tagen des Frühlings zu verlassen, und so lange herumzuziehen, bis es Gelegenheit findet, sich mit andern Bienen zu vereinigen. Mehrentheils ist Mangel und sparsames Füttern, zuweilen auch eine unfruchtbare Königin die Ursache davon. Viele glauben, wenn sie den Stöcken, die im Winter ihr Honig aufgezehret haben, nur zuweilen, etwan wöchentlich einmal etliche Löffel voll Honig mit Wasser vermischt gäben, daß sie solche damit bis zur vollen Tracht erhalten könnten. Allein da sie bey einem solchen sparsamen Füttern ihrem ersten und vornehmsten Instinkt, das Volk so viel möglich zu vermehren, nicht Gnüge leisten können, und der Mangel und Hunger sie sogar nöthiget, die wenige angesetzte Brut wieder auszusaugen, werden sie muthlos, und ziehen an schönen Tagen, wenn schon andere mit Eintragen sehr fleißig sind, sämmtlich aus dem Stocke aus. Zuweilen legen sie sich, wie ein anderer Schwarm, in der Nähe des Bienenstandes an, und man kann sie wieder in den Stock bringen. Oft kommen sie auch wohl, wenn sie eine Zeit lang herumgeschwärmet sind und die Königin nicht hat folgen wollen, freywillig in den Stock zurück. Wenn man aber nun glaubt ihrem fernern Auszug dadurch vorzubeugen, daß man sie reichlicher füttern will, und ihnen auch des Abends mehr Honig, als sonst zu verzehren giebt; so ist man doch getäuscht. Sie nehmen dieses den ersten schönen Tag mit sich und ziehen weiter, da sie denn, wenn sie es das erstemal nicht gethan haben, an einer nicht weit davon entfernten Bienenhütte anfallen, sich mehrentheils an eine Säule zwischen den Stöcken anlegen, und versuchen in irgend einen Stock aufgenommen zu werden, welches ihnen auch mehrentheils gelingt, indem sie sich gleichsam bittweise mit dem gewöhnlichen Brausen dem Flugloche eines Stocks nähern und in denselben einziehen, unbekümmert darum, daß ihre Königin gleich am Flugloche umgebracht wird. Selten ist ein Frühjahr, in welchem sich nicht etliche solche Flüchtlinge an schönen Tagen an meiner Hütte einfänden, und wenn ich zugegen bin, erleichtere ich ihnen den Einzug in den nächsten Stock, wo sie an einer Säule angefallen sind, dadurch, daß ich ihn lüfte und etwas unterlege, damit sie von unten einziehen können, und nicht durch das bewachte Flugloch müssen, da sie denn noch weit friedlicher, und ohne daß eine Biene ums Leben kömmt, aufgenommen werden. Will man sich Mühe geben, solche Flüchtlinge in einen besondern Stock zu bringen, um davon durch ordentliches Füttern einen neuen zu bekommen, so wird diese Mühe mehrentheils vergeblich angewandt. Sie ziehen den ersten schönen Tag wieder aus und davon. Man thut also am besten, wenn man sie, wie es ihr Wille ist, gleich des Abends mit einem andern vereiniget. Man bekommt dadurch einen Stock, der sich wegen der Vermehrung des Volks vor andern im Bauen und im baldigen Schwärmen hervorthun wird. Untersucht man nach dem Auszug die innere Beschaffenheit eines solchen Stocks, so wird man in demselben nicht eine Zelle mit Honig, in der wenigen Brut die größte Unordnung, indem sie theils vertrocknet, theils zerfressen ist, und zugleich darin die wahre Ursach finden, warum sie ihre Wohnung verlassen haben. Zuweilen trift man doch noch etwas Honig, auch wohl noch die Königin, ganz dünne am Hinterleib mit etlichen Bienen, aber gar keine Brut an; alsdenn ist kein Zweifel, daß es eine unfruchtbare Königin ist, die keine Eyer hat legen können, und die die Bienen zur Ungeduld darüber gereißt, verlassen haben, um anderswo eine fruchtbare Mutter aufzusuchen. Diese kann man mit Recht Bettelschwärme nennen, denn sie suchen sich bey andern gleichsam einzubetteln, fallen insgemein auf einen stark fliegenden Stock gerade auf, und erregen gleich beym Anflug ein solches Brausen, als die Bienen sonst zu machen pflegen, wenn sie ihre Königin gefunden haben, und dabey werden sie mit aller Willigkeit aufgenommen. Man kann also bey einem solchen ankommenden Hunger- oder Bettelschwarm, wenn er sich nur irgendwo an der Hütte anlegt, immer erwarten, daß er sich selbst den Einzug zu einem Stock erbetteln werde, und selten wird hier, wie im Sommer alles erwürget.

Hierauf kommt zuweilen im May oder in den ersten Tagen des Junius, ehe noch die eigentliche Schwarmzeit eingetreten ist, unerwartet aus einem Stock ein Schwarm, der aber nur einem Nachschwarm gleich ist, dem man es gar nicht zugetrauet hat, weil er weder vorgelegen, noch stark geflogen hatte. Man siehet vielfältig solche Schwärme für einen zeitigen Ersten, oder sogenannten Vor- und Hauptschwarm an. Da auch einige bey solchen Schwärmen ein vorhergegangenes Tüten der Königin im Stock, wie sonst nur bey Nachschwärmen geschiehet, gehört haben; so hat sich daher auch in viele Bienenbücher der ungegründete

Satz

Satz eingeschlichen: daß sich bey dem Ersten oder Vorschwarm ebenfalls die Königin durch das bekannte Tüten hören ließe, allemal aber nicht. Janscha und seine Nachfolger haben daher sogar Gelegenheit genommen, dieser Art Schwärme den Nahmen der Singevorschwärme zu geben, und sie damit einigermaßen von den rechten Vorschwärmen unterschieden. Sie müssen auch von diesen sehr wohl unterschieden werden, sonst werden sich, wenn man die Ursachen von Entstehung der Hauptschwärme erklären will, manche falsche Dinge einschleichen. So ist daher, weil man zuweilen einen solchen zeitigen Schwarm unerwartet von einem Stock bekommen hat, der ungegründete Satz entstanden, den man in so vielen Bienenbüchern findet: Die Bienen wären in manchen Jahren so schwarmlüstig, daß sie die eigentliche Schwarmzeit nicht erwarteten, sondern schon anfiengen Schwärme abzuschicken, wenn sie ihre Wohnungen nicht viel über halb vollgebauet hätten. Nein! wenn ein Bienenstock §. 27. bis zur Schwarmzeit in seinem richtigen Zustand bleibet, so macht er nicht eher Anstalt zum Schwärmen, als bis er seine Wohnung mit Gebäude angefüllet hat. Auch sind es unstreitig diese Art Schwärme gewesen, die die erste Gelegenheit gegeben haben, dieses als die Hauptursache von Entstehung aller Schwärme anzunehmen, daß die Königin in einem Stock gestorben, oder sonst verloren gegangen seyn müsse, weil sie nur dadurch genöthiget würden, viele junge zu erbrüten. Man hat daher auch dieses zu behaupten angefangen, daß sich bey den Haupt- oder Ersten, wie bey den Nachschwärmen mehrere Königinnen befinden könnten. Allein man sehe bey einem solchen Fall nicht nur auf den Schwarm, und denke, daß man vor andern etwas zum voraus habe, weil man

von seinen Bienen schon einen Schwarm bekommen habe, ob er gleich so groß nicht sey, da andere noch lange vergeblich darauf warten müßten. Man betrachte vielmehr dagegen die innere Beschaffenheit des Stocks, so wird man die wahre Ursach davon leicht finden. Man wird den innern Zustand des Stocks gerade von der Beschaffenheit antreffen, wie ich §. 28. diejenigen beschrieben habe, die gegen die Schwärmzeit die Königin verloren haben: den Stock noch lange nicht vollgebauet; die Tafeln von kleinen Zellen ganz leer von Brut, nur in den Drohnentafeln noch einige übrig; der Bienen so wenig, daß sie nicht die Hälfte von ihrem Bau belegen können; und doch bey dem allen viele ausgebauete königliche Zellen in der Mitte der Tafeln, wovon auch wohl noch einige zugespündet sind. Hier sind also die Bienen durch einen ganz andern Umstand, als durch ihren natürlichen Instinkt zum Schwärmen angetrieben worden, junge Königinnen zu erbrüten. Dieser Umstand war nach §. 1. kein anderer, als daß sie ihre bisherige Mutter verloren hatten, und sie sich nun nothgedrungen sahen, aus der vorhandenen Brut eine neue zu verschaffen. Jedoch war dieses noch nicht die nächste Ursach zur Entstehung eines Schwarmes. Denn zehen Stöcke können um diese Zeit ihre Königin verlieren, ehe einmal eine darunter ans Schwärmen denkt. Die meisten erwählen vielmehr gleich die Erstgebotne junge Königin an die Stelle der alten, und beißen alsdenn die übrigen unreif aus den Zellen aus, oder wenn mehrere zugleich geboren worden sind, tödten sie doch sogleich die überflüssigen. Wenn aber nun das letztere nicht geschiehet, weil jede unter den Bienen einen Anhang hat, die sie beschützen, so halten sie sich, wie beym Nachschwärmen, einige Tage beysammen im Stocke auf und lassen sich durch das Tüten hören, bis einmal
die

die überflüſſigen mit einem Theil der Bienen auszichen: Solche Schwärme haben von langen Zeiten her, von den Bienenwärtern im Churkreiſe den Namen der Nothſchwärme bekommen; welchen ich in meiner Korbbienenzucht, obgleich aus einem andern Grunde beybehalten habe, weil es eine beſondere Art Schwärme ſind, und man in andern Bienenbüchern vergeblich nach ihrem Namen ſucht, da man ſie zu den erſten oder Hauptſchwärmen rechnet: Jene nennten ſie aus der Urſach Nothſchwärme, weil ſie glaubten, daß ſich ein Theil der Bienen von den andern trennen, und mit einem Schwarm ausziehen müſſen, weil ſie der Mangel darzu genöthiget hätte, und nicht ſo viele beyſammen bleiben können. In der That wird man ſolche Stöcke nie ſo ſchwer und gut als andere, ja oft ſehr leicht finden; davon iſt aber die Urſach, daß es an Volk gemangelt hat; daher ſie nicht ſo viel, als andere eintragen können. Ich habe aber die Benennung Nothſchwarm aus einem andern Grunde beybehalten, nämlich damit die wahre Urſach anzuzeigen, warum ein ſolcher Stock, der weder vollgebauet, noch überflüſſiges Volk hat, dennoch ſchwärmet: Sie haben ſich über die Auswahl der Königin nicht vereinigen können, daher ein Theil nothgedrungen mit den überflüſſigen Königinnen hat ausziehen müſſen. Dergleichen Schwärme giebt es auch zuweilen, aber ſeltener, wenn gute Tracht für die Bienen iſt, gegen den Herbſt. Man muß alſo ſolche zeitige und ſpäte Schwärme, die nie ſtärker als die Nachſchwärme ſind, und mit dieſen einerley Entſtehungsgrund haben, mit den erſten oder Vorſchwärmen nicht in eine Klaſſe bringen, und daraus den Schluß machen, daß alle Schwärme auf ſolche Art entſtanden. Denn man ſiehet es ja offenbar, daß die weiterhin erfolgenden Vorſchwärme noch einmal ſo ſtark am Volke, wie dieſe ſind; daß bey ihnen nie der

Gesang der Königin vorhergegangen ist; daß, so viele Bienen auch mit dem Vorschwarm ausgezogen sind, doch bey demselben noch Volk genug zum weitern Schwärmen übrig bleibt, da ein solcher von Bienen ganz leer ist; so muß doch auch wohl eine ganz andere Ursach vorhanden seyn, die ihn zum Schwärmen veranlasset hat und dieses war keine andere, als weil er die Königin verloren und viele junge erbrütet hatte. Ein Stock also, dessen Königin gegen die Schwärmzeit gestorben, oder sonst verloren gegangen ist, giebt nur einen Nothschwarm, niemals einen Hauptschwarm.

Ein Haupt= oder Vorschwarm heißt, wenn ein Stock §. 27. vom Frühjahr an in richtigem Zustand geblieben ist, Bau und Vermehrung des Volks ununterbrochen hat fortsetzen können, daher aus natürlichem Instinkt §. 11. mehrere junge Königinnen zum Schwärmen ansetzt, und wenn diese bald zur Reife sind, die bisherige alte Königin mit einem großen Theil des Volks auszieht. Diese Art der Schwärme sind es eigentlich, worauf zu allen Zeiten die Erhaltung und Vermehrung der Bienenzucht angekommen ist. Diese Schwärme erscheinen nicht eher, als zu der in jeder Gegend gewöhnlichen Schwärmzeit, jedoch nach Beschaffenheit der Witterung und Nährung, die die Bienen haben, bald früher bald später. Sie sind sehr stark am Volke, weil der Stock die Königin, die täglich so viele Eyer legt, vom Frühjahr an behalten hat. Ein solcher Schwarm nimmt bey seinem Auszuge einen guten Vorrath von Honig und Wachs mit sich, welches man daraus abnehmen kann, wenn man den Stock vorher abgewogen hat, worein man ihn bringt, daß er hernach vier bis acht Pfunde mehr an Gewichte hat. Je schwerer, je besser. Ob aber gleich die Bienen einen natürlichen Instinkt zum Schwärmen haben, so

lehrt

lehrt doch die Erfahrung dabey, daß dieser Instinkt zurückgehalten werde, wenn sie so große Wohnungen haben, daß ihnen gegen die Schwärmzeit noch viel Raum darin übrig ist. Sie folgen alsdenn ihrem ersten vornehmsten Instinkt, ihr Volk zu vermehren, damit sie durch Ausfüllung des Raums ihrer Wohnung ein bequemes Winterlager erhalten, und denken dabey an keine Trennung von einander. Dieses hat man von Alters her schon daran bemerkt, daß in Gegenden, wo man die Bienen in allzugroßen Stöcken zu halten gewohnt war, das Schwärmen derselben eine seltene Sache blieb; hingegen in Gegenden, wo man mäßigere Wohnungen hatte, dasselbe häufig geschahe. So sehr man daher im Anfang in Schriften über die Bienenzucht darauf drang, die großen Klotzbeuten und Körbe zur Vermehrung der Schwärme zu verkleinern, so bald nahm man wieder an, da man das Ablegen für besser und sicherer ansahe, daß man den Bienen den Instinkt zum freywilligen Schwärmen, durch theilbare Stöcke, die man immer vergrößern könne, benehmen, und die Natur so leiten müsse, daß nicht eher eine Theilung der Bienen erfolgen dürfe, als bis man ein glückliches Fortkommen damit erwarten könne, weil das freywillige Schwärmen so oft eine mißliche, und ihnen den Untergang bringende Sache wäre. Doch gestehen nun selbst die vorher eifrigsten Beförderer und Vertheidiger der Magazinbienenzucht und des Ablegens, wenigstens den Vor- und Hauptschwärmen, den ihnen zukommenden Werth zu, indem sie den Rath geben, den dritten Theil der Stöcke in gemäßigten Wohnungen, die höchstens in drey Halbkästen oder Körben bestehen sollen, zum freywilligen Schwärmen auszusetzen, weil man nicht nöthig habe dasjenige, was die Natur freywillig gebe, von ihr zu erzwingen. Die Hauptschwärme sind es auch allerdings, wenn sie zur rechten Zeit kommen, die den sichersten Grund zur Erhaltung und Vermehrung der Bienenzucht legen. Denn ein solcher volkreicher Schwarm trägt in einer Zeit von vier Wochen nicht nur seine Nothdurft, sondern oft noch Ueberfluß ein, und daß diese Schwärme nicht zu spät nachkommen, kann man gar wohl dadurch verhindern, wenn man ihnen zur rechten Zeit Untersätze giebt, ehe sie ihrem Instinkt nach zur Erbauung königlicher Zellen schreiten, denn setzt man erst alsdenn unter, wenn sie vollgebauet haben, und dieses schon geschehen ist, so hilft alsdenn das Untersetzen nichts wider das Schwärmen.

Daß mit dem Vorschwarm die alte Königin ausziehe, davon giebt die innere Beschaffenheit des Stocks, wenn man ihn gleich nach dem Abgang des Schwarms betrachtet, einen unläugbaren Beweis ab, indem man darin bis auf die untersten Zellen alles mit zugespündeter Brut besetzt findet, höher in den Tafeln überall Maden von verschiedenem Alter, und auch noch Eyer, welches nach §. 28. gar nicht seyn könnte, wenn die Königin drey Wochen vorher gestorben, oder abgegangen wäre. Es sind daher, wenn man bey den Vorschwärmen dem äusserlichen Ansehen nach grössere und dickere Königinnen, als bey den Nachschwärmen findet, nicht, wie H. Wurster und H. CR Riem will, nur ältlich aussehende Königinnen, sondern wirklich solche, die vom vorigen Sommer übrig geblieben sind, wie dieses weiter bewiesen werden wird. Denn darauf bin ich noch eine besondere Erklärung schuldig nach der im 5ten Theil der Neuen Sammlungen S. 184. n. y) wider meine Meinung, daß die Bienen zum Schwärmen aus natürlichem Instinkt junge Königinnen erbrüteten, und die bisherige Alte mit dem Vorschwarm ausziehe, gemachten Einwürfe, worauf nach dem Reichs Anzeiger 1794.

1 B. S. 1191. noch Antwort erwartet wird. Hier ist nun der Ort, da ich solche geben muß. Ich werde daher jedes seine Meinung besonders vortragen, verbitte mir aber zum voraus allen Argwohn, als wenn es nur aus Widersprechungslust gegen diese Herren geschehe, und ich nicht die sichersten Beweisgründe vor mir hätte, die in meiner ausführlichen Beschreibung der Korbbienenzucht behauptete Meinung zu vertheidigen. Diese allein können entscheiden, auf welcher Seite die Wahrheit ist, nicht Verkleinerungen und Schmähungen.

Den Bienen scheint es auch selber in die Natur gelegt zu seyn, alle Vorsicht anzuwenden, daß der Vorschwarm mit der alten Königin allein ausziehe, und durch die Dazwischenkunft junger keine Unordnung entstehe, sondern sich alles Volk, das sich zum Auszuge anschickt, zu der alten fruchtbaren Mutter halte. Denn die Erfahrung lehrt es ja zur Gnüge, wenn die alte Königin dem ausziehenden Schwarm nicht folgen kann, und entweder durch Niederfallen auf die Erde, oder durch Anfallen an einen benachbarten Stock umkommt, also der Schwarm wieder zurücke in den Stock gehen muß, daß ein solcher Stock, wenn er auch nachher mit den jungen Königinnn einen oder mehrere Schwärme bringt, sie doch nie so stark sind, als wie der verunglückte Vorschwarm gewesen war. Ich habe daher in meiner Korbbienenzucht S. 126. die oft gemachte Bemerkung angeführt, daß die Arbeitsbienen die in den Zellen zur Reife gekommenen jungen Königinnen nicht ausschlüpfen ließen, sondern so lange in der Gefangenschaft hielten und fütterten, bis die Witterung erlaube, daß die alte Königin mit dem Vorschwarm abgehen könne, da sie alsdenn ihre Freyheit erhielten, sich durchzuarbeiten, und nicht weiter daran gehindert würden. Und wenn wegen langanhaltenden Regen und stürmischen Wetter der Auszug in vielen Tagen nicht geschehen kann, sie insgesammt endlich getödtet werden, und das Schwärmen gar unterbleibt. Ob ich mich nun gleich nicht rühmen kann, daß ich alle Bienenbücher von Europa durchgelesen hätte, weil es mir dazu an Sprachkenntniß fehlt, so habe ich doch in keinem von den vielen, die ich durchblättert habe, diese oder eine ähnliche Bemerkung angetroffen. Nur H. Huber macht §. 242. f. f. weitläuftige Beschreibungen von der Gefangenschaft junger Königinnen und der Absicht dabey. Er will dieses in Stöcken beobachtet haben, worin es wegen ihrer Beschaffenheit und wegen des vielen Volks, das er darin zusammengebracht haben will, ganz unmöglich gewesen ist, solche besondere Dinge zu bemerken. Ich will ihn zwar nicht geradezu beschuldigen, daß er mit meinem Kalbe gepflüget habe. Wer aber seine Begattungsgeschichte mit dem, was Pösel davon gesagt hat, und seine Lehre von Entstehung der Schwärme mit dem, wie ich solche in meiner Korbbienenzucht beschrieben habe, zusammenhält, der wird sich nimmermehr überreden können, daß ihm die teutschen Schriftsteller von den Bienen so unbekannt gewesen sind, als er das Ansehen haben will. Ob er nun gleich diese Gefangenschaft aus ganz andern Ursachen herleitet, und es sogar bey allen jungen Königinnen annimmt, so wird doch ein genauer Beobachter nichts mehr und nichts weniger finden, als was ich angegeben habe. Die jungen Königinnen werden nie in der Gefangenschaft gehalten, wenn die Schwärme zur rechten Zeit abgehen können.

Wenn die Frage aufgeworfen wird, was für Kennzeichen es gebe, daß man Vorschwärme zu gewarten habe, so gestehen die meisten Schriftsteller, daß es hier, weil das Tüten der Königin, wie bey den Nachschwärmen nicht gehöret werde, an gewissen Kennzeichen fehle,

fehle, und wissen keinen andern Rath zu geben, als
es in der Schwärmzeit nie an gehöriger Aufsicht fehlen
zu lassen. In meiner Korbbienenzucht S. 128. habe ich dieses als ein gewisses Kennzeichen angegeben,
wenn man in richtigen Stöcken die Erbauung königlicher Zellen bemerke. Denn wenn nur eine davon so
weit gediehen ist, daß die Made bald verschlossen werden kann, so kann man den Schwarm an jedem schönen Tage erwarten. Weil es aber doch viele in der
Behandlung ihrer Bienen nie so weit bringen können,
ihre um diese Zeit oft so volkreichen und vorliegenden
Bienen zu besehen, und diesen Kennzeichen nachzuforschen, ob es gleich in den Mittagsstunden eine leichte
Sache ist; so will ich denen zum Besten, die den Zustand ihrer Bienen nur nach den äusserlichen Umständen beurtheilen können, noch ein sicheres und fast un-
trügliches angeben, das mich die Erfahrung geleßret
hat. So verdrüßlich oft das lange Vorliegen ist, ehe
es zum Schwärmen kommt, weil die Bienen mehr
durch die warme Witterung, als weil nun alles zum
Schwärmen fertig ist, zum Vorliegen genöthiget werden; so kann man doch endlich in den Bewegungen,
die die vorliegenden Bienen machen, ein richtiges
Kennzeichen finden, daß gewiß, wo nicht in wenig
Stunden, dennoch an dem nächstfolgenden schönen
Tag der Schwarm abgehen werde. So lange die
Bienen stille, ohne sonderliche Bewegung, auf und
neben einander liegen, wird sicher noch keine Anstalt
zum Schwärmen gemacht. Wenn man aber an einen
heitern Tage bald am Morgen gewahr wird, daß hie
und da einzelne Bienen anfangen, unter den Vorliegenden schnelle zirkelförmige Bewegungen zu machen,
denselben mit höhersteigender Sonne immer mehrere
darin nachfolgen, und sonderlich nahe an dem Flugloche herum viele solche Zirkel machen; und gleichsam

mit einander spielen; so wird der Schwarm oft in einer oder etlichen Stunden, oder doch gewiß den nächstfolgenden Tag, wenn die Witterung dazu bequem ist, abgehen. Auf dieses Kennzeichen gebe man Achtung, es wird nicht fehlschlagen. Eben so, wie diejenigen vorliegenden Stöcke, bey welchen man nie eine solche zirkelförmige Bewegung an irgend einer Biene bemerket, bey allem Vorliegen doch nie schwärmen werden.

Was viele und auch H. Huber noch von den Vorschwärmen behaupten, daß der angeborne Neid der Königinnen und ihr Abscheu wider einander, die nächste Ursache zum Auszuge seyn soll, davon glaube ich den Ungrund §. 10. genugsam dargethan zu haben. H. Huber führt nach seiner Gewohnheit §. 144. f. f. viele Thatsachen an, wie weit sich der Neid und Abscheu der Königinnen wider einander, sogar wider die, die noch in den Zellen befindlich sind, erstrecken soll. Wenn nur auch alles wahr wäre, was er uns davon erzählt. Denn wo wird man jemals eine solche zerstörte königliche Zelle in einem Stock antreffen, der einen Vorschwarm hat abgehen lassen. Nur zuletzt geschiehet es von den Bienen selber, wenn sie nicht mehr schwärmen wollen. Doch genug hier von den Vorschwärmen, die jedem bekannt genug sind. Das übrige in der Folge.

In den mehresten Bienenbüchern heißt es, daß auf den Vorschwarm einer oder mehrere Nachschwärme zu folgen pflegen, und dieses sey eben die Hauptursache, warum das freywillige Schwärmen der Bienen mehr für schädlich, als für nützlich angesehen werden müsse, weil nicht nur die mehresten alten Stöcke am Ende von den vielen Schwärmen eingiengen und mutterlos würden, sondern auch aus den kleinen Nachschwärmen nichts werden könnte.

Was

Was das erste betrift, daß jeder Stock, der einen Vorschwarm gegeben hat, auch einen und mehrere Nachschwärme bringe; so findet dieses nur in den vortheilhaftesten Bienenjahren statt, worin die Bienen die reichlichste Nahrung haben, und die Vermehrung des Volks weit stärker, als in andern seyn kann. Ich will z. B. nur das 1793ste Jahr anführen, das jedem noch erinnerlich seyn wird. In diesem Jahre hatten die Bienen an der großen Menge der bekannten blauen Kornblume (cyanus cent.) in Getraidefeldern, deren großer Einfluß zur gedeihlichen Bienenzucht in Bienenbüchern fast nirgends bemerkt wird, bey immer bequemer Witterung eine solche reiche Honigärndte, daß das Schwärmen nicht nur zeitiger, als in andern Jahren anfieng, sondern auch lange fortdauerte, so, daß mancher Stock fünf, bis sechsmal schwärmte, und doch am Ende weder mutterlos, noch mangelhaft an Honig war. Man bemerkte auch in diesem Jahre das Besondere, daß fast kein einziger Stock, wenn er nicht mehr schwärmen wollte, die überflüssigen Königinnen, wie sonst tödtete, sondern solche nur von sich trieb. Daher man beständig junge Königinnen an den Stöcken aus und eingehen sahe, und des Abends immer solche Ausgetriebenen an den Stöcken und Säulen der Hütte alleine sitzen fand. Ich habe auch in diesem Jahre, welches in der ganzen Zeit meiner Bienenwirthschaft nicht geschehen ist, den besondern Fall gehabt, daß ein Stock, der vom Anfang des Junius fünfmal geschwärmet hatte, nach zu Ende des Augusts einen mäßigen Schwarm von neuen brachte, welcher von einer solchen überflüßigen am Leben gelassenen Königin entstanden seyn mußte, und der alte blieb dennoch in gutem Stande. Wenn aber die Jahrszeit nur mittelmäßig für die Bienen ist, so erfolgen die Nachschwärme gar nicht so häufig, wie man fast allgemein vorzugeben pfleget. Es schwärmet oft kein einziger nach, wie man z. B. 1791. allenthalben vergeblich auf Nachschwärme wartete, oder es thut es nur einer und der andere und keiner leicht über zweymal, wie in diesem Jahre. Daß also der Schaden, der aus dem Nachschwärmen zum Untergang so vieler Stöcke entstehen soll, wirklich selten so groß ist, als er oft wider alle Erfahrung in Büchern, die von der Magazinbienenzucht handeln, vorgestellet wird.

Sodann kommt es da lediglich auf uns an, ob wir uns die Nachschwärme zur Erhaltung und Vermehrung der Bienenzucht recht zu Nutze machen? Denn unstreitig soll das in die Natur der Bienen gelegte Nachschwärmen auch mit darzu dienen. Man beklagt sich, daß dadurch so viele alte Stöcke mutterlos, oder von Bienen so entblößt würden, daß sie nicht weiter bestehen könnten. Haben wir es nicht in unserer Gewalt, eben solchen Stöcken durch die Nachschwärme in Zeiten zu helfen? Man muß nur seine Bienen in ihrer innern Beschaffenheit zu beurtheilen wissen, wie es um sie stehe. Wenn ein Stock, der oft geschwärmet hat, mit dem größten Theil seiner noch übrigen Bienen hinten auf den Drohnentafeln und nicht vorne zwischen den Tafeln von kleinen Zellen liegt; so ist Verdacht, daß er mutterlos worden ist. Damit ist nun freylich einem Stock, der vielmal geschwärmet hat, selten geholfen, wenn man dem zweyten oder dritten Nachschwarm die Königin abnimmt, und sodann die Bienen wieder auf den alten zurückgehen läßt. Denn ehe man damit zu Stande kommt, ist oft schon der Schade angerichtet, daß alle noch übrig gewesene Königinnen im alten umgebracht worden sind. Auch damit nicht, wenn man des Abends den ganzen Schwarm wieder aufschlägt. Denn er schwärmet alsdenn über den andern Tag doch wieder heraus, oder die Bienen bringen die einmal ausgezogen gewesene Königin doch wieder um.

Sondern

Sondern es muß mit einem Nachschwarm aus einem andern Stocke geschehen. Damit kann man mehrentheils den Untergang der alten Stöcke, die zuviel geschwärmt haben, verhüten. Freylich wenn man aus jedem Nachschwarm einen neuen Stock erzeugen will, und solchen allein stehen läßt, so wird nichts als Schaden herauskommen. Darzu sind aber die Nachschwärme nicht da, sondern damit schwache Stöcke, die man etwan noch in seinem Bienenstand hat, noch in Zeiten volkreich zu machen, und die alten abgeschwärmten zu verstärken; Hauptschwärmen, die nicht stark am Volk gewesen sind, davon mehrere Bienen zu verschaffen, daß der Stock von 18 Zoll wenigstens bis 16 Zoll herunter, oder bey der Magazinbienenzucht zwey Halbkästen bis auf ein Viertheil voll davon sind. Und wenn man solche ja darzu nicht nöthig hat, dreye und viere davon nach und nach in einen Stock zusammenbringe, zu welchem Ende man etliche von den ersten allein stehen läßt, damit sie einigen Bau und in demselben eine Schutzwehr für die Königin erhalten, wenn hernach mehrere darzu gebracht werden. Bey solcher Behandlung der Nachschwärme wird man den großen Schaden, den sie anrichten sollen, nicht erfahren, auch nach keinen besondern Mitteln fragen, dieselben zu verhindern. Und was ist denn am Ende verloren, wenn auch in mittelmäßigen Jahren ein alter Stock dabey eingehet, wenn dabey viele gute volkreiche junge Stöcke erlanget worden sind.

Die Nachschwärme kommen gewöhnlich den neunten oder zehnten Tag nach dem Vorschwarm. Wenn manche sagen, daß sie schon den dritten Tag Nachschwärme bekommen hätten; so ist der vermeintliche Vorschwarm, nur ein Nothschwarm und die alte Königin länger vorher abgegangen gewesen. Die innere Beschaffenheit des Stocks, der Mangel an aller

Brut

Brut wird es auch klar ausweisen. Wird der erste Nachschwarm durch üble Witterung bis zum vierzehnten Tag und weiter aufgehalten, so vereinigen sich alle Nachschwärme in einen und gehen auf einmal alle Königinnen mit ab, so daß keiner weiter erfolget.

Von allen Nachschwärmen hat man gewisse Kennzeichen, wenn sie bald kommen werden, nämlich den Gesang der Königinnen §. 6. Den siebenten oder achten Tag nach dem Vorschwarm, selten später, fangen die abgebrochenen Töne an. Den folgenden Tag hört man, wenn man sonderlich des Abends nahe an den Stock tritt, den ganzen Gesang, abwechselnd von etlichen Königinnen. Deswegen kommt aber der Schwarm den folgenden Tag noch nicht, sondern es vergehen immer noch ein, oder nach Beschaffenheit der Witterung etliche Tage. Jedem Stock kann man es nach dem Abgang eines Nachschwarms abmerken, ob er noch mehrere zu bringen Lust habe, oder nicht. Wenn man in demselben des Abends die abgebrochenen Töne oder den vollen Gesang noch fortdauern hört, so kommt über den andern Tag noch einer u. s. w. Ja in guten Jahren bringt oft ein Stock an drey Tagen hintereinander, jeden Tag einen Nachschwarm. Ich hatte im Jahr 1793. zwey Stöcke, die sehr nahe bey einander stunden und da beyde sehr vorlagen, sich freundschaftlich vereiniget hatten, indem jeder unten auf dem Standbrete ein Loch durchgefressen hatte und zuletzt der stärkste Aus- und Einflug der Bienen durch diese sich selbst gemachten Fluglöcher geschahe und des Abends alle ruhig in einen Klumpen zwischen den beyden Stöcken beysammen lagen. Sie brachten beyde zusammen einen Vorschwarm. Denn das Schwärmen fieng bey dem einen am untern Loche an, worauf der andere auch gleich daran Antheil nahm, und die Bienen aus beyden Stöcken herausstürzten. Es ward ein ungemein starker

starker Schwarm. Am zehnten Tag darauf fieng eben dieser wieder zuerst mit dem Nachschwarme an, und der andere folgte gleich nach, und so geschahe es die darauf folgenden Tage noch dreymal, daß ich von diesen beyden Stöcken fünf neue bekam, weil jedesmal Bienen genug waren, und nur der letzte noch einen Zusatz davon bekam. Nun war es aber auch Zeit diese Vereinigung aufzuheben, weil sie sich außerdem gegen den Winter alle in einen Stock zusammen begeben, und das Honig aus dem andern dahin gebracht haben würden.

Nach einem abgegangenen Nachschwarm kann man es auch dem alten Stock noch auf eine andere Art abmerken, ob er weiter schwärmen werde oder nicht. Man darf ihn nur einige Zeit darnach behutsam aufheben, so wird man finden, daß die übrig gebliebenen Königinnen auf das Staubbret herunter gebracht, oder schon getödtet worden sind. Den Abend darauf wird man auch keinen Laut mehr von einer noch übrigen Königin im Stocke hören, alsdenn schwärmet er gewiß nicht mehr.

Die Nachschwärme kommen früh Morgens noch eher, als die Vorschwärme; auch oft noch spät Nachmittags. Sie sind auch weit flüchtiger als jene, und wegen der vielen bey sich habenden Königinnen mehr zum Fortziehen geneigt. Insonderheit wird dieses oft dadurch veranlasset, daß man, wenn sich diese Schwärme wegen der mehreren Königinnen in zwey, drey Haufen anlegen, einen nach dem andern in den Stock bringen will. Daraus entstehet die Unordnung, daß sie nicht im Stock bleiben, sondern bald wieder heraus gehen, weil sie die andern vermissen. Man muß es daher gleich beym Schwärmen verhüten, daß sie sich nicht in verschiedene Haufen legen, sondern die kleinen durch Abschütteln oder Wermuthanlegen nöthigen, daß sie

sich

sich zu den großen begeben müssen, welches auch bald geschehen wird, und sie alsdenn erst, wenn sie alle beysammen sind und ruhig liegen, in den Stock bringen.

Jungfernschwärme, die aber selten sind, werden endlich diejenigen genennet, wenn ein frühzeitiger Vorschwarm nach vier, fünf Wochen wieder einen Vorschwarm bringet. Daß es erst nach sechs Wochen geschehe, wie H. Wurster will, habe ich nicht gefunden. Nur in außerordentlich reichen Honigjahren, oder wenn ein paar Vorschwärme zusammen gefallen, und in einen Stock gebracht worden sind, giebt es dergleichen. Außerdem ist es besser, sie bleiben weg, oder man sucht solche vielmehr dadurch zu verhüten, daß man einen Vorschwarm, der in 14 Tagen fast vollbauet, einen Untersatz giebt, damit er Arbeit bekommt, und das Schwärmen vergißt. Ich habe in etlichen und dreyßig Jahren, ein einziges erlebt, da die Jungfernschwärme so gut, wie in gewöhnlichen Jahren die zeitigen Vorschwärme wurden. Dieses war das 1774ste von dem und den darauf folgenden man so manche Berechnung in den Bienenbüchern findet, wie groß der Nutzen von der Bienenzucht in etlichen Jahren werden könne. Aber Berechnungen, die nach diesen Jahren gemacht sind, treffen vielleicht erst in 50 Jahren einmal wieder zu. In diesem Jahre hatten die Bienen vom April an, bis in den October ununterbrochen volle Honigtracht. Den 12ten May gieng das Schwärmen an, und in der Mitte des Junius brachten alle vom May ausgesetzte Vorschwärme schon wieder Jungfernschwärme und viele auch etliche Nachschwärme. Jeder geringe Nachschwarm, den man in diesem Jahre in einen Stock allein gebracht hatte, bauete sich voll, und man wußte gar nicht, wo in so kurzer Zeit so vieler Bau und Bienen herkämen; daß nur daher Jungfernschwärme entstünden, wenn ein

zeitiger

zeitiger Schwarm seine Königin bald wieder verloren
hätte, kann um deswillen nicht seyn, weil man alle
Kennzeichen an ihm findet, daß er bis zum Schwärmen im richtigen Zustand geblieben ist. Zuweilen kann
es wohl auch in mittelmäßigen Jahren der Fall seyn,
daß ein Vorschwarm aus dieser Ursache in der sechsten
Woche einen Jungfernschwarm bringt, aber alsdenn
wird es nur ein sehr geringer Schwarm seyn und an dem
alten wird man die sichersten Kennzeichen finden, daß
es nur ein Nachschwarm gewesen ist: Mangel an
Brut und noch leeren Raum im Stocke genug. Man
betrachte aber den, der einen ordentlichen volkreichen
Jungfernschwarm bringt, so wird man denselben nicht
nur vollgebauet, sondern auch die Zellen bis herunter
voller Brut finden, zum Beweis, daß die Königin
bis zu ihrem Auszug am Leben gewesen ist und bis auf
den letzten Tag Eyer legen können. Ich werde weiter
unten noch ein Paar besondere Fälle anführen, die ich
von diesem Jahre von Jungfernschwärmen angemerkt
habe, und wovon der eine unläugbar beweiset, daß eine Königin in einem Jahre mit zwey verschiedenen Vorschwärmen ausziehen, und ihr Todesfall keineswegs
darzwischen gekommen seyn kann.

Dieses wären die mancherley Arten von Schwärmen. Man muß also unter den freywilligen Schwärmen einen sehr nöthigen Unterschied machen, wenn
man die eigentliche Ursache, woher dieser und jener
Schwarm entstehet, auffinden will. Vor- und Jungs-
fernschwärme gehören in die eine, so wie Noth-
und Nachschwärme in die andere Classe. Es ist
richtig, die Bienen werden durch den Abgang der alten Königin veranlasset, mehrere junge Königinnen zu
erbrüten, welches außerdem nicht geschehen wäre, woraus hernach ein freywilliger Schwarm entstehen kann.
Es sind aber dieses insgesammt nur geringe Schwär-

me, wenn sie gleich aus einem Stock die ersten sind, und selten, wie ich denn von mehr als 40 Stöcken, von welchen ich im April und May den Tag aufgeschrieben habe, an welchen die Königin verloren gegangen war, nur sechse angemerkt finde, daß sie einen geringen Schwarm gegeben haben. So kommen auch die Nachschwärme niemals den Vorschwärmen am Volke gleich, es müßte denn seyn, daß vom Vorschwarm die Königin beym Auszug verloren gegangen, und die Bienen wieder auf den Stock zurückgegangen wären, da es denn geschehen kann, daß sich alle junge Königinnen zu einem starken Schwarm vereinigen und hernach nicht weiter nachschwärmen. Alle Vorschwärme hingegen sind stark am Volke, weil sie vom Frühjahr an in richtigem Zustand geblieben und sie mit der bisherigen alten Königin ihren Auszug halten. Daß ein Stock schwärmet, der die Königin gegen die Schwärmzeit verloren hat, bleibt daher immer nur ein seltener Fall; daß aber von denen, die die Königinnen behalten, sehr viele schwärmen, wird jeder, der Stöcke nach ihrer innern Beschaffenheit zu beurtheilen weis, zugestehen müssen.

§. 30.

H. Hubers Meinung von Entstehung der Schwärme.

H. Huber will uns zwar in seinen neuen Beobachtungen über die Entstehung und Bildung der Schwärme 9r Br. §. 215. f. f. viel Neues sagen, er legt aber einen ganz falschen Grund dazu, indem er das erste, die Entstehung aus seiner willkührlich angenommenen und nirgends bewiesenen dreyfachen Eyerlage der Königin, letzteres, die Bildung, aus dem Neid der Königinnen unter einander herleiten will. Jenem, sieht er sich selbst genöthiget §. 223. und in vielen

len andern Stellen zu widersprechen, und läßt die Königin wechselsweise zu verschiedenen Arten von Bienen Eyer legen, daß ich also nichts zuzusetzen habe, sondern auf §. 1. und 25. verweisen kann. Und was den Neid der Königinnen betrift, ist auch davon §. 10. fast genug gesagt worden. Denn was er erst davon §. 275. nach seiner luxuriösen Einbildung nachträgt, da vorher in allen Beobachtungen ausziehender Schwärme nichts vorkommt, so ist daraus gar nicht abzusehen, wie das neidische Bezeigen einer Königin gegen die noch in den Zellen verschlossenen, worin ihr die Arbeitsbienen allen Widerstand thun, sie zwicken, zerren, vertreiben sollen, daß sie sich entfernen muß und in keiner Ecke des Stocks ruhig seyn kann, wie bey einem solchen Widerstreben gegeneinander doch die Versammlung eines Schwarms geschehen und auch sogleich der Auszug desselben erfolgen soll? Jedoch jeder Bienenverständige muß hier selber einsehen, daß er in seinem darzu gebrauchten Glasstock bey der darein gebrachten Menge der Bienen von dergleichen Dingen gar nichts habe bemerken können, und im 10ten und folgenden Brief nichts, als die nöthigen Supplemente zu den vorigen enthalten sind. Aus dem sich imaginirten Neid zwischen den Königinnen werden die wahren Ursachen der verschiedenen Schwärme nie aufgehellet, sondern vielmehr verdunkelt werden. Denn fände dieser Neid wirklich statt, so müßte doch eher die Beneidete weichen und ausziehen, deren sich die Arbeitsbienen annehmen, so soll es aber die seyn, die beneidet. Wer darüber nachdenkt und die Erfahrungen, die er mit Augen sieht zu Hülfe nimmt, muß doch wohl überzeugt werden, daß der den Königinnen ohne allen Grund zugeschriebene Neid vollends zu den Schwärmen gar nicht passe, da beständig so viele mit einander friedlich in einem Schwarm ausziehen, sich keine um die andere etwas bekümmert, und blos die Arbeitsbienen die Auswahl treffen, welche sie behalten wollen. Im Grunde hat H. Huber von der Entstehung der Schwärme nichts anders, als was schon längst die meisten deutschen Schriftsteller davon behauptet haben, daß nämlich nach §. 229. der Mangel an Raum im Stocke den natürlichen Instinkt der Bienen, neue Colonien auszuschicken anreize, noch bey Lebzeiten der alten Königin viele Zellen zu jungen zu erbauen und wenn diese zur Reife kämen, gebe sie den größten Neid gegen dieselben zu erkennen, und entschließe sich endlich aus Verdruß über ihr vergebliches Bemühen selbige zu tödten, mit dem größten Theil des Volks auszuziehen, und den ersten oder sogenannten Vorschwarm zu formiren. Er nimmt daher ferner §. 219. an, daß allemal die alte Königin mit dem ersten Schwarm ausziehe, die darauf folgenden Nachschwärme aber junge bey sich hätten. So weitläufig er in dieser Sache ist, und so viele Beobachtungen er darüber angestellt haben will, so kann doch nichts davon eine neue Entdeckung heißen, weil schon viele aus richtigen Erfahrungen eben dieses behauptet haben. Nur die Einkleidung ist nach seiner Art neu, und wenn man dieses so mühsam zusammengesetzte buntkrause Gewand wegnimmt, so bleiben folgende Sätze übrig: Die Bienen haben einen natürlichen Instinkt junge Königinnen zu erzeugen und zu schwärmen, wenn sie in ihrem Stock keinen Raum mehr haben ihren ersten Instinkt zu befriedigen, das Volk zu vermehren, und Honig zu sammlen. Sie folgen dann dem andern Instinkt sich junge Königinnen zu erzeugen, da denn die alte mit dem ersten Schwarm auszieht, dem mehrere mit jungen Königinnen nachfolgen können. Alles übrige, sonderlich was er von unbefruchteten jungen Königinnen und von dem Neid gegen Ungeborne einschaltet, sind Erdichtungen seiner Einbildungen, die

nichts

nichts Wesentliches zur Entstehung der Schwärme beytragen. In den Hauptvorstellungen kommt er also mit dem überein, was ich schon in meiner praktischen Bienenzucht gelehret habe, ob ich gleich überzeugt bin, daß H. Huber mit seinen Blätter- und Glasstöcken nie die beschriebenen Beobachtungen hat machen können. Die Entstehung der Nothschwärme hat er ganz ununtersucht gelassen. Wie er denn auch darin, wenn er wirklich Beobachtungen darüber anstellen wollen, nie zum Zweck gekommen seyn würde, weil es nur ein seltener Fall ist, wenn ein Stock durch den Abgang oder Wegnahme der Königin noch zum Schwärmen gereizt werden soll.

§. 31.
H. Wurster's Meinung von Entstehung der Schwärme.

So sehr H. Wurster im XVI. Cap. von Schwärmen §. 288. f. f. darwider warnet, daß man kein schwarmsüchtiger Bienenwirth seyn, sondern dazu nur einige Stöcke von mittelmäßiger Größe zur Vermehrung des Bienenstandes bestimmen soll: und so gut die Beförderungsmittel angegeben sind, nämlich vieles Volk und kein Mangel an Honig in den Stöcken, daher sie auch im Fall des Nothleidens gefüttert werden müßten, wenn man nicht vergeblich aus ihnen auf Schwärme warten wolle, und aus diesen gegebenen Regeln doch auf einen gewissen natürlichen Instinkt der Bienen zum Schwärmen geschlossen werden kann; so nimmt er doch im folgenden den Abgang oder den Tod der Königin, die nach seinen angenommenen Grundsätzen §. 63. gewöhnlich ein Jahr alt werden, sehr oft aber dieses Alter nicht erreichen soll, als die einzige Ursach des Schwärmens bey den Bienen an, und zwar

zwar aus dem Grunde, weil sich die Bienen von Natur ungern trenneten, und also gleichsam ein Nothmittel vorhanden seyn müsse, welches sie darzu bringe. Seine Vorstellung davon ist §. 299. folgende:

Zwar glauben viele die Verkleinerung der Wohnung sey die Hauptursache des Schwärmens, allein sie irren sich offenbar. Ich habe im III. Capitel das Nöthige von dem Alter der Königin gesagt. Diese geht gewöhnlich alle Jahr mit Tod ab, folglich machen die Bienen, wenn taugliche Brut vorhanden ist, sogleich Anstalt, eine neue Königin zu erbrüten. Aus Sorgfalt setzen sie immer mehrere königliche Zellen an, wobey sie gemeiniglich Eyer und Räuplein von verschiedenem Alter wählen. Geschieht es nun zufällig, daß sie Räuplein von ganz gleichem Alter wählen, so schlupfen diese auch zu gleicher Zeit aus. Einige Tage leben diese königlichen Schwestern friedlich und ohne Neid beysammen. Sobald sie sich aber zu begatten anfangen, so entsteht buhlerischer Neid und Uneinigkeit; sie verfolgen einander und eine sucht die andere aus dem Wege zu schaffen. In diesem Fall hört man die Königinnen auch bey den Vorschwärmen rufen und tüten. Nun mag die Wohnung groß oder klein, ausgebauet oder nicht ausgebauet seyn, so schwärmet eben ein solcher Stock, man mag machen, was man will. (Jedoch wird in einer darunter gesetzten Note das Verstellen mit einem andern, als ein Mittel harwider, aber kein Kennzeichen angegeben, woran man einen solchen Stock, der so unvollkommen schwärmen will, erkennen soll.) Haben sie hingegen Räuplein von verschiedenem Alter gewählet, so schlupft das älteste auch zuerst als eine Königin aus. Ist diese gerathen, und ist noch hinlänglicher Raum in der Wohnung, so verlangen die Bienen nicht sich
von

von einander zu trennen, sondern sie reissen vielmehr die übrigen Königinnen noch unzeitig aus den Zellen heraus, und bleiben beysammen. Ist hingegen der Raum in ihrer Wohnung für sie zu enge, so warten sie, bis wenigstens noch eine Königin ausgeschlüpft ist, alsdenn zieht eine Parthie aus. In diesem Fall tragen enge Wohnungen vieles zum Schwärmen überhaupt bey, nicht aber zum frühern Schwärmen, wie viele glauben. §. 300. Das, was ich eben gesagt habe, ist einzig und allein auf Erfahrung gegründet. Wer bey seiner Bienenzucht aufmerksam ist, wird alles eben so finden, wie ich beschrieben habe. Was man von weitern Ursachen des Schwärmens schreibet, ist gewiß ungegründet, und jeder, der nur einige Sommer in der Schwärmzeit recht genau auf seine Stöcke Achtung giebt, wird bald finden, daß sie keine Probe halten. Die ganze Sache bestehet kurz darinnen: Mehrere Königinnen, die in einem Stock nach dem Tode der alten erbrütet worden sind, beneiden sich unter einander, bis eine Parthie weicht. Damit aber die Bienen, die, wenn sie Raum genug haben, gern beysammen bleiben, aus Mangel an Raum mehrere von den angesetzten Königinnen ausschlupfen lassen, so lasse man ihnen keine allzugroße Wohnung. Anm. c) S. 375. Hier könnte man vielleicht einwenden: Wenn die Königin alle Jahre stirbt, so sollten ja alle Stöcke alle Jahre schwärmen. Diesen Einwurf hoffe ich so zu beantworten, daß er jeden nicht von Vorurtheilen eingenommenen Leser befriedigen dürfte. Die Hauptsache kommt darauf an, zu welcher Jahreszeit die Königin stirbt. Ich habe schon bey mehreren Stöcken im Frühjahre unter den todten Bienen die Königin gefunden, und keiner von diesen hat im selbigen Sommer geschwärmet, uneracht einige schwarmgerecht waren. Diese Stöcke hatten sich noch lange vor der Schwärmzeit junge Königinnen erbrütet. Weil nun diese wenigstens die eigentliche Schwarmzeit überlebten, so unterblieb das Schwärmen ganz. Stirbt hingegen die Königin kurz vor der Schwärmzeit, oder wenigstens zu Anfang derselben, so schwärmet ein solcher Stock zuverläßig, den einzigen Fall ausgenommen, wenn von den jungen Königinnen, deren vielleicht nur zwey oder drey erbrütet wurden, nur eine einige gerathen ist. Bisweilen kann auch von mehreren Königinnen nur eine gerathen, wenn nämlich die Bienen aus einem zu heftigen Trieb eine Königin zu haben!!! solche vor der Zeit aus ihren Zellen außbeißen, wovon es auch Beyspiele giebt. Ich habe vorigen Sommer eines mit Augen gesehen. Sie beißen in diesem Fall das Loch von der Seiten in die lange eichelförmige Zelle ein, anstatt daß die Oeffnung, wenn die Königin zur rechten Zeit ausschlupft, von unten herauf gemacht wird. Stirbt endlich die Königin nach der Schwärmzeit, so werden zwar aus Sorgfalt mehrere ausgebrütet; sobald aber eine glücklich ausgeschlupft ist, so reissen die Bienen die übrigen aus den Zellen und schleppen sie hinaus. So sah ich 1783. aus einem Stock, der lange vorgelegen war, und die Schwärmzeit übergangen hatte, 13 unzeitige Königinnen hinausschleppen. Ich gab genau auf diesen Stock Acht, ob er nicht weisellos seyn würde. Allein im folgenden Jahr gab er mir einen schönen Schworm. Wer sieht nicht hieraus, daß die Königin alle Jahre stirbt, und daß ihr Tod die Hauptursache aller Schwärme ist? Ueberhaupt habe ich schon so oft Gelegenheit gehabt, mich je länger, je mehr so fest davon zu überzeugen, daß ich es fast nicht begreifen kann, wie diese Lehre nur

noch)

noch hie und da Widerspruch finden kann. Wer sich nicht blos bey einer zweyjährigen eigenen Bienenpflege hinlänglich davon überzeugen kann, dem fehlt es entweder an gnugsamer Aufmerksamkeit auf seine Stöcke, oder die Schuld ist einem kurzen Gesicht beyzumessen, das ihn außer Stand setzt, alles zu bemerken."

Ich sage hier noch nichts gegen die Beweise, daß das Sterben der Königin die Haupturſache aller Schwärme seyn soll, weil ich noch des H. C. R. Riems Meinung dazu zu bringen habe, welche dieſer sehr nahe kommt. Nur dieses will ich erinnern, daß H. Wurſter dabey die Aufmerkſamkeit die er von andern fordert, nicht allemal angewendet haben könne. Denn nicht aus dem Schwärmen der Bienen überhaupt, sondern aus der ganzen innern Beschaffenheit des Stocks, der geschwärmet hat, ob er §. 27. und 28. seine Königin noch gehabt, oder ob dieselbe abgegangen gewesen, kann die wahre Ursache aufgefunden werden, warum er gerade zu der Zeit geschwärmet habe. Hätte er dieses genau beobachtet, und nach dieſer Beschaffenheit seine Stöcke zu unterscheiden gewußt; so würde er die Erbrütung junger Königinnen aus Noth §. 1. nicht als die Haupturſache aller Schwärme angenommen haben; sondern vielmehr zu der Erfahrung gekommen seyn, daß daher nur selten Nothſchwärme entstünden. Sodann hat er auch die richtige Erfahrung gemacht, daß es nur einen Fall gebe, wo man die Königin auch bey einem Vorschwarm rufen und tüten höre. Hätte ihn das nicht aufmerkſam machen sollen, desto sorgfältiger nachzuforschen, warum bey so vielen andern, ja bey den allermeiſten Vorſchwärmen niemals vorher ein solches Rufen und Tüten gehöret würde. Man kann zwanzig und mehrere der besten Vorschwärme nach einander bekommen, ohne daß bey einem einzigen dieses Rufen gehöret worden ist. Hingegen geschieht es bey allen Nachschwärmen, womit nur junge Königinnen ausziehen können. Wenn nun dieses eine allgemeine Erfahrung ist, daß sich die Nachschwärme, bey welchen junge Königinnen sind, durch das Rufen vorher hören lassen, die meisten Vorschwärme aber in aller Stille abgehen; so sollte doch wohl ein aufmerksamer Bienenwirth natürlicher Weise auf den Gedanken geführet werden, dieser Vorschwarm müsse darin den Nachschwärmen gleich gewesen seyn, daß nur junge Königinnen mit ihm ausziehen können, und wenn man den innern Zustand desselben untersucht, so wird man an der völlig ausgelaufenen Brut überzeugt werden, daß schon vor geraumer Zeit die alte Königin verloren gegangen, und nur junge vorhanden gewesen seyn können. Also der einige Fall, wo auch bey einem Vorschwarm das Tüten gehöret wird, ist der, wenn er die alte Königin verloren hat, und junge ausziehen. Wenn es also bey andern Vorschwärmen, die ungleich stärker sind, nicht geschieht; so können sie auch keine jungen Königinnen haben, so muß auch bey diesen eine andere Hauptursache zum Schwärmen, als wie bey jenen seyn und dieses ist keine andere, als weil sie die alte Königin noch haben, und diese mit dem ersten Schwarm auszieht, ehe noch eine junge aus der Zelle gekommen ist.

§. 32.

H. C. R. Riems Meinung von der Hauptursache der Schwärme.

Es ist mir zwar wohl bekannt, daß H. C. R. Riem in seiner Coloniebienenpflege und andern ältern Schriften, auch noch im Reichsanzeiger 1793. 2. B. p. 123.

n. 123. S. 1057. mit Gesen, eben so wie H. Wurster behauptet hat: daß die Bienen nur alsdenn schwärmten, wenn sie um ihre alte Königin in der Brutzeit gekommen wären; so kann ich doch darauf der Billigkeit noch keine Rücksicht mehr nehmen, da dieser Satz in den Anmerkungen zu Hubers neuen Beobachtungen etwas anders modificirt, und nicht so allgemein vorgetragen worden ist. Ich hoffe aber doch aus den vielen Anmerkungen über diese Sache die rechte Meinung desselben gefaßt zu haben, weil dieses mit der Erklärung, wie mehrmaliges Schwärmen aus einem Stock nach Abgang der alten Königin soll erfolgen können, in den Neuen Sammlungen 5. B. S. 184. not. 9), die ich erst zuletzt anführen werde, übereinzustimmen scheint. Jetzt nur das hieher Gehörige aus den Anmerkungen über Hubern Auszugsweise:

§. 94. S. 119. not. *) Daß die Königin, welche mit dem ersten Schwarm abgehet, gerade deswegen eine vorjährige seyn müsse, weil sie sogleich Eyer leget, und daher größer, wie die jungfräuliche beym 2ten und 3ten Schwärmen ist, das ist eben keine Folge, oder Beweis, daß sie eine vorjährige sey. Denn sie darf auch nur 3 bis 4 Wochen alt seyn, so kann sie so ansehnlich und groß aussehen, wie eine jährige? Viele Gegenbeweise werden von einer solchen Behauptung erfordert, ehe man sie für allgemein annehmen kann. Denn einzelne Fälle sind oft trüglich und daher noch kein genüglicher Beweis. Es kann wohl zuweilen möglich seyn, daß eine weniger Eyer legende Mutter 1 oder 2 Jahre alt wird, wenn sie so glücklich ist, allen übrigen Unglücksfällen des Vogelfraßes und der Verirrung beym Ausfluge zu entrinnen; und das eben so, als es zuweilen möglich ist, daß andere

unterm

unterm Jahre sterben, andere bald nach dem Jahre, woher alsdenn spätere und frühere Schwärme erfolgen, sowohl die erstern im Frühjahre, als auch die sogenannten Jungfernschwärme, das sind Schwärme vom ersten Sommer. Der oben von Hübern erzählte Tod seiner Königinnen, wovon mehrere Fälle unten vorkommen, ist ein gültiger Beweis von dem, was ich behaupte: Eine Mutter, die viel legt, ermattet, sie stirbt gar oft ohne unser Wissen (ja! wenn wir es nie zu wissen verlangt haben) und die Bienen ersetzen also auch ohne unser Wissen ihre Stelle und diesen Mangel durch neue Erbrütung, und erhalten auf diese Art den Bienenstaat immerfort, so lange sie bey deren Tod gehörige Brut haben. Ist dieß nicht eine natürlichere Folge des Schwärmens, als man bisher angegeben hat? Nun nämlich erfolgen weit sicherer alsdenn, wenn mehrere Königinnen gerathen, und sobald die Bienen dabey volkreich sind, Schwärme, die bey Anwesenheit einzelner Königinnen nicht so leicht und oft erscheinen. Indessen gebe ich zu, daß die Bienen auch keinen Schwarm in beyden Fällen liefern, wenn sie keinen Gefallen zu schwärmen haben, und alle überflüssige Königinnen bald hinrichten.

§. 272. Anm. 2°) S. 385. So recht: durch Alter und Zufall kann die Königin sterben, und so muß es auch meistens durch Zufall geschehen. Da kämen wir (mit H. Hübern) auf einem Mittelweg zusammen. Denn da ich für sehr wahrscheinlich halte, es würden nicht eher Königinnen erbrütet, als bis meistens die alte Mutter stirbt oder schwach wird; so werden sie auch durch Bewegungsgründe geleitet, neue und zugleich mehrere Mütter erbrüten, seltener solche nur einzeln erzeugen.

gen; und so erfolgt denn auch das Schwärmen. Diesen Lieblingssatz kann ich so leicht nicht zurücknehmen, wenn auch gleich zuweilen eine, und die andere alte Mutter, wie Fälle vorhanden sind, beybehalten worden. Weil nun eines Theils dergleichen Fälle, bey welchen Mütter waren, die älter als ein Jahr geworden, äusserst selten vorkommen, so sage und behaupte ich, daß der Tod der alten Mutter meistens den Anlaß zum Schwärmen verursache, wie ich es bey §. 94. S. 119. und §. 164., ja auch bey §. 226. schon angeführt habe; und da andern Theils die Fälle, welche man uns anzeigt, nicht ganz frey von Zweifeln sind, so werde ich sehr schwer davon abgehen. So z. B. ist die Erzählung Spitzner's in seiner ältern und neuern Korbbienenzucht, besonders in der letzten Auflage 1788. S. 60. von der Art. Er sagt: es wäre eine Königin mit eingeschrumpften Flügeln in jedem Jahre beym Schwärmen gewesen. Ist es denn nicht möglich, daß alle Jahre eine neue Mutter gerade auch eingeschrumpfte Flügel haben könnte? (und ich frage, ob solche hervorgesuchte Möglichkeiten gegründete Zweifel heißen können? Sp.). Es ist mir wenigstens mehrmals begegnet, daß mir im andern Jahre eben so krüpelhafte Königinnen bey Schwärmen ausgiengen, und diesfalls gleich zu Boden fielen, die der vorjährigen in allen glichen und doch waren es junge (woher denn aber die Gewißheit, daß es junge und nicht die vorjährigen waren; das muß erst bewiesen werden). Daher ich auch nicht so eilfertig den Glauben annähm, als wären es die vorjährigen. Indessen muß diese Spitznerische Beobachtung dem H. Huber auffallen!!! weil desselben Königin, die keine Flügel hatte, sich folglich nicht begatten konnte. Wo haben sich

junge

junge und zum Fliegen untüchtige Königinnen, die man auf dem Boden aufsuchen, und sodann den Schwärmen zusetzen mußte, begattet? Zumal als sie doch in der Folge fruchtbar waren, so muß natürlich diese Frage entstehen. Ja, wird man sagen, sie waren schon begattet, ehe die Flügel ihr einschrumpften, und das waren nur Kennzeichen des Alters? Wenn man aber antworten kann, daß eben auch dergleichen verstümmelte Königinnen, beym zweyten und dritten Schwärmen gefunden wurden, die doch fruchtbar wurden: ja daß mein Vater mit Fleiß einer Königin von einem zweyten Schwarme, da der Stock (Schwarm) etliche Tage hinter einander aus der neuen Wohnung wegflog, endlich die Flügel so beschnitte, daß sie nicht fliegen konnte, und nun der Schwarm blieb, aber diese verstümmelte Mutter, die wir in der Folge alle Arten Eyer!! legen sahen, fruchtbar gewesen; so wird das Begatten im Fluge, und daß darzu gerade ein hoher und weiter Ausflug erfordert werde, wieder etwas zweifelhaft (es ist ein wahres Hirngespinste); und ich glaube vielmehr, wenn ja ein Ausgang vor dem Stock nöthig ist (er ist sicher gar nicht nöthig), daß dieser bis vor das Flugloch für Krüpelhafte schon hinlänglich sey; wie ich an einem andern Ort umständlich erwähnet habe. Die Luft und der Raum im Stocke mag der Begattung also wohl am hinderlichsten seyn!! So sehr ich nun hier hofte, mich dem H. Verfasser in Rücksicht des Satzes, daß die Königinnen durch Alter und Zufall stürben, und so die meisten Male das Schwärmen veranlaßten, zu nähern, und er sich mir: so sehr dünkt mirs, weicht er in der Folge wieder von diesem meinem Satze ab. Nur die Zeit und mehrere Erfahrungen müssen uns also vereinigen.

Zu

Zu dieser Absicht füge ich hier demjenigen, was ich in der 1sten und 4ten Note bey §. 272. sagte, daß zuweilen alte Königinnen den Schwarm wohl begleiten dürften, noch dieses hinzu: daß es alsdenn am ersten zutreffen könne, wenn eine alte Königin sich leer geleget, und daher eben nach einer neuen Begattung Verlangen hatte. Man könnte hier sagen und einwenden, daß sie ja eben so den freyen Ausflug dazu habe und anwenden könne, wie jede Jungfernkönigin? Allein ich antworte: daß jetzt die Menge der Bienen, die Wärme des Stocks u. s. w. viel eher das Volk anreitze, der Königin — die aus Verlangen nach Begattung jetzt die bekannten Kennzeichen von Unruhe, Umherlaufen, und was dergleichen mehr, vor jedem Schwarme sowohl, als auch beym Ausfluge zur Begattung vorangehet, von sich giebt — am liebsten in einer zahlreichen Gesellschaft d. i. mit einem ganzen Schwarme zu folgen, dagegen bey neubewohnten Stöcken, zur Begattung die Jungfernköniginnen nur in kleiner Gesellschaft mit bloßem lärmenden Gesumse zu begleiten. Diese und mehrere Folgerungen müssen den Kennern wohl von selbst, nunmehr bey so neuen Entdeckungen! beyfallen und Anlaß geben, vielleicht endlich, doch etwas Gewisses hierüber entdecken zu können. Wenigstens könnte man schon für sicher annehmen, daß das Schwärmen meistens auch durch ein Verlangen der Königin nach einer Begattung veranlasset werde.

§. 33.

Vergleichung der Meinungen H. Wursters und H. E. R. Riems über die Entstehung der Schwärme.

Es ist mir sehr daran gelegen, daß ich dabey in kein Mißverständniß gerathe, weswegen mir aufs neue

Schuld

Schuld gegeben werden könnte, daß ich aus bloßer Streitsucht widerspräche. Nein! Allgemeine Grundsätze aus der Naturgeschichte, und allgemeine richtige Erfahrungen, (nicht einzelne Fälle), können hier allein entscheiden, wo die Wahrheit zwischen so verschiedenen Meinungen, dennoch in der Mitten liegt, und diese will ich mich bemühen, hervorzuziehen, und anschaulich zu machen.

Ich glaube H. Wurster nach den angeführten Stellen richtig verstanden zu haben, wenn ich das für seine Meinung halte: Kein Stock schwärme eher oder könne schwärmen, als bis die alte Königin gestorben sey, und dadurch die Bienen veranlaßt würden, junge Königinnen zu erbrüten. Er sagt nicht nur deutlich, daß keine Königin über ein Jahr lebe, und darauf ist schon zum Theil §. 4. geantwortet und gezeigt worden, wie diese Behauptung nach der innern Beschaffenheit der Bienenrepublik gar nicht angenommen werden könne, da man gar wohl wissen könne, wenn die Königin im Stocke noch lebt, oder wenn sie abgegangen ist, und ob man gleich nicht bestimmen kann, wie weit bey dieser und jener ihr Alter reiche; so geht doch sicher die Dauer ihres Lebens weit über ein Jahr, also über die gewöhnliche Schwärmzeit hinaus, wenn auch einzelne stürben, oder sonst abgiengen. Es bleibt also nur der andere Satz hauptsächlich übrig: ob kein Stock eher schwärme, oder dies die allgemeine Ursach des Schwärmens bey den Bienen sey, daß der Tod der Königin vorhergegangen seyn müsse.

H. C. R. Riem trägt zwar den ersten Satz, nach den neuen Beobachtungen H. Huber's und Uberschar's, welche ihm S. 341, zwey würdige und glaubbare Männer sind, etwas eingeschränkter vor, indem er zugiebt, daß eine weniger Eyerlegende
Köni-

Königin älter werden könne. Er läßt daher auch in Ansehung des zweyten Satzes einzelne Ausnahmen zu, daß nämlich zuweilen eine weniger eyerlegende alte Königin, oder die sich leer gelegt habe, bey einem Schwarm seyn könne; er nennt dieses aber einen äusserst seltenen Fall; und giebt nun der vorher mit Wurstern gehabten gleichen Meinung diese Bestimmung: daß die meisten Male, oder meistens der Verlust der alten Königin die Hauptursache des Schwärmens sey. Er nennt das ausdrücklich seinen Lieblingssatz, daß der Tod der Altmutter meistens den Anlaß zum Schwärmen verursache und setzt sogar dieses hinzu: Daß der Tod der Altmutter eine weit natürlichere Folge des Schwärmens sey, als man bisher angegeben habe. Ob es nun wohl noch am Ende der Anmerkung heißt, man könne für sicher annehmen, daß das Schwärmen meistens auch durch ein Verlangen der Königin nach Begattung veranlasset werden könne; also dieses jenem gerade entgegen gesetzt zu seyn scheinet, weil es eben so wohl, wie dort heißt, daß es meistens die Veranlassung sey; so wird doch dessen fast weiter nicht gedacht, und es bleibt immer bey jenem so behaupten Lieblingssatz. Ich werde doch also hoffentlich nicht irren, wenn ich dieses für seine wahre Meinung annehme: Der Tod der Altmutter ist die mehresten Male oder meistens die Ursache des Schwärmens. Was also nach H. Wurster nur die einzige Ursache seyn soll, das ist sie bey H. Riem die meisten Male oder meistens. Was er übrigens noch für besondere Ursachen angiebt, warum er diesem Lieblingssatz auf das meistens oder mehrere Male eingeschränkt habe, z. B. daß eine und die andere Mutter zufällig behalten werde; eine wenig Eyerlegende Mutter 1. 2. Jahr alt werde; wenn eine Königin sich leer gelegt, das Verlangen nach Begattung die Ursach des Schwärmens werden könne; auch der innerliche Neid und Streit zwischen den Königinnen oder ob sie befruchtet oder unbefruchtet sind, davon werde ich zuletzt das Nöthige sagen. Jetzt bleibe ich blos bey den Sätzen stehen, die wie ich glaube, aus der ganzen Einrichtung der Bienenrepublik und aus richtigen Erfahrungen bewiesen werden könnten:

Der Tod der alten Königin kann keine weit natürlichere Folge des Schwärmens seyn, als man bisher angegeben hat.

Der Tod der Königin kann weder allemal, noch die mehresten Male, oder meistens die Ursache der Vorschwärme seyn.

Beym Auszug eines Vorschwarms ist die alte Königin noch am Leben; sie ziehet selbst mit diesem Schwarm aus, nachdem sie viele königliche Brut im Stock zurückgelassen, welches die Veranlassung zum Schwärmen gegeben hat.

Der Tod der Königin verursachet nur zuweilen einen Schwarm, der mit Recht ein Nothschwarm genennet wird, weil die Bienen nur nothgedrungen, nicht nach dem natürlichen Instinkt zum Schwärmen, mehrere Königinnen erbrütet haben.

Daß die Bienen nach dem Tod der Königin schwärmen, ist nur ein seltener Fall. Die Schwärme sind auch nur geringe und niemals den Vorschwärmen gleich.

§. 34.

Der Tod der Königin kann keine weit natürlichere und sicherere Folge des Schwärmens seyn, als man bisher angegeben hat.

Die ganze Naturgeschichte lehret, daß allen Insekten der Trieb zur Fortpflanzung und Vermehrung im Frühjahr in die Natur gelegt sey. Diese Vermehrung geschiehet hauptsächlich durch fruchtbare Mütter. Bey
den

den Bienen und andern ihnen ähnlichen Insekten, als Horniſſen, Weſpen und Hummeln, trift man überdies das ganz Beſondere an, daß die Fortpflanzung und Vermehrung durch eine einzige Eyerlegende Mutter geſchehen kann, die vom Winter übrig geblieben iſt. Bey der Fortpflanzung und Vermehrung ſolcher Inſekten kommt alſo alles darauf an, daß dieſe Mutter beym Leben bleibe, wenn die Vermehrung bis zu vielen Hunderten, oder wie es bey den Bienen iſt, zu vielen Tauſenden geſchehen ſoll. Man trift daher, wenn man im Auguſt die Neſter der Horniſſen, Weſpen und Hummeln unterſucht, noch die alten Eyerlegenden Mütter an, die im Frühjahre den Anfang zur Fortpflanzung und Vermehrung gemacht haben, welche ſich an Größe von allen ihren Kindern merklich unterſcheiden. Und wer kann daran zweifeln, daß ein Bienenſtock ſeine vom Winter übrig gebliebene Mutter behalten müſſe, wenn ſich in derſelben die Bienen täglich vermehren ſollen? Denn ſo bald dieſe weg iſt, iſt keine Vermehrung der Bienen mehr möglich, und der Stock muß nach und nach abſterben, wenn ihm nicht geholfen wird. Wie ſchnell erfolgt im Frühjahre, wie wir mit Augen ſehen, die Vermehrung der gemeinen Bienen in einem Stocke, wenn er nur noch eine fruchtbare Mutter und Honig genug hat, die Brut zu verſorgen. Wer zweifelt im geringſten daran, daß im Frühjahre die gemeinſchaftliche Mutter abgegangen ſeyn könne, wenn der Fortbau der Tafeln und die Vermehrung der Bienen gleichen Fortſchritt halten. Kann man nun das wohl für möglich anſehen, daß dieſe Mutter ſchwach worden, oder gar geſtorben ſeyn könne, wenn die Vermehrung ununterbrochen fortdauert. So ſchreitet aber doch in einem guten Frühjahre der Bau und die Vermehrung der Bienen, bis zur Schwärmzeit in den meiſten Stöcken fort, ſo, daß ſie in nicht allzugroßen Stöcken bald keinen Raum mehr behalten, und sich sehr viele heraus vor dieselben legen müssen. Betrachtet man überdies einen solchen Stock, nach seiner innern Beschaffenheit §. 27:, so findet man alle Zellen mit Brut oder Honig besetzt, auch nicht selten schon hie und da angefangene, oder ganz fertige Zellen zu jungen Königinnen stehen, zum Beweis, daß die Eyerlage der Mutter nie unterbrochen worden, und dieselbe noch am Leben ist. Denn in den zuletzt angebaueten Zellen trift man ganz frisch gelegte Eyer an.

Wenn man nun die Bienen gegen die Schwärmzeit in einem solchen Zustand angetroffen hat; so hat man von jeher geglaubt, daß darin die Ursache des Schwärmens liege. Sie trenneten sich alsdenn aus einem natürlichem Instinkt, neue Kolonien zu errichten, aus einander, weil ihnen bey der Menge der Bienen der Raum im Stöcke zu enge werde, die Königin nicht Zellen genug mehr finde, ihre Eyer darin abzusetzen, und dieses einen großen Theil der Bienen veranlasse, mit ihr auszuziehen, und eine andere Wohnung zu suchen, worin durch neuen Bau der Trieb zur Vermehrung fortgesetzt werden könne. Hier sind doch wohl die Ursachen des Schwärmens ganz der Natur der Bienen und ihrer Einrichtung angemessen. Der alte Stock bleibt in dem Stand seiner Selbsterhaltung. Der Abgang der Königin wird gewiß und bald ersetzt. Die Menge der vorhandenen Brut bürget auch dafür, daß er täglich wieder an Volk verstärkt werden muß. Der ausgezogene Schwarm hat in der alten fruchtbaren Mutter und in der Menge der flugbaren Bienen, die mit ihr ausgezogen sind, auch hinreichende Mittel zu seiner Erhaltung, so, daß er in kurzer Zeit zu einem guten Stock erwachsen kann. Auf solche Art kann doch wohl die Vermehrung der Bienenzucht durch neue Stöcke natürlicher Weise

vor

vor sich gehen. Denn der Schwarm führet die Mittel mit sich, in kurzer Zeit seinen neuen Stock mit Bau, Bienen und Honigvorrath anzufüllen, wie die Erfahrung lehret, daß Vorschwärme in den meisten Jahren bald so weit kommen. Der alte bleibt noch mit gutem Honigvorrath versehen, und in guten Jahren wird er denselben, wenn er auch noch Nachschwärme bringt, so wie das Volk noch im Nachsommer vermehren.

Nun wollen wir aber auch auf der andern Seite untersuchen, ob der Tod der Königin eine weit natürlichere und sicherere Ursache des Schwärmens seyn könne? Denn dieses behauptet H. Riem nicht nur in der angeführten Anmerkung, es heißt auch weiter bey Hübern §. 228. Anm. 1*) S. 343.

Es wäre übel für unsere Bienenrepublik, wenn eine Königin erst nach dem Auszug der alten Mutter ausschlüpfte. Denn da manchmal nur 1. 2. 3. königliche Zellen mit Brut besetzt werden, wenn andere Male 6. 8. bis 15. und 30. besorgt werden; so würden ersten Falls nach dem ersten Schwärmen die Stöcke gar zu häufig mutterlos werden, weil so wohl eine, als auch zwey und drey Erbrütungen sehr leicht mißrathen können, wie ich auch oft die Fälle hatte, wenn ein anderes Mal 10. bis 15. geriethen. Denn im Falle, daß bey solchen Schwärmen die Mutter immer früher abgienge, als eine gerathene junge Mutter ausgeschlupft wäre, und es mißriethen die 1. 2. 3. Geburten, so müßten und würden die vorräthigen übrigen Eyer und Maden nun zu alt werden, weil die Bienen inzwischen auf gut Glück in Erwartung der Ankunft einer neuen Mutter aus den verschlossenen Zellen entgegen sähen; und so versäumten sie sicher das, was ihr Wohl beförderte. Gewiß auf so unsichere Naturtriebe kann diese in allen so einzige Republik nicht erschaffen und gegründet seyn.

Die Naturtriebe der Bienen, die sich beym Leben der alten Königin zum Schwärmen anschickten, sollten also um deswillen unsicher seyn, weil manchmal nur 1. 2. 3. königliche Zellen mit Brut angesetzt würden. Man sehe aber doch in solche Stöcke hinein, die nach ihrem Naturtrieb einen Vorschwarm mit der alten Königin haben abgehen lassen, ob nicht gerade in diesen sehr viele Zellen zu jungen Königinnen angesetzt sind. Schon noch beym Daseyn der Königin waren viele angesetzt, und nach ihrem Auszug geschiehet es noch mit weit mehreren, wo wollen sonst nach dem Vorschwarm, zwey, drey und mehrere Nachschwärme oft erst nach drey Wochen herkommen, wovon jeder mehrere Königinnen hat, wenn sie nicht ihr Naturtrieb anreizte, eben um des weitern Schwärmens willen königliche Zellen aus den vorräthigen Maden und Eyern anzusetzen. Wer nur große Glasscheiben am hintern Theil seiner Stöcke hat, der muß es oft bemerkt haben, daß nach dem Abzug des Vorschwarms immer mehrere königliche Zellen erbauet werden. Sie lassen die noch vorräthigen Eyer und Maden, nie in Erwartung einer neuen Mutter aus einer verschlossenen Zelle zu alt werden, weil man von dem Tage des Auszugs an immer mehrere entstehen siehet.

Was von dem Mißrathen der jungen Königinnen gesagt wird, woher neue Unsicherheit entstehen soll, so ist dieses bey so vielen gar nicht zu befürchten, und überhaupt kann ja das Mißrathen der Königinnen, wenn die Erbrütung aus Naturtrieb zum Schwärmen geschiehet, nicht so häufig seyn, als wenn es aus Noth in voller Unruhe über den Verlust derselben geschehen muß. Man bedenke nur wie wenige Geburten von

Zeit

Zeit zu Zeit unter so vielen Tausenden Arbeitsbienen, und unter so vielen Hunderten Drohnen mißrathen, wie sollten denn von 1. 2. 3. königlichen Zellen gleich alle mißrathen können, die von den Bienen mit weit mehrerer Sorgfalt gepfleget und in Acht genommen werden. Unstreitig ist der natürlichste und sicherste Weg zur Vermehrung und Erhaltung der Bienenzucht, daß den Arbeitsbienen der Naturtrieb anerschaffen ist, noch vor dem Auszug der alten Königin Anstalt zur Erbrütung Andrer zu machen, damit sie, wenn er erfolgt, gleich wieder eine bekommen können.

Wie es im Gegentheil bey den Stöcken hergehe, denen die Königin abstirbt, oder sonst verlohren gehet, erinnere man sich, was davon schon §. 28. nach aller Erfahrung gesagt worden ist. Der weise Schöpfer und Erhalter der Dinge soll nun um deswillen den Müttern in der Bienenrepublick zur, oder gegen die Schwärmzeit meistens ihr Ende bestimmt haben, weil außerdem kein sicherer Grund zur Vermehrung derselben durchs Schwärmen vorhanden seyn würde. H. Wurster sagt freylich, die Königin sterbe oft ohne unser Wissen und ihre Stelle werde auch ohne unser Wissen sogleich wieder aus der vorräthigen Brut ersetzt. Ja! wer es nicht zu wissen verlangt, ob seine Stöcke gegen die Schwärmzeit in richtigem Zustand geblieben, oder mutterlos worden sind, bey dem kann es allerdings geschehen, daß ohne sein Wissen manche Königin stirbt, und auch ohne sein Wissen deren Stelle wiederum ersetzt worden ist. Drey, viermal aber kann das in einem Sommer nicht geschehen. Denn wenn die Mutter nur zum andernmal verloren gehet, wird der Stock ganz leer von Bienen und Honig, und auch wohl voll von Motten werden, daß er es wird sehen müssen. Wer aber nur einigermaßen seine Bienenzucht mit Aufmerksamkeit treibet, der wird es schon äußerlich an der

Unruhe, und an dem darauf folgenden schwachen Fluge, und noch mehr an der innern Beschaffenheit eines solchen Stocks, da er nicht mehr bauet, und sich an Bienen vermindert, wenn sich andere dagegen täglich vermehren, wahrnehmen, daß er mutterlos worden ist.

Mit dem Tode oder dem Abgang der Königin aus dem Stocke hört die Eyerlage sogleich 4. Wochen lang auf, mithin kann auch hernach, wenn die vorräthige Brut zur Geburt gekommen ist, in einer Zeit von 4. Wochen auch keine junge Biene geboren werden. Auf drey Wochen gehören dazu, ehe eine junge Königin nach dem Tod der alten erbrütet werden kann. In dieser Zeit waren zwar noch täglich aus der zurückgelassenen Brut junge Bienen geboren. Aber alsdenn sind auch die Tafeln bis auf die letzte Zelle von Brut leer, und für den täglichen Abgang der Bienen auf dem Felde ist kein Ersatz mehr aus der Brut möglich. Mehr als acht Tage vergehen auch bey der jungen Königin gewiß, ehe sie befruchtet wird und die Eyer von der Befruchtung zur Reife kommen, also eines gelegt werden kann, und drey Wochen vergehen alsdenn wieder, ehe von dem ersten gelegten Ey wieder eine junge Biene zur Welt kommen kann. Wir wollen nun annehmen, daß eine alte fruchtbare Mutter, die gestorben ist, täglich nur 300. Eyer lege, so beträgt die Zeit von 4. Wochen, in welcher kein Ey geleget werden können, die Zahl von 8400. Bienen, gerade so viel als zu einem ziemlich starken Schwarm gehören. Kann also wohl der Tod der Königin ein natürlicherer und sichrerer Grund zum Schwärmen seyn, als wenn dieselbe am Leben bleibt, da auf dem ersten Fall der Stock in der besten Zeit keine Bienen erzeugen kann? Er kann es nicht seyn, wenn der Todesfall der Königin gegen die Schwärmzeit erfolget. Der weitere Bau hört in einem solchen Stocke sogleich auf, und alles ist nur um
eine

eine neue Mutter besorgt. Daher auch in der ersten Nacht einige königliche Zellen zu erbauen angefangen werden, und wer sich nun die Mühe nicht verdrüßen laſſen, ſondern einen ſolchen Stock genau unterſuchen will, der wird gerade hier den Fall finden, daß davon nur 1. 2. 3. zur Vollkommenheit kommen, wenn gleich mehrere angeſetzt worden ſind. Wenn nun ein ſolcher Stock auch nach 4. Wochen einen Schwarm bringt, es geſchiehet aber äußerſt ſelten, denn er hat genug zu thun, wenn er ſich nur wieder erholen will; ſo iſt es doch nur ein geringer Schwarm, und der alte gehet darüber ein, oder wird am Ende gar wieder mutterlos befunden, wie dieſes mehrentheils geſchiehet. Wie ſollte alſo hier der Tod der Königin zum Schwärmen weit natürlicher und ſicherer ſeyn, als wenn ſie am Leben bleibt?

Soll die Königin erſt zur wirklichen Schwärmszeit ſterben, wenn der Stock ſchon ſehr volkreich iſt, ſo kann doch, da nicht eher als nach dem Todesfall junge Königinnen angeſetzt werden ſollen, der Schwarm nicht eher als 4. Wochen darnach erfolgen. Er kann zwar weit ſtärker, wenn viele Königinnen mit abgegangen ſind, als der von jener Art ſeyn. Was taugt er aber nunmehr, da er ſo ſpät kommt, und wie wird es mit dem Alten werden, zumal wenn er ſich einfallen laſſen ſollte, noch einen Nachſchwarm zu bringen. Er gehört am Ende gewiß unter diejenigen Stöcke, die nicht mit in den Winter genommen werden können. Denn auch hier fehlen zum Nachſommer, wie bey jenem, die 8400. Bienen. Sollte denn wohl dies wieder, da alter Stock und Schwarm ebenfalls in Gefahr kommen, zu verderben, ein natürlicherer und ſicherer Grund zum Schwärmen ſeyn, als wenn die alte Königin am Leben bleibt und ſelbſt mit dem erſten Schwarm auszieht. Denn in dieſem

dieſem Fall iſt die abgegangene Mutter bald und oft
den erſten Tag wieder erſetzt, wenn die alte Königin
durch üble Witterung über die Zeit aufgehalten worden
iſt. Wenigſtens geſchiehet es in etlichen Tagen, da
es bey jenem erſt in drey Wochen geſchehen kann.

§. 35.

Der Tod der Königin kann weder allemal, noch die mehreſten Male oder meiſtens die Urſache der Vorſchwärme ſeyn.

H. Wurſter und H. Rienz reden ohne Unterſchied von Schwärmen. Daß aber die Schwärme
verſchiedener Art, und die Vorſchwärme andere Urſachen, als die Nach- und frühere und ſpätere Schwärme haben, iſt ſchon §. 29. angemerkt worden. Nur
ein Vorſchwarm verdient eigentlich den Namen eines
freywilligen Schwarmes, denn die andern entſtehen
daher, weil ſchon mehrere Königinnen vorhanden ſind,
bey dieſem ſind ſie aber noch in den Zellen unreif, oder
werden doch, wenn ſie zur Reife gekommen ſind, bis
zum Abgang der alten Königin darin verſchloſſen gehalten. Daß aber bey einem wahren Vorſchwarm,
wie er §. 29. beſchaffen ſeyn muß, wenn er ein Vorſchwarm heißen ſoll, der Tod der Königin weder allemal, noch die mehreſten Male, oder meiſtens vorher gegangen ſeyn müſſe, wenn er erfolgen ſollen, beweiſet:

1. Daß ein ſolcher Schwarm ohne vorherige Anzeige des gewöhnlichen Tütens oder Geſanges der Königin oft ganz unerwartet kommt. Da hingegen alle
Schwärme, die nach dem Tod, oder Abgang der Königin kommen, dieſen Geſang etliche Tage vorher hören laſſen, weil junge Königinnen mit ihnen ausziehen.
Z. B. Wenn bey einem Vorſchwarm, der ausgezogen

geweſen

gewesen ist, die Königin verloren geht und derselbe um deswillen in den Stock zurücke kehret, weil sie auf die Erde oder an einen andern Stock angefallen und da umgekommen ist, so wird dieser Gesang allemal vorher gehöret werden, wenn er sich den siebenten oder neunten Tag wieder zum Schwärmen anschickt.

2. Hierin liegt zugleich ein anderer Beweis, daß jener Vorschwarm, der wieder zurückgehen mußte, nicht durch den längst vorhergegangenen Tod der Königin veranlaßt worden seyn konnte, weil erst wieder den 9ten Tag fertige Königinnen zum Schwärmen vorhanden waren. Wären nur junge Königinnen im Stocke gewesen, so müßte der Schwarm bald wieder haben erscheinen können, wie es bey vielen Nachschwärmen, wenn sie wieder zurückegehen, gleich den folgenden oder über den zweyten Tag geschiehet, weil gleich wieder fertige Königinnen da seyn können; indem, wenn nach dem Abgang der alten viele junge angesetzt worden sind, viele zu gleicher Zeit oder doch kurz hintereinander geboren werden.

3. Wenn man nach dem Vorschwarm die innerliche Beschaffenheit des Stocks besieht, so wird man zwar viele halbfertige, auch wohl etliche zugespündete Zellen zu jungen Königinnen antreffen, niemals aber eine finden, wenn das Besehen gleich nach dem Schwärmen geschieht, die die ordentliche runde Oeffnung an der Spitze von einer zur Geburt gekommenen hätte, welches doch seyn müßte, wenn dieser Schwarm erst nach dem Tod der alten Königin mit einer jungen ausgezogen wäre. H. Wurster und H. Riem sagen niemals davon etwas, aus was für innerlichen Merkmalen, die man doch haben kann, sie des Todes oder Abganges der alten Königin versichert wären, und behaupten doch so zuverläßig, daß ihr Tod die Ursache des Schwärmens sey.

4. Ferner findet man nach dem Abgange eines ordentlichen Vorschwarms unten in allen Tafeln zugespündete Brut und über derselben Maden von allerley Art und Eyer zum Beweis, daß die Königin bis zum Auszug in dem Stock gewesen sey, und nicht schon länger als vor drey Wochen abhanden gekommen seyn könne. Denn in diesem Fall müßte nun alle Brut, die bey ihrem Tod vorhanden gewesen, schon ausgelaufen seyn. So wird jeder die Stöcke finden, der solche nach dem Abgang eines volkreichen Vorschwarms besehen will, und daraus überzeugt werden, daß der Tod der Königin weder allemal noch die mehresten Male und meistens die Ursache der Vorschwärme seyn könne.

Ueberhaupt weis ich nicht, wie die angegebenen Zeiten, da die meisten Königinnen sterben sollen, auf die gewöhnliche Schwärmzeit passen und daher die sicherste Ursache des Schwärmens entstehen soll. H. Wurster bestimmt das Leben einer Königin auf ein Jahr. H. Riem hingegen verlängert dasselbe auf ⅘ Jahr. Die meisten Königinnen werden doch in der ersten Hälfte des Junius geboren: so könnten schon nach H. Wursters Hypothese die Schwärme nicht eher, als im Julius kommen, und nach der letztern wäre die Schwärmzeit bey ihrem Tode ganz vorüber. Sollen sie aber eher im May sterben, wie auch von beyden angenommen wird, daß es eher geschehen könne, so fehlt es noch an Bienen zum Schwärmen. Ich will mir aber darüber den Kopf nicht weiter zerbrechen. Es kommt vielmehr diesen beyden Herren zu, ihre Hypothesen zu beweisen.

§. 36.

§. 36.

Beym Auszug des Vorschwarms ist die alte Königin noch am Leben, und ziehet selbst mit diesem Schwarm aus.

Daß die alte Königin bis zum Auszug des Vorschwarms am Leben gewesen sey, und bis dahin ihr Hauptgeschäfte als Mutter, nämlich die Eyerlage fortgesetzt habe, beweisen die in dem verlassenen Stock in Menge befindlichen Eyer. Daß sie aber selbst mit dem Schwarm ausgezogen ist und ihre mit allem wohl versorgte Wohnung einer jungen Königin überlassen habe, welche die Auswahl treffen wird, davon sind nachfolgende Umstände der Beweis:

1. Ist ein solcher Schwarm weit volkreicher, als alle Nachschwärme, und diejenigen, die früher oder sehr spät kommen, weil natürlicher Weise, da die alte Königin allein auszieht, dieselbe mehr Anhang von andern Bienen hat, als wenn mehrere junge Königinnen ausziehen wollen, wovon jede ihren besondern Anhang hat, und wenn nun eine oder die andere nicht mit ausziehen will, auch viele Bienen zurücke bleiben.

2. Wird bey einem solchen Schwarm niemals mehr, als eine einzige Königin angetroffen werden, man mag denselben noch so genau untersuchen, da doch mehrere dabey seyn müßten, wenn der Tod der alten Königin die Ursache des Erbrütens vieler jungen und des Schwärmens gewesen seyn sollte. Wenn H. Wurster, wie er versichert, den Unterschied zwischen jungen und alten Königinnen so genau kennt, so bitte ich ihn die einzelnen Königinnen beym Vorschwärmen mit den jungen von Nachschwärmen genau zusammen zu halten, er muß schlechterdings finden, daß jenes eine vorjährige ist.

2. Kein

3. Kein Tüten und Gesang ist im Stock vorhergegangen, zum Beweis, daß keine junge Königinnen in demselben vorhanden gewesen, welche mit dem Schwarm ausziehen können.

4. Bey jedem Vorschwarm beweiset die alte Königin ihr Leben und Daseyn bey demselben dadurch, daß sie gleich in die ersten Zellen, die gebauet werden, Eyer legt, daher bey solchen Schwärmen die Vermehrung des Volks weit eher geschieht, als bey den Nachschwärmen, welche junge Königinnen haben, die wohl erst nach acht Tagen die Eyerlage anfangen können.

5. Bey keinem Vorschwarm wird man jemals eine überflüßige Königin antreffen, die heraus gejagt, oder den andern Morgen auf dem Standbrete todt gefunden würde, wie so häufig bey den Nachschwärmen geschieht.

6. Das Abtreiben der Schwärme ist eine gemeine und bekannte Sache. Ich habe selbst ehemals, da ich auch glaubte, durch die Kunst mehr ausrichten zu können, als wenn ich den Bienen das freywillige Schwärmen verstattete, die schwarmrechten Stöcke etliche Jahre nach einander abgetrieben. Es geschahe dieses Abtreiben gerade zur besten Schwärmzeit, wobey man also viele Stöcke, da um diese Zeit die meisten Königinnen sterben sollen, in ganz anderer Beschaffenheit hätte antreffen müssen, als sie wirklich angetroffen wurden. Nämlich, daß sie entweder gar keine Königin gehabt, weil sie erst noch erbrütet werden sollen, oder daß schon mehrere vorhanden gewesen und dieses an den ordentlich geöffneten königlichen Zellen zu sehen seyn müssen. Ich traf zuweilen einen Stock, der königliche Zellen angefangen, auch wohl eine, oder etliche schon verschlossen hatte, und dennoch hatte der abgetriebene Schwarm seine Königin, und die zum Beweis, daß es keine junge, sondern die alte Königin wäre,

wäre, die Eyer, die sie nicht in die Zellen legen konnte, fallen lassen mußte und viele davon unten auf dem Bret, worauf der Treibling stand, angetroffen wurden, die aber die Bienen, sobald ein Täfelchen angebauet war, wieder hinausholten. Ich berufe mich auf die Erfahrung aller derer, die noch gewohnt sind, alle Jahre Schwärme abzutreiben, ob sie dabey befürchten, daß die Stöcke gerade ohne Königin, und also ihre Mühe vergeblich seyn könnte, weil um diese Zeit die meisten Königinnen stürben. Ob sie nicht vielmehr, wenn sie es recht anfangen, und nicht zu wenig klopfen, allemal die Königin zu dem Schwarm bekommen, oder ob ihnen das öfters dabey begegne, daß aus dem Mangel der Brut in den Stöcken abzunehmen wäre, die Königin müsse schon vor etlichen Wochen gestorben und die mit dem Schwarm ausgetriebene also eine junge seyn. Wenn dieses zur Schwärmzeit mehrere Male oder nur meistens der Fall wäre, daß die alten Königinnen sterben und erst neue erzeugt werden müßten, wie könnte man das Abtreiben der Schwärme, als eine zur Vermehrung des Bienenstandes vortheilhafte Sache empfehlen? und da es in manchen Gegenden, wo Schwärme selten sind, so häufig und gewöhnlich geschieht, wie müßte man nicht schon lange, wenn viele Königinnen zur Schwärmzeit wirklich stürben, darin zu den sichersten Erfahrungen gelanget seyn, daß es um deswillen eine zweifelhafte und unsichere Sache sey. So wird aber noch alle Jahre abgetrieben, und nirgends hört man etwas von der Klage oder der gemachten Bemerkung, daß man bey diesem Unternehmen immer viele Stöcke mutterlos finde, die sich erst Königinnen zum Schwärmen erbrüten wollen. Also müssen sie doch noch vorhanden seyn, und daher auch, wenn sie nicht mit Gewalt heraus getrieben werden, mit dem ersten freywilligen Schwarm abgehen. Es geschieht freylich

freylich zuweilen, daß die Königin nicht mit heraus gegangen ist, und man die Bienen wieder auf den alten Stock laufen lassen muß. Wenn man sich aber die Mühe nicht verdrießen läßt, solchen den Tag darauf, sonderlich wenn mehrere Bienen in dem Stocke und nicht so viele auf dem Felde sind, noch einmal vorzunehmen, wird man seinen Zweck nicht verfehlen. Ich habe dieses, da ich noch ein Freund vom Abtreiben war, etlichemal erfahren, aber nie den Fall gehabt, da ich nur gute vollgebaute Stöcke abtrieb, daß die Königin nicht herauszubringen gewesen wäre.

7. H. Wurster und H. Riem sind Freunde und Beförderer von der Magazinbienenzucht. Sie geben auch beyde den Rath, nur gewisse Stöcke, etwan den dritten Theil zum Schwärmen zu bestimmen, und dazu keine größern, als von drey, höchstens vier Halbkästen zu erwählen. Wenn alle, oder wenigstens die meisten Königinnen zur Schwärmzeit stürben, wie wenig Stöcke würden zu Magazinen erwachsen können? Denn sobald die Königin stirbt, hört aller fernere Fortbau an den Tafeln auf; es können keine Eyer mehr zur Vermehrung des Volks gelegt werden. Was könnte also alles Untersetzen helfen, und wie würden jemals so viele angelegte Magazine bis zu 5, 6 Halbkästen erwachsen. Wie häufig müßte auch bey diesen noch das Schwärmen seyn, wenn der Tod der Königin ein weit natürlicher Mittel zum Schwärmen wäre, als das fortdauernde Leben derselben. Wie selten ist aber doch das Schwärmen bey Magazinen; und was wird aus dem Magazin, das ein- oder zweymal geschwärmet hat? Schon vor dem Schwärmen wird es nicht weiter gebauet haben, weil die Königin verloren war, und nach dem Schwärmen wird es noch weniger geschehen. Kurz es wird dürftig an Honig und Bienen werden, und kein Magazin bleiben. Wie könnte also die Magazin-

Hozinzucht noch so weit kommen, wenn die Königinnen allemal, oder meistens zur Schwärmzeit stürben: So müssen sie doch wohl länger leben können. Und wie könnte man denn das Schwärmen aus Stöken von weniger Raum eher, als von grösern versichert seyn, wenn sie nicht in solchen aus natürlichem Trieb mit der alten Königin schwärmten, sondern es erst auf den Zufall ankäme, wenn? und ob? sie stürbe. Beyde Behandlungsarten könnten den Erfolg nicht haben, den sie doch noch meistens haben, wenn die Königinnen nicht vom Frühjahre an bis zum Herbst und wohl noch länger am Leben blieben: In allen diesen liegen aber Beweise mit, daß die alte Königin mit dem Vorschwarm ausziehen muß, weil sich nicht eher, als nach dessen Abgange junge Königinnen in den Stöcken hören lassen.

§. 37.

Der Tod der Königin ist nur selten die Ursache von einem ersten Schwarm.

H. Huber behauptet allgemein und ohne Ausnahme nach seinen angegebenen Beobachtungen und Thatsachen §. 528: es sey unwidersprechlich, daß allezeit die alte Königin den ersten Schwarm begleitete. Ich bin völlig überzeugt, daß H. Huber seine Versuche und Beobachtungen über die Entstehung der Schwärme, auf die Art, wie er sie uns beschreibt, ganz und gar nicht hat anstellen können, und die Erfolge ganz anders gewesen seyn müßten, als er solche herausgebracht haben will, wenn er die Bienen dabey wirklich so hätte behandeln können. Ich kann daher seinen Beobachtungen nicht die geringste Beweiskraft beylegen, ob ich gleich nicht Willens bin daraus Auszüge zu machen und ihren Ungrund zu zeigen, weil es jeder Bienenkenner leicht selbst einsehen kann, daß in einem Stock, er sey beschaffen wie er wolle, in welchen zur Schwärmzeit drey volle Stöcke von Bienen zusammengebracht worden seyn sollen, vor der Menge der Bienen kein Raum zu Beobachtungen übrig bleiben kann. Er hat auch das, was er von der Entstehung der Schwärme sagt, andern nachgeschrieben, und *seine* Beobachtungen darnach gemodelt, daß die alte Königin allemal den ersten Schwarm begleite. Allein es giebt doch manche, obgleich seltene Fälle, wo dieses nicht geschehen kann, weil sie nicht mehr in dem Stock vorhanden ist, und die ohnstreitig den ersten Anlaß zu der Behauptung gegeben haben, die alte Königin müsse vorher sterben oder sonst verloren gehen, wenn ein Schwarm erfolgen solle. Weil aber diese einzelnen Fälle selten in den Bienenbüchern deutlich bemerkt sind, hat H. Huber auch nichts davon gedacht, und seine Thatsachen darnach eingerichtet. Ich habe daher diese Schwärme zum Unterschied von den eigentlichen Vorschwärmen, mit dem Namen der Nothschwärme bezeichnet, die von andern nur frühere oder spätere Schwärme genennet werden, und woher am meisten das Mißverständniß entstanden seyn mag, daß bey allen Schwärmen eben dieselbe Ursache seyn müsse.

Die vornehmste Art derselben ist, wenn ein Stock, der schon viel neues Gebäude, eine Menge Volk und gute Brut hat, zu Ende Aprils oder im Anfange des Mayes wirtlich mutterlos wird. Denn wer wollte wohl läugnen, daß die Königin zu dieser Zeit eben so wohl, wie jede andere Biene sterben, oder sonst umkommen könnte. Es geschieht aber nicht oft und es gehen manchmal etliche Jahre bey meinem ansehnlichen Bienenstand vorbey, daß ich um diese Zeit keinen Mutterlosen bekomme, wohl aber fast

faſt alle Jahre einen oder etliche früher, bey welchen es aber nicht zum Schwärmen kommt, wenn ſie auch junge Königinnen haben erzeugen können. Ich kann etwan in der ganzen Zeit meiner dreyßigjährigen Bienenwirthſchaft ſechs Schwärme von dergleichen Mutterloſen zählen. Denn die meiſten Stöcke, die um dieſe Zeit mutterlos werden, ſind zufrieden, wenn nur wieder eine Königin geboren worden iſt, reiſſen ſogleich die noch übrigen unreifen aus den Zellen heraus und ſchwärmen gar nicht, da ſie den ganzen Sommer nöthig haben, ſich wieder herzuſtellen, und ihr Winterfutter einzutragen, weil in ſo langer Zeit keine Arbeitsbiene erzeugt werden kann und dennoch wird es mehrentheils am Ende noch daran fehlen, ob ſie gleich die Königin nur einmal verloren haben.

Wenn aber ein ſolcher Stock, weil er viele junge Königinnen angeſetzt hat, und etliche zu gleicher Zeit zur Reife kommen, auch gute Tracht iſt, einen Schwarm bringt, ſo kommt er etwas früher, als alle andere. Man hat auch wohl vor der Ankunft deſſelben den gewöhnlichen Geſang der Königinnen gehöret, und daher iſt die Meinung entſtanden, daß auch zuweilen, aber ſelten bey Vorſchwärmen das Tüten gehöret würde; er hat aber nie die Menge am Volk, die ein gewöhnlicher Vorſchwarm hat, man wird auch bey demſelben mehr, als eine Königin gewahr, und dieſes ſind allerdings junge Königinnen. Wenn man aber nach Abgang des Schwarms einen ſolchen Stock innerlich beſieht, ſo wird man etliche ordentlich geöffnete königliche Zellen, auch wohl noch eine verſchloſſene, nirgends aber mehr Brut in Maden und Eyern antreffen, zum Beweis, daß die Königin ſchon geraume Zeit verloren gegangen geweſen. Es geht bey einem ſolchen Stock auch wohl das Tuten der Königinnen fort, und er bringt noch über den dritten Tag einen kleinen Nachschwarm. Alsdenn hat er sich aber gewiß auch so hingerichtet, daß er eingehen muß, wenn man ihm nicht von andern Stöcken zeitig etliche Nachschwärme aufschlägt. Denn gemeiniglich werden solche Stöcke nach dem Schwärmen abermals mutterlos. Es ist also nur ein äußerst seltener Fall, daß der Tod oder Abgang der Königin im zeitigen Frühjahr eine Ursache zum Schwärmen wird, der sich mehrentheils mit dem Untergang des alten Stocks endiget. Wie schlecht würde es also um die Bienenzucht aussehen, wenn der Tod der Königin eine weit natürlichere und sichere Folge zum Schwärmen seyn sollte, als jenes, daß die alte Königin am Leben bleibt, und mit derselben ein guter volkreicher Schwarm ausziehen kann.

Es geschieht ferner, daß die alte Königin zur Schwärmzeit verloren gehet, oder von den Bienen selbst aus Ungedult getödtet wird. Dieser Fall kommt öfterer vor, als jener, und wer sollte bey vielen Stöcken nicht die Erfahrung gehabt haben, daß zuweilen beym Auszug des ersten Schwarms die Königin verloren geht, und derselbe wieder zurücke kehren muß. Man findet auch wohl die Königin einige Zeit darnach an einem Orte mit etlichen Bienen noch, wo man sie nicht gesucht hätte. Läßt man sie gleich wieder in den Stock laufen und denkt, daß nun den folgenden Tag der Schwarm wieder kommen müsse, so ist das doch oft vergeblich. Die Bienen bringen sie oft alsbald aus Ungedult, daß sie ihnen nicht nachgefolget, und eine Zeitlang abwesend geblieben ist, ums Leben. Eben so geschieht es, wenn die Bienen völlige Anstalt zum Schwärmen machen, auch schon ein Theil davon zum Flugloche herausstürmet, die Königin aber wegen Gebrechlichkeit an Flügeln nicht folgen kann und will, so

bringen

bringen sie auch solche nach etlichen gemachten vergeblichen Versuchen um, und man wird in beyden Fällen, wenn man auf das Acht hat, was von Zeit zu Zeit von den Bienen herausgeworfen wird, öfters diese Königinnen vor den Stöcken im Sande todt finden. Solche Stöcke schwärmen hernach doch noch, weil es ihnen nicht an angesetzten jungen Königinnen fehlt. Die Ursache des Schwärmens kann aber nicht der jetzt erfolgte Tod der Königin seyn, sondern weil sie schon bey ihrem Leben Anstalt zur Erbrütung vieler jungen gemacht hatten. Denn der Schwarm kommt nach Beschaffenheit der Witterung den 7, 9 oder höchstens 14 Tag darnach. Es werden daraus allemal spätere Schwärme, als sie sonst gekommen wären, und so muß es doch auch wohl seyn, wenn die alte Königin ohne unser Wissen um diese Zeit stirbt, oder umkommt. Ein solcher Schwarm ist aber kein Vorschwarm mehr zu nennen, weil die alte Königin nicht mehr dabey seyn kann, sondern nur ein Nachschwarm. Er hat selten nahen Auszug, wie jene durch das Tüten der Königinnen angezeigt, es sind mehrere und oft sehr viele junge Königinnen dabey, er kann auch, wenn viele mit ausziehen, so volkreich, als der beste Vorschwarm seyn, und es entstehen daher auch alle Unordnungen, die man sonst bey den Nachschwärmen anzutreffen pflegt. Er kann daher nicht unter die Vor- er muß nur unter die Nachschwärme gerechnet werden. Welcher Bienenkenner muß aber nicht auch hier gestehen, daß diese Fälle so häufig nicht vorkommen und daraus, da man den Verlauf der Sache augenscheinlich hat bemerken können, nicht der gültige Schluß hergeleitet werden kann: daß allemal oder doch die mehresten Male der Tod der Königin die Hauptursache des Schwärmens seyn müsse. Umgekehrt muß es vielmehr heißen: Die meisten ersten Schwärme ziehen nach ihrem

P 3

natürlichen Trieb zur Vermehrung mit der alten Königin aus, und es geschieht nur selten, daß ihr Tod oder sonstiger Abgang, die Ursache eines ersten Schwarmes wird.

Jeder aufmerksame Bienenwirth wird endlich auch dieses leicht bemerken, wenn in einem Jahre die Bienen nicht geschwärmet haben, in dem darauf folgenden, wenn es ein gutes Schwärmjahr wird, weit mehr Unordnung in Ansehung der Vorschwärme angetroffen wird, daß sie oft anfangen und immer wieder zurücke gehen, als wenn sie zwey Jahre hinter einander ordentlich haben schwärmen können; auch, daß regenhafte und zum Schwärmen unbequeme Witterung bis in die Mitte des Junius oft die Folgen habe, daß manche alte Königinnen von den Bienen aus Ungedult umgebracht werden, daß sie hernach entweder gar nicht schwärmen, oder es doch weit später thun, als es ausserdem geschehen seyn würde, und weil sie nur junge Königinnen haben, unordentlich und öfter in kleinen Parthien schwärmen. Man unterscheide alles dieses gehörig vom ordentlichen Vorschwärmen, so wird man die wahre Ursachen bey jedem frühern oder spätern Schwarm leicht auffinden und überzeugt werden, daß dieses das natürlichste, sicherste und gewöhnlichste Schwärmen ist, wenn die alte Königin mit dem Schwarm ausziehen kann.

Es sind die sogenannten Jungfernschwärme noch übrig, die ebenfalls von H. Wurster §. 60. not. x) zum Beweis angeführet werden, daß allemal der Tod der Königin die Ursache des Schwärmens seyn müsse, es heißt:

§. 88. Von freywilligen Schwärmen (oder wie ich solche genennet habe Vorschwärmen) bekommt man keinen Jungfernschwarm vor 38 bis 40 Tagen. Die Ursache ist, weil natürliche Schwärme allemal

mal eine junge Königin haben, die wenigstens auch 4 bis 5 Wochen lebt. Eben das, daß junge Königinnen bey den freywilligen Schwärmen sind, ist die Ursache, daß es nicht so außerordentlich viel Jungfernschwärme giebt. Bey gezwungenen hingegen (vermuthlich wenn Magazine getheilt worden sind) könnte es eher einen Jungfernschwarm geben, weil hier gemeiniglich die alte Königin dabey ist, die ihrem Ende ohnedieß nahe ist. Jedoch geben solche Stöcke eben deswegen, weil ihre Königin gemeiniglich schon stirbt, noch ehe sie halb ausgebauet haben, gar selten einen Jungfernschwarm. H. Hampel führt ein Einiges Beyspiel an, und mir ist auch nur dieses einige vorgekommen.

Was H. Wurster von gezwungenen Schwärmen oder Ablegern sagt, daß diese gar selten einen Jungfernschwarm gäben, so hat das seine völlige Richtigkeit. Wenn aber ein solcher Schwarm ja kommt, so wird man bey genauer Aufmerksamkeit leicht finden, daß es weit eher von demjenigen geschehe, der erst junge Königinnen hat erbrüten müssen, als von demjenigen, der die alte behalten hatte, und also der Schwarm daher entstanden seyn müsse, weil sie ihrem Ende nahe gewesen wäre. Daß aber von freywilligen Schwärmen aus eben der Ursache nicht eher, als in der sechsten Woche Jungfernschwärme kommen könnten, weil die Königin wenigstens 4. 5. Wochen lebe, ist wider vielfältige Erfahrung. Jungfernschwärme kommen freylich nur in außerordentlichen reichen Honigjahren. Sie kommen aber auf eben die Art, wie alle andere Vorschwärme. Wenn der Schwarm die ersten 14. Tage ununterbrochen fortbauen und in dieser Zeit fast damit oder völlig herunter kommen kann, so macht er auch durch Ansetzung junger Königinnen Anstalt zum Schwärmen, und dauert

dauert die gute Tracht fort, so kommt auch der Jungfernschwarm sogleich zu Ende der vierten Woche, oder zum Anfang der fünften. In dem reichen Bienenjahre 1772. da alle zeitige Vorschwärme, Jungfernschwärme brachten, war es durchgehends so. Jedoch giebt es auch hier besondere Fälle, die hernach in langer Zeit nicht wieder vorkommen. Ich habe von diesem in der Bienenzucht so merkwürdigen Jahre etliche angemerkt, die werth sind, daß ich sie mittheile, weil es sich doch einmal auch wieder so zutragen könnte.

Der erste Fall war dieser. Es hatten den 2 Junius sich zwey Vorschwärme, die zugleich mit einander abgegangen waren, an ein Paar Aeste eines Pflaumbaums so nahe zusammen gelegt, daß die Bienen unten in einen Sack sich endigten, ob sie sich gleich oben nicht berührten, wo die Königinnen, jede an einem besondern Ast, ihren Sitz haben mochten. Ich gebe mir selten Mühe solche aus einander zu theilen, sondern lasse sie gern beysammen, nehme aber einen etwas grössern Stock. Nun hatte ich eben einen sehr weiten Stock, der mir als ein Probestück wegen auswärtiger Bestellung gebracht worden war, stehen. Er war oben nicht kegelförmig, sondern eben so weit und breit wie unten gearbeitet und es waren nach der alten Art mehr als einen Zoll breite Kreuzhölzer oben und bey dem Flugloche eingezogen. In diesen weiten Stock brachte ich die beyden Schwärme zusammen und sie blieben nach dem Einschlagen ruhig. Es folgten lauter heiße und schöne Tage und die Bienen hatten die ergiebigste Tracht von Honigthau. So groß und weit der Stock auch war, war doch den vielen Bienen der innere Raum zu enge, und es lagen beständig eine Menge sonderlich des Nachts fast über den halben Korb vor. Den 13 Tag darauf fieng dieser Stock in meiner Gegenwart zu schwärmen an. Ich glaubte, daß bis hieher beyde
Köni-

Königinnen von ihren Bienen so beschützt worden wären, daß keine getödet werden können, und nun der Streit darüber, welche von beyden das Leben lassen müsse, dieses anscheinende Schwärmen verursache, und vielleicht der ganze Schwarm darüber wieder ausziehen würde. Allein das Schwärmen gieng ganz ordentlich fort. Nur ein Theil Bienen giengen ab, legten sich an den Baum, wovon ich sie eingeschlagen hatte und die vom Felde kommenden giengen ruhig in den Stock. Ich bedeckte den Schwarm indessen mit einem Tuche, um erst den alten zu untersuchen, ob es nicht am besten gethan seyn würde, wenn ich denselben wieder dahin zurück brächte. Ich fand den weiten Korb fast ganz voller Bau, die obern Tafeln ganz voller Bienen, die untern davon entblößt, wie bey andern Stöcken, die man gleich nach dem Abgange des Vorschwarms besieht. Dieser Bau war aber so sonderbar, daß ich ihn näher beschreiben muß, um die Ursache des Schwärmens deutlich darzulegen. Die untern Tafeln bis an das breite Kreuzholz, das unter dem Flugloche in der Mitte des Korbes eingezogen war, stunden die Länge herunter. Der Anfang damit war hinten am Korbe unter dem Kreuzholz gemacht, wo sie tiefe Honigzellen erbauet, und schon viel Honig darin hatten. In der Mitte derselben befand sich meistens zugespündete Brut und vorne fehlte an jeder Tafel noch eine gute Hand breit. Die Tafeln liefen mehr nach vorne in die Runde zu, als gerade herunter, daß also mit jeder Tafel der Anfang des Baues an der hintern Seite des Stocks gemacht und dieselben nach vorne zu fortgeführet worden waren. Im obern Theil des Korbes waren hingegen alle Tafeln bis nahe an die untern Kreuzhölzer in die Queere gebauet. Auf diesen war noch alles mit Bienen besetzt. Nun sahe ich leicht ein, woher der Abgang des Schwarms entstanden war. Die beyden

Schwärme hatten sich in dem weiten Korb völlig wieder aus einander getheilet und zu ihren Königinnen versammlet. Die eine Königin hatte sich mit ihrem Volke in dem obern Theil des Stocks einquartiert, und daselbst ihren Bau angefangen und fortgeführet. Die zweyte Königin hatte zufälliger Weise ihren Standpunkt unter dem breiten Kreuzholz in der Mitte genommen und daselbst mit ihrem Volk den Bau angefangen. Denn das ist eine bekannte Sache, wo die Königin in dem Stocke ihren Standort nimmt, daselbst wird der Bau angefangen, und den Bienen ist es einerley, ob sie auf= oder nieder=, vor= oder hinterwärts bauen sollen. So lange also diese beyden Stöcke in dem weiten Stock einander in ihrem Bau nicht zu nahe gekommen waren, hatte jeder bey der reichen Tracht ruhig an seinem Bau fortgearbeitet. Die Bienen von dem obern waren beym Einfluge in die Höhe nach ihrem Bau gegangen, die Bienen von den untern, niederwärts. Sobald aber die obern mit ihren Tafeln bis an die untern gekommen waren, konnte dieses nicht länger fortdauren, und es mußte nunmehr eine Vereinigung geschehen. Diese konnte nun nicht anders, als durch den Tod der einen Königin bewirkt werden. Dieses ist blos ein Werk der Arbeitsbienen, sie schonen aber dabey so viel möglich ihr eigenes Leben, denn sie wollen beysammen bleiben und ihr Werk gemeinschaftlich fortsetzen. Jeder Theil sucht sich daher der Königin des andern zu bemächtigen. Sind sie aber einander an Stärke gleich und schützt jeder Theil seine Königin, so bleibt am Ende, wenn es nicht zum allgemeinen Morden kommt, nichts übrig, als Trennung von einander und es entschließt sich der eine Theil mit seiner Königin auszuziehen und eine andere Wohnung zu suchen. So geht es bey allen Nach= und zusammengefallenen Schwärmen, wenn sich die Bienen wegen des starken Anhangs an

ver=

verschiedene Königinnen, nicht zur Auswahl einer einzigen haben vereinigen können. Sie ziehen oft, wenn sie schon einige Tage gesessen sind, und eingetragen haben, wieder zum Theil, oder auch im Tumult wohl ganz wieder aus, und man findet am Ende wohl nur eine Königin mit wenigen Drohnen, oder auch gar keine darin. So war es auch hier ergangen. Der eine Schwarm hatte lieber sein Gebäude dem andern überlassen, als seine geliebte Königin Preis geben wollen, und daher kam es, daß dieser Stock nach 13. Tagen wieder schwärmte. Die Folge ist nun natürlich, daß hier ein Jungfernschwarm gekommen war, von dem man weder sagen konnte, daß der natürliche Trieb der Bienen zum Schwärmen, noch der Tod der Königin die Ursache davon gewesen sey. Ich untersuchte ihn genau und fand nirgends angesetzte königliche Zellen. In welchem Fall auch ein Nachschwarm erfolgen müssen, denn es mangelte gar nicht an Bienen. Es geschah aber nicht. Am Abend war von den zurückgebliebenen Bienen, der ganze Bau bis herunter, wieder belegt. Es blieb wegen des vielen Zuwachses des Volks aus der Brut ein schöner Stock, dem ich noch einen Untersatz geben mußte. Der ausgezogene Schwarm war freylich so stark nicht, als er vor 13. Tagen gewesen, weil doch viele, die sich im Felde befunden hatten, zurückgeblieben waren. Ich brachte ihn aber doch als einen außerordentlichen Schwarm in einen mäßigen Stock, verstärkte ihn bald durch Nachschwärme, und er bekam bey der schönen Tracht noch seinen völligen Ausstand, ohne daß ich nöthig hatte, ihn mit auf das Heidekraut zu bringen.

Der andere Fall ist dieser. Ein Vorschwarm, der den 28. May gefasset und sehr stark gewesen war, weswegen auch der alte wegen der Entblösung von so vielem Volke nicht nachgeschwärmet hatte, brachte schon
den

den 16. Junius, also nach 19. Tagen einen Jungfer- oder Sommerschwarm, aber freylich von mäßiger Stärke. Ich besahe den alten nach dessen Abgang. Er hatte nur die mittelste Drohnentafel bis auf das Bodenbret herunter gebauet, an allen andern fehlten noch etliche Zolle, sie waren aber voller Brut und an jener 5. halbfertige königliche Zellen, aber noch keine zugespündete. Sollte gleich in den ersten Tagen die beym Schwarm gewesene Königin verloren gegangen, und dieses die Ursach zur Erbrütung junger Königinnen und zum Schwärmen geworden seyn, wie hätte so vieler Bau und die Belegung aller Zellen desselben zur Brut entstehen können? Die alte Königin mußte also am Leben geblieben, und mit dem Schwarm ausgezogen seyn. Die Behauptung, daß kein Jungfernschwarm erfolgen könne, wenn nicht die Königin gestorben wäre, wird dadurch schon widerlegt, daß die meißten eher, als in der sechsten Woche kommen. Es ist aber allerdings auch möglich, daß ein Vorschwarm nach etlichen Wochen die Königin verliert, und daraus ein sehr später Nothschwarm entstehet, es geschiehet aber gewiß auch dieses äußerst selten. Daher H. Wurster auch nur ein einziges Exempel von einem andern anzuführen weiß. Mir ist aber gar keines vorgekommen.

§. 38.

H. E. R. Riem's Erklärung, wie ein Stock, der seine Altmutter verloren habe, etliche Schwärme nach einander bringen könne.

Im 5. Theil der Neuen Oekonomischen Sammlungen von S. 166. sind auf meine Beantwortung über die Bemerkungen meiner Beobachtungen, neue Anmerkungen gemacht und besonders S. 184.

not.

noi. y.) erklärt und bewiesen worden, wie der Verlust der Altmutter eine natürliche Folge des Schwärmens sey, die ich nicht übergehen kann, weil ich meine Gedanken darüber noch mitzutheilen habe. Die ganze Note y) lautet also:

Diese in Pastors Spitzners Korbbienenzucht S. 126. mit der Erfahrung eines alten Bienenvaters bestätigte Beobachtung wird H. Huber's Satz, da er ihn sehr absichtlich und genau erwies, sehr freuen. Es läßt sich hieraus erklären, warum bey einem Vorschwarme allemal nur eine altaussehende, doch aber heurige und bereits befruchtete Mutter ist, und nicht von dieser die jüngere ausgetrieben wird; bey Nachschwärmen hingegen unbefruchtete Mütter sind. Meine und einiger Bienenfreunde Gedanken hierüber sind folgende. Wenn eine alte Mutter, sey's vorjährige oder zweyjährige — denn älter mag eine Mutter nicht leicht werden, wenn sie anders recht fruchtbar war — im Frühjahr stirbt, oder sonst verloren geht, alsdenn machen die Bienen sogleich Anstalt zu neuen Müttern; die erste, welche ohne in der Zelle gefüttert zu werden baldigst — weil keine zweyte Beneiderin noch vorhanden ist, und darin Hinderniß macht, ausschlüpft, wird sich auch baldigst begatten, dann Eyer legen, bis die zweyte reifet und sich zum Ausschlüpfen anschicket. Denn die Bienen brüten selten nur eine einzelne Mutter, sondern deren mehrere von Eyern, meistens aber von Maden verschiedenen Alters aus, weil das Mißrathen einer einzelnen den Stock in Gefahr der Mutterlosigkeit bringen würde. Besonders werden die Bienen während dem, als jene erstgeborne, die nun allezeit aus drey bis 5tägigen weiblichen Maden erwählet wird, allgemach reifet, täglich neue Anstalt machen,

machen, wo nicht 3, 4, und 5tägige weibliche Maden (die außer der Zeit, daß die Bienen keine vollkommene Mutter verlangen, alle zu gemeinen Arbeitsbienen d. i. unvollkommenen Müttern, die nur Drohnen zeugen können, erzogen werden) dennoch weibliche Eyer (d. i. solche, woraus Königinnen und gemeine Bienen erzogen werden können), je nachdem ihnen erstern Falls reichlicher Futterbrey (in großen und abwärts hängenden Zellen, und letzten Falles in äußerst kleinen Zellen wenig Nahrung nothdürftig), gereichet wird zu erwählen, und neuerdings nach zu erbrüten: und so entstehen denn neue Königinnen von verschiedenen Altern und Beschaffenheiten. Will nun nach der ersten Geburt eine zweyte ausschlupfen, so wird die ältere schon in der Wiege über sie herfallen und sie tödten wollen, ehe sie stark wird, und ihr zu Leibe gehen könnte. Dies leiden die Bienen nun aber nicht, sondern treiben jene ältere einige Tage von der reifesten Zelle ab, worin die junge Mutter zuweilen Töne hören läßt, und öfters von den Bienen durch eine kleine Oefnung gefüttert wird: welche sie aber immer wieder zubauen, so lange es ihnen gefällt, diese Mutter in der Zelle zu bewachen und zu behalten, wie Pastor Spitzner in seiner zweyten Auflage der Korbbienenzucht S. 126. und H. Huber in seinem mehrgedachten Werke beschrieben haben. Hierdurch geschiehet es, da die sich begattete älteste Mutter indessen viele Eyer legen muß, und dabey immer größer, auch bey der anwachsenden Menge von Eyern dergestalt dick wird, daß sie oftmals einer ein- und zweyjährigen Mutter vollkommen ähnlich siehet, indem sie eben auf die Art ihren schweren Leib nachschleppt, und daher auch diejenigen Vorschwärme, welche so schwerfällige Königinnen haben,

sich

sich bald anhängen, und nicht so leicht durchgehen, wie andere, deren Mutter noch leichtleibig ist. Ist diese ältere Mutter nun einige Zeit abgehalten worden, ihre jüngere Schwestern zu tödten, dann wird sie und das Bienenvolk dieses Unwesens müde, und man wird einig auszuziehen, bey welchem Auszuge nun nur jene Bienen, welche die jungen Königinnen in den verschlossenen Zellen vertheidigten, bey ihnen zurückbleiben, und diese allenfalls noch durch die vom Felde rückkommende Bienen Verstärkung erhalten werden. Es gehet also mit der ältern Mutter so vieles Volk ab, was will: und so wird nach Beschaffenheit der Liebe zu einer oder der andern auch mehr oder weniger Volk ausziehen, und aus dieser Ursache oft der abgehende Schwarm stärker, wie der Mutterstock, oft aber auch schwächer, und dieser stark werden. Nur selten geschiehts, daß während der Anstalt zum ersten Schwärmen eine zweyte Königin oder Mutter ausschlupft; und geschiehet es, dann gehen sie beyde mit demselben ab, weil die Unordnung es so mit sich brachte, und dann ist nur die ältere befruchtet, die andere aber unbefruchtet. Gesetzt nun, es war, wie es meistens regelmäßig geschiehet, vor Abgang des ersten Schwarms nur eine Mutter frey im Stocke vorhanden, und es ist diese mit dem ersten Schwarm einzeln abgegangen, so schlupft gleich eine neue aus. Zuweilen schlupfen jetzt ‧‧ wenn jenes Warten wegen widriger Witterung lang dauerte ‧‧ deren zwey und drey aus; alsdenn gehet auch das Benelden dergestalt an, daß keine ausfliegen, noch weniger sich begatten wird, sondern nach etlichtägigem Rufen des bekannten, biy, bit, bit ꝛc. kann, so bald der Mutterstock wieder etwas stärker am Volk geworden, ein zweyter Schwarm abziehen

u. s. w.

u. ſ. w. Aus ſo bewandten Umſtänden kommt es, daß man eine heurige Königin oder Mutter für eine 1. und 2jährige halten kann. Wenigſtens glaube ich, daß die Fälle höchſt ſelten ſind, wo eine ſolche 2jährig iſt; ſondern daß meiſtens der Verluſt der alten Mutter der Anlaß zur Erbrütung neuer Mütter und ſo auch Urſach des Schwärmens ſey. Wer anders glauben will, und es beweiſen -- aber ſicher genug -- beweiſen kann, der wird mir willkommen ſeyn. In meiner Ueberſetzung von H. Hůber's mehrgedachtem Bienénbuche habe ich mich hierüber näher und umſtändlich erklärt, worauf ich mich beziehe. Ich war hier ohnehin umſtändlich genug, aber nicht ſo wohl des Paſt. Spitzner's, als vielmehr der Leſer wegen.

Jeder meiner Leſer wird es fühlen, wie ich es gefühlt habe, wie ſchwer aus dieſer langen Anmerkung, in welche ſo viele nicht zur Sache gehörige Dinge eingemiſcht ſind, die Beweiſe oder die Erklärung herauszufinden ſind, warum bey einem Vorſchwarme allemal eine nur altausſehende, aber doch heurige und bereits befruchtete Mutter iſt. Da der H. Verfaſſer dagegen in Hůber's Anmerkungen ſich etwas geändert, und nur die mehreſten Male oder meiſtens angenommen hat; ſo ſoll dieſes auch hier gelten, und das allemal in keine weitere Betrachtung kommen. Ich habe aber meinen Beweis, daß allemal mit einem wahren Vorſchwarm die alte Königin ausziehe, nicht auf das Ausſehen der dabey befindlichen Mutter gegründet, denn da wäre leicht der Irrthum möglich, daß einem etwas alt ſcheinen könnte, was dem andern jung vorkäme; ſondern auf die Beſchaffenheit des alten Stocks, und des ausgezogenen Schwarmes. So hätte nun eigentlich der Beweis auch geführet werden

den sollen. Ich werde mich daher bemühen, die darin enthaltenen einzelnen Sätze zu diesem Zweck anzuwenden. Da diese Anmerkung nicht so wohl um meiner, als um der Leser willen soll gemacht worden seyn; so kann das, was ich darüber erinnere, auch so angenommen werden.

1. Wie ein mutterlos gewordener Stock zur Schwärmzeit den ersten, oder Vorschwarm d. h. einen solchen Schwarm soll geben können, der wenigstens drey, wo nicht viermal so viel Volk enthält, als ein Nachschwarm.

Die Vorstellung ist diese: Wenn eine alte Mutter im Frühjahre stirbe ꝛc. — stark werden.

Vor allen Dingen muß ein gewisser Zeitpunkt festgesetzt werden, in welchem alles dieses, was hier beschrieben ist, nach dem Abgang der alten Mutter, bis zum Ausziehen des ersten Schwarms vorgehen soll. Vom Frühjahre bis zur Schwärmzeit sind aber drey Monate. Daß in einem Stocke, der gleich im ersten Frühlings Monate, wo die Bienen kaum noch angebauet haben, nach dem Verlust der Königin dieses nicht vorgehen kann, was hier beschrieben ist, verstehet sich von selbst: Weil nach §. 28. solche Stöcke gar nicht schwärmen, oder wenn es ja einmal bey vielem Raas geschähe, so ist es doch ein sehr elender Schwarm, und der alte erholt sich schwer wieder, auch kann hier kein Nachschwarm erfolgen, wie doch von dem H. Verfasser angenommen worden ist. Also muß man sich die Zeit der Mutterlosigkeit weiter hinaus denken; weil davon Vor- und Nachschwärme kommen sollen. Ich will nach Verschiedenheit der Schwärmzeit in der und jener Gegend einen doppelten Zeitpunkt, in welchem die alte Mutter gestorben seyn könne, annehmen, nämlich den 31. May, und den 10. Junius, ob sich dieses gleich mit dem fünf vierteljährigen Alter der Königinnen nicht zusammenreimen lassen will, welches H.

Riem sonst annimmt. Ich muß es aber thun, weil es zur Schwärmzeit seyn soll. Ich nehme also diese Zeitpunkte willkührlich an, um deutlich aus einander setzen zu können; wenn alsdenn nach dieser Beschreibung der erste, oder Vorschwarm erfolgen müsse, und wie er beschaffen seyn könne? Denn daß ein Stock um diese Zeit die Mutter verlieren, und durch diesen Verlust ein Schwarm entstehen könne, gebe ich §. 37. gern zu. Es geschiehet aber in vielen Jahren kaum einmal. Hier soll es aber alle Jahre bey den meisten so hergehen.

Gesetzt also die Altmutter stirbt den 31 May; so machen die Bienen sogleich Anstalt zu neuen Müttern. Sogleich geschiehet es nicht allemal, deswegen bleiben so manche mutterlos. Denn wenn die verstorbene Mutter am Raafe hangen, oder nur unter dem Stocke auf dem Standbrete liegen bleibt; so versammlen sich die Bienen immer noch um sie her, in der Hofnung, daß sie wieder zu ihnen hinauf in ihr Nest kommen werde, worüber oft die Zeit Anstalt zu neuen Königinnen zu machen versäumet wird. Ich habe den Versuch öfters gemacht, und todt gefundene Königinnen bey unruhigen Bienen in ein Weiselhäusgen gethan, und solches in die Mitte des Nests gesteckt; worauf sie ruhig wurden; aber ich fand immer keine Anstalt zu neuen Königinnen gemacht, und mußte ihnen daher Brut von einem andern Stock zusetzen, weil die Ihrige zu alt war, wenn sie dazu schreiten, und sich diese Nothhülfe verschaffen sollten. Jedoch, ich will annehmen, die älteste Königin sey sogleich angesetzt worden; so soll nun diese, weil sie die erste ist und eine 5tägige Made dazu genommen worden, baldigst ausschlupfen. Sie kann aber doch nicht eher ausschlupfen, wenn auch eine 5tägige Made dazu genommen worden ist, als den 16. Tag darauf: Also hätte der Stock den 16. Junius wieder eine neue Königin. Sie soll
sich

sich dann baldigst begatten. Wenn die Begattung in der freyen Luft geschehen sollte, könnte die Begattung wegen widriger Witterung lange aufgehalten werden. Ich glaube aber den Ungrund der Huberischen Begattungsart unwiderleglich im 1. Th. dargethan zu haben, und nehme daher an, daß es im Stocke so bald als möglich geschehen könne. Die ersten Tage geschiehet es gewiß nicht sogleich. Denn jedes dem Bienen ähnliche Insekt, wenn es seinem Koton entschlupft ist, reiniget sich erst und übt seinen Leib und Glieder bis zu einer gewissen Stärke, ehe es sich begattet. Ich glaube, daß das Tüten der jungen Königinnen §. 6. die laute Bekanntmachung unter den Bienen sey, daß sich eine junge Königin begattet habe; und im Stande sey, eine neue Kolonie auszuführen und dieselbe zu vermehren. Denn ich habe die Bemerkung oft gemacht, daß dieses Tüten nicht gleich die ersten Tage erfolgt ist, wenn die Zelle ordentlich geöfnet, und die Königin geboren worden war; es geschahe immer erst vom 6. bis 8. Tage darnach. Ich will billig seyn, und nur 4. Tage zur Begattung fordern; so sind es bis dahin 20. Tage. Alsdenn soll sie Eyer legen, bis die zweyte reifet, und sich zum Ausschlupfen anschicket. Sogleich noch der Begattung ist doch das Eyerlegen nicht möglich. Die Stubenfliege, die nicht halb so groß, als die Biene ist, kann (1. Th. §. 41. und 83.) erst 8. Tage nach der Begattung Eyer legen. Ich thue also der Sache gewiß nicht zu viel, wenn ich nur 8. Tage Zeit rechne, die die befruchteten Eyerchen zu ihrem Wachsthum und zur Reife nöthig haben, ehe sie gelegt werden können, indem mich die Erfahrung oft gelehret hat, daß ich in mutterlos gewesenen Stöcken nicht eher, als in der siebenten Woche zugespündete Brut habe wahrnehmen können.

So wären es nun zusammen 28. Tage, oder 4. Wochen, in welcher Zeit nach Abgang der Altmutter nicht ein einziges Ey zur Vermehrung hat gelegt werden können. Die Brut, die zurückgelassen worden, ist indessen alle erbrütet, und täglich kommen viele Bienen auf dem Felde um. Erst zu Anfang der 5. Woche können also die ersten Eyer gelegt werden. Nun soll sie Eyer legen, bis die zweyte reifet, und sich zum Ausschlupfen anschicket. — Ich will wieder nur 4. Tage Zwischenzeit setzen, was machen aber 4. Tage Eyerlegen aus, — so wären es 32. Tage (und wie kann die zweyte Königin, wenn auch ein Ey ihr Anfang gewesen ist, erst den 32. Tag zur Reife kommen?) Nun soll sie sich noch einige Tage darüber aufhalten, Versuche zu machen, die ältern Königinnen nach ihr in der Wiege zu tödten, indessen müsse sie viele Eyer legen. Andere Königinnen sollen sich bey diesem Neid und Streit weder begatten, noch Eyer legen können, diese soll aber dadurch nicht verhindert werden. Es sey so, und ich will wieder nur setzen, daß dieses Unwesen 5. Tage daure, so kommen 35. Tage zusammen. Also um den 7ten Julius wäre, nach dieser Erklärung, von einem Stock, dessen Königin den 31. May gestorben ist, ein Schwarm mit einer ältlich aussehenden Königin, die ihren schweren Leib nachschleppe, zu gewarten. Den 28. Junius fieng ihre Eyerlage an, mithin kann bey ihrem Auszuge nicht eine einzige von ihr erzeugte Biene, sondern ihre Begleiter müssen lediglich von der Brut und den Bienen seyn, die die Altmutter zurückgelassen, und die bis zum 7. Julius so viel Abgang erlitten hatten. Kahn daraus wohl ein Schwarm von so vielen Tausenden Bienen entstehen, als gewöhnlich unsere Vorschwärme ausmachen?

und

bey dem Schwärmen. §. 38.

und so stark sind doch die meisten Schwärme bis zum 7. Julius. Sie haben die gehörige Menge der Bienen, welche mehr, als einen Halbkorb anfüllen, und wenn man des Abends den Mutterstock besiehet, so hat auch dieser noch alle Tafeln mit Bienen belegt, und diese selbst stehen noch voller Brut, daß in der Zeit, ehe ein Nachschwarm erfolgt, etliche Tausend junge Bienen wieder flugbar seyn können, da es bey jenem mutterlos gewesenen nicht mit einer einzigen möglich ist.

2. Wie sollen also von einem solchen mutterlos gewordenen Stock noch Nachschwärme entstehen können? Es heißt davon:

Gesetzt nun, es war, wie es meistens regelmäßig geschiehet, vor Abgang des ersten Schwarms nur eine Mutter frey im Stocke vorhanden, und es ist diese mit dem ersten Schwarm abgegangen, so schlupft gleich eine neue aus. — Regelmäßig sind bey einem mutterlos gewesenen Stock, wenn er Lust zum Schwärmen hat, vor Abgang des ersten Schwarms nicht eine, sondern mehrere Mütter vorhanden. Daher auch bey solchen, wie bey andern Nachschwärmen, vor dem Abgang des Schwarms, etliche und oft viele Tage nach einander das bekannte Tüten gehöret, und bey dem Schwarm selbst nicht eine, sondern etliche Königinnen angetroffen werden. Die erste Mutter konnte den 16. Junius ausgeschlupft seyn. Die zweyte, die höchstens nur 6. Tage jünger seyn konnte, weil bis dahin, nach den eigenen Grundsätzen des H. Verfassers, alle von der Altmutter zurückgelassene Eyer zu untauglichen Maden dazu erwachsen waren, soll nun bis zum 7. Julius und die übrigen wohl noch länger von den Bienen bewacht, gefüttert und beschützt in der Zelle zurückgehalten worden seyn. Dieses ist bey solchen Stöcken, die aus

Noth

noch junge Königinnen erbrüten, wider alle Erfahrung. Die Bienen halten hier keine einzige in der Zelle nur einen Tag verschlossen. Sie sind begierig eine neue Mutter zu haben, und denken sie nicht ans Schwärmen, so sind sie mit der ersten zufrieden, die geboren worden ist, und fangen sogleich an alle übrige unreif aus den Zellen zu reißen und herauszuwerfen. Wollen sie aber schwärmen; so lassen sie eine nach der andern zur Geburt kommen. Nur wenn die alte Königin wegen widriger Witterung nicht abgehen kann, werden sie einige Tage verschlossen gehalten §. 5. damit sie keinen Anhang bekommen, und der Vorschwarm ganz abgehen kann. Zuweilen schlupfen jetzt : : wenn jenes Warten wegen widriger Witterung länger dauerte, : : deren zwey und drey aus: alsdenn gehet auch bald das Beneiden dergestalt an, daß keine ausfliegen, noch weniger sich begatten wird, sondern nach etlichtägigem Rufen des bekannten diy, pir, dit ꝛc. kann, so bald der Mutterstock wieder etwas stärker an Volk geworden, ein zweyter Schwarm u. s. w., also auch noch ein dritter abziehen. Daß sich die jungen Königinnen beneideten, wegen dieses Beneidens nicht ausfliegen und sich begatten konnten, oder daß das Ausfliegen zur Begattung schlechterdings nöthig wäre, sind lauter Erdichtungen, die gar keinen Grund haben §. 10., die also auch in dem natürlichen Instinkt der Bienen zum Schwärmen keine Veränderung machen können. Sie lassen sich die jungen Königinnen begatten, wenn sie noch Lust zum Schwärmen haben; sie reißen sie unreif aus den Zellen heraus, wenn sie es nicht mehr thun und ihren Stock nicht weiter entvölkern wollen. Doch auch dies einmal zugegeben, das Beneiden hätte etliche Tage gedauert, wie sollte denn nun in dieser Zeit der Mutterstock an Volk etwas

stärker

stärker worden seyn. Den 28. Junius fieng erst die Eyerlage der jungen Königin an, jedes Ey hat bis zur Ausbrütung 19. bis 21. Tage nöthig. Also vor dem 19. Julius kann keine einzige junge Biene flugbar werden. Wo soll denn nun die Verstärkung des Mutterstocks zu einem neuen Schwarm schon vom 7 Julius an herkommen? Hier muß doch wohl jeder, nach der richtigen Lehre von der Erzeugung der Bienen, die so wohl H. Wurster, als H. Riem anerkennen, gleich einsehen, daß der Tod der Königin nimmermehr die Haupturſache von den meisten Schwärmen seyn könne, weil, wenn sie auch schon im May gestorben oder verloren gegangen ist, doch von der jungen Königin unmöglich eher, als in der Mitte des Julius junge Bienen zur Vermehrung des Volks ausgebrütet werden können; und ist der Tod derselben noch eher, zu Anfang des Mayes geschehen, so ist es wegen der zurückgelassenen wenigern Brut und Bienen noch weniger möglich, daß im Junius so viel Volk vorhanden seyn könnte, um einen Vor- und auch einen oder gar mehrere Nachschwärme zu bringen. Wie schlecht würde also der weise Schöpfer für die Erhaltung des edlen Bienengeschlechts gesorgt haben, wenn der frühe Tod ihrer einzigen Mutter die Haupturſache zum Schwärmen abgeben müßte. Nein! ein natürlicher Instinkt reitzet sie im Frühjahre bey der Vermehrung ihres Volks, und guter Tracht an, junge Königinnen zu erbrüten, damit zur rechten Zeit mit der alten eine neue Kolonie abgeschickt werden könne. Aeußerliche Umstände der Witterung, der Tracht, und der Art der Wohnungen, die wir ihnen anweisen, können wohl diesen natürlichen Trieb unterdrücken und verhindern, sie geben uns aber auch aus der Erfahrung Mittel an die Hand, denselben zu befördern.

Meine Leser werden mir es gern erlaſſen, dieſe Berechnung weiter fortzuſetzen, wie wenig vollends vom ſpätern Tod der Königin zur wirklichen Schwarmzeit, etwan den 10. Junius, Schwärme entſtehen können, da es zu einleuchtend iſt, daß dieſelben nicht eher, als zu Ende des Julius und gegen den Auguſt erſcheinen könnten. Was aber aus Alten und Jungen zur Vermehrung der Bienenzucht werden kann, wenn die Schwärme erſt ſo ſpät kommen, iſt jedem bekannt. Schon zum Anfang des Julius hört in den meiſten Gegenden der Trieb der Bienen zum Schwärmen auf, und viele Stöcke fangen um dieſe Zeit ſchon an, die überflüſſigen Königinnen zu tödten, und die noch in den Zellen verſchloſſenen herauszureißen, damit dieſelben keine weitere Veranlaſſung zum Schwärmen geben können.

Ich muß mich daher wundern, da H. Wurſter einen ſolchen zufälligen und ſeltenen Umſtand bey den Bienen, als um dieſe Zeit der Tod der Königin iſt, für die Urſach alles Schwärmens annimmt und behauptet, ob er ſich gleich in keine Erklärung darüber eingelaſſen hat, wo nach dem Tod der Königin die Menge des Volks zum Schwärmen herkommen ſoll; wie er demohnerachtet darneben den Rath ertheilen können: man ſolle nur eine gewiſſe Anzahl von mittelmäſſigen Bienenwohnungen z. B. von drey Halbkäſten zum Schwärmen beſtimmen. Ich dächte doch, wenn er gewohnt wäre, die innerliche Beſchaffenheit ſeiner Stöcke öfters zu unterſuchen, und nicht blos an äußerlichen Vorfällen hängen bliebe; er müßte in etlichen Jahren an ſolchen Stöcken, die die Königin wirklich verloren hatten, wahrgenommen haben, daß ſein Hauptſatz von Entſtehung der Schwärme keinen Grund haben könne; ſondern daß vielmehr Mutterloſigkeit im Frühjahre zu der nöthigſten Vermehrungszeit eine

Urſache

Urſache werde, daß ein ſolcher Stock gar nicht ſchwärme, oder doch nur einen ſchlechten Schwarm bringe, der ſelten für ſich allein beſtehen kann.

§. 39.
Noch einige andere angegebene Urſachen des Schwärmens.

Wenn alle Bienen im Frühjahr oder Herbſte entweder wegen Unfruchtbarkeit der Königin, oder wegen Mangel aus ihrem Stock ausziehen, und ſich wie andere Schwärme anlegen; ſo kann das gar nicht unter das Schwärmen zur Vermehrung gerechnet werden. Denn ſolche Bienen verlaſſen ihren Stock deswegen, um Gelegenheit zu finden in einen andern Stock zu kommen, und ihrem gänzlichen Untergang zu entgehen. Wenn daher die Bienen im Nachſommer auf dem Heidekraut, wo ſo viele Stöcke zuſammengebracht werden, darunter auch nicht wenige ſchlechte und ſpäte Schwärme ſind, die faſt gar keinen Bau und noch weniger Honig zum Unterhalt haben, nicht gleich in den erſten Tagen Honigtracht finden, ſo ſiehet man viele herausſchwärmen und auf ſtark fliegende Stöcke auffallen, um ſich mit dieſen zu vereinigen. Bisweilen gelingt ihnen ihr Vorhaben, bisweilen werden ſie aber alle ermordet.

Außer dem Tod der Mutter werden aber von H. C. R. Riem, noch einige beſondere Urſachen angegeben, die die Bienen veranlaſſen könnten, mit der eben bey ihnen befindlichen Königin, alſo auch mit einer alten Mutter zu ſchwärmen, weswegen er ſeinen Lieblingsſatz auf die mehreſten Male und meiſtens eingeſchränkt habe. So heißt es z. B.: Eine weniger Eyerlegende Mutter könne ein höheres Alter auf 2. Jahre

Jahre erlangen, also mit dem Vorschwarm als eine alte Königin einmal ausziehen, es werde dieses aber nur ein seltner Fall seyn, so wie H. Hübers Beobachtung, daß die alte Königin mit dem ersten Schwarm ausziehe, ebenfalls unter die seltnen Fälle gezählet wird. Allein bey einer weniger Eyer legenden Mutter muß ja gerade die Haupterfordernis zum Schwärmen, die Vermehrung des Volks fehlen, und wo sollte nun dennoch der Trieb dazu hergekommen seyn, da einmal nach dem Grundsatz des H. Verfassers beym leben der Altmutter keine jungen Königinnen erbrütet werden? Die Erfahrung lehret auch durchgehends, daß es keine weniger Eyer legende, wohl aber ganz unfruchtbare Mütter gebe; sondern sich im Frühjahre die Stöcke, wenn sie gesunde Mütter und keinen Mangel an Bienen und Honig haben, einer, wie der andere, am Volk vermehren. Der Satz von sehr fruchtbaren und weniger fruchtbaren Bienenmüttern ist ja erst durch Huber's Einbildung in die Bienenlehre gebracht worden, weil er solchen nöthig hatte, und sonst in seinen vorgespiegelten Beobachtungen manche auffallende Lücke übrig geblieben seyn würde. Nicht weniger Eyer legende Mütter sind die Ursache, wenn manche Stöcke am Volke schwach bleiben, sondern andere Nebenumstände, Mangel an Bienen, die die gelegten Eyer nicht zur weitern Erbrütung befördern können, und sonderlich Mangel an Honig, der Brut Nahrung zu verschaffen. Dies sind auch oft die Ursachen, warum ein Stock nicht zum Schwärmen kommt, und also müßte bey einer weniger Eyer legenden Mutter, wenn es wirklich dergleichen gebe, eben diese Folge entstehen, wie könnte also darin eine Ursach zum Schwärmen angetroffen werden.

Wenn ferner auch dieses als eine besondere Ursach eines Schwarms mit einer alten Königin angegeben wird, weil sie sich leer gelegt habe, und aus

Verlangen nach Begattung in eben die Unruhe gerathe und so im Stocke herumlaufe, als wenn sie zum Schwärmen ausziehen wolle, und dadurch die Bienen nach Hübern (wovon unten) in eben die Unruhe gebracht würden, daß sie größtentheils mit der Königin auszögen und dadurch ein Schwarm formiret würde; so wird hier etwas voraus gesetzt, das doch vorher in vielen Anmerkungen bestritten und widerlegt worden ist, nämlich, daß die alte Königin, wenn sie sich leer geleget hätte und einer neuen Begattung bedürfe, sich darzu in die freye Luft begeben müsse. Es wird vielmehr durchgehends behauptet, daß nur die erste Begattung in der freyen Luft, alle nachfolgende aber im Stocke geschehen. Und wenn nun überhaupt die ganze Hübersche Begattungsgeschichte ein altes abgedroschenes, und nur wieder aufgewärmtes Mährchen ist 1 Th. §. 77. wie kann darin jemals eine Ursache liegen, daß eine alte Königin mit einem Schwarm ausziehe? Ob übrigens der Neid und Streit zwischen den Königinnen, und der Umstand, daß die eine befruchtet, die andere unbefruchtet sey, besondere Ursachen zum Schwärmen seyn können, muß aus §. 7. und 10. leicht entschieden werden können.

§. 40.
Ursachen, wenn richtige und gute Bienenstöcke nicht freywillig schwärmen.

H. Wurster und H. Riem wollen insonderheit daraus einen Beweis hernehmen, daß die Bienen nicht aus einem natürlichen Instinkt junge Königinnen erbrüteten und Anstalt zum Schwärmen machten, sondern schlechterdings der Tod oder der Abgang der Königin noch vorhergehen müsse, weil so viele richtige und gute Stöcke, die gegen die Schwärmzeit in großen Haufen

Haufen vorsägen und sich immer mehr vermehrten, dennoch nicht schwärmten. H. Wurster sagt §. 47. 48.

So lange die Königin lebt, so lange machen die Bienen keine Anstalt eine neue zu erbrüten, und sollten sie auch mitten in der Schwärmzeit den Stock durchaus ausgebaut und gefüllt haben, auch ihre Volksmenge so groß seyn, daß sie sich nicht mehr in den Stock hineinbegeben können, sondern außerhalb desselben müßig hinlegen müssen. Wenn sie je bey Lebzeiten der alten Königin einige junge erbrüteten, um schwärmen zu können, so würden sie es zehnmal für einmal in diesem Falle thun, wo sie so viele Ungemächlichkeiten ausstehen, und bey Tage Hitze, bey Nacht Frost ertragen müssen. Es behaupten zwar einige, daß zur Schwärmzeit, noch bey Lebzeiten der alten Königin, junge von denjenigen Stöcken erbrütet würden, welche schwärmen wollen. Wäre das, so dürfte man bey allen guten und volkreichen Stöcken auf Schwärme rechnen, bey schlechten hingegen würde es allemal unterbleiben.

Eben so H. Riem, Huber §. 226. S. 342.

Wäre des H. Verfassers Satz (die alte Königin gebe den ersten freywilligen Schwarm) ganz, und im allgemeinen richtig, so hätten in Schlesien die 400 unter meiner Aufsicht gestandenen Stöcke doch alle Jahre schwärmen, oder doch wenigstens mehr als 3 bis 400 Schwärme geben müssen, wenn die Königin sogar vor dem Ausschlupfen einer Rivalin immer mit einem volkreichen Schwarm abgehen müßte? Da diese 400 Stöcke aber manche Jahre kaum 40 bis 80 Schwärme freywillig gaben; so erregt des H. Hubers angeführter einzelner Fall bey mir immer noch manche Zweifel.

bey dem Schwärmen. §. 40.

Es lassen sich aber doch die Ursachen davon weit leichter auffinden und beweisen, warum die guten Bienenstöcke bey ihrem natürlichen Trieb dazu nicht alle Jahre schwärmen, als wenn man jenen Grundsatz annimmt, daß alle Jahre deswegen die Königinnen sterben müßten, um die Lust zum Schwärmen zu erwekken. Erstlich ist es ja kein Naturgesetz, daß sie alle Jahre schwärmen müßten. Die Vermehrung am Volke ist ihr erster und vornehmster Instinkt. Darauf arbeitet vom Frühjahr an bis gegen die Schwärmzeit alles, und erst alsdenn, wenn sich Bau und Volk bis dahin gnugsam vermehret hat, erwacht der Instinkt zum Schwärmen. Der Zeitpunkt, in welchem dieser Instinkt gereizt und erhalten werden kann, ist sehr kurz. Er dauert höchstens 4 Wochen. Ist in dieser Zeit die Witterung nicht günstig; leiden die Bienen, die sich bis gegen den Ausgang des Mayes sehr verstärkt, zugenommen, und zum Schwärmen angeschickt hatten, doch hernach wieder wegen kalter Luft bis in den Junius hinein Mangel, so vergeht den besten Stöcken, die ganz voll und auch schon königliche Zellen erbauet hatten, die Lust zum Schwärmen. Sie reissen die angesetzten jungen Königinnen unreif aus den Zellen und es erfolgt hernach aus diesen Stöcken kein Schwärmen, so sehr sich auch das Volk weiter vermehrt. Daran kann gar kein Zweifel übrig bleiben, wenn man nur zu Ende des Mayes solche Stöcke und die königlichen Zellen darin gesehen hat, die aber hernach, wenn man wieder darnach sahe, verschwunden waren. Hier thut man am besten, wenn man solchen bey wieder eintretender guter Tracht Untersätze giebt, und an kein weiteres Schwärmen denkt. Hingegen schwärmen oft in solchen Jahren diejenigen noch, aber freylich später, als jene geschwärmet haben würden, die erst jetzt mit dem Bau und der Vermehrung der Bienen dahin kommen, wo jene zu Ausgang des Mayes waren. Bey diesen kommt nun der Instinkt zum Schwärmen, die Witterung und die gute Tracht bleibt beständiger und sie bringen ihre Schwärme oft ohne alles Vorlegen. So ist es in dem vorigen und noch mehr in dem heurigen Jahre wegen der zu Ende des Mayes wieder eintretenden Kälte ergangen. Nicht die besten, sondern nur die mittelmäßig gewesenen Stöcke schwärmten.

Es giebt aber auch Jahre, worin die Bienen überhaupt keinen Trieb zum Schwärmen an sich blicken lassen, daher auch in den besten Stöcken nichts von Erbauung einer einzigen königlichen Zelle entdeckt werden kann. Dieses sind nicht etwan nur schlechte Bienenjahre, worin es ihnen beständig an Nahrung fehlt, und viele gar eingehen müssen. Nein! oft sehr gute mittelmäßige Jahre, wo man gegen Johannis alle Tafeln voll Honig bis auf das Standbret findet, und die Bienen schön lange vorgelegen haben. Es kommt auch alsdenn von vielen nicht ein einziger Schwarm. In solchen Jahren werden die Bienen zwar honigreich, aber die Vermehrung bleibt außen, und diejenigen, die solche oft durch Abtreiben der Schwärme erzwingen wollen, erfahren es vielfältig, daß die Alten mehrentheils mutterlos bleiben. Sind uns aber nicht auch solche Jahre nöthig? Hat nicht eben damit die Vorsehung auf das sicherste für die Erhaltung der Bienenzucht gesorgt? Es liegt ja in der ganzen Natur, und diese konnte um der Bienen willen keine andere Einrichtung bekommen, daß solche dürre und naßkalte Jahre kommen, die den Bienen nur sehr wenig Nahrung geben, daher sie auch nur wenig zu ihrer Erhaltung eintragen können, und viel aus den Honigtöpfen gefüttert werden muß. Wo sollten denn nun diese Honigtöpfe herkommen, wenn sie alle Jahre gleichen Trieb zum Schwärmen hätten, und

und nicht auch solche Jahre kämen, wo sie es lassen, und nur Honig einsammlen müßten. Denn das muß jeder zugeben, daß bey vielen Schwärmen wenig Honigvorrath in den Stöcken übrig bleibet und in 15 Jahren geschieht es etwa einmal, daß beydes beysammen ist. Es macht dieses wider den natürlichen Instinkt der Bienen zum Schwärmen keinen gegründeten Einwurf aus, wenn man sagt, es müßten dabey gute Stöcke alle Jahre schwärmen. Da die Reizung zu diesem Instinkt noch auf so manche äußerliche Umstände, z. B. auf die Erfüllung des Raums, auf die Witterung u. a. m. ankommt, die sich nur zuweilen einstellen, zuweilen außen bleiben, so kann es nicht anders seyn.

Und ist nicht dieses auch ein gutes Mittel zur Erhaltung der Bienenzucht, daß wir daraus durch mancherley Erfahrungen gelernt haben, ihren Instinkt zum Schwärmen zurück zu halten und sie durch zeitige Untersätze zu nöthigen, nur auf Honigsammlung für ihr vieles Volk bedacht zu seyn. Jeder verständige Bienenwirth wird dieses Mittel bey Stöcken, die noch spät zum Schwärmen gereizt werden könnten, anwenden, und nur alsdenn wird es fehlschlagen, wenn er zu lange mit Anwendung desselben gewartet und die Bienen schon junge Königinnen zum Schwärmen angesetzt hatten. Alsdenn verhindert hier der gegebene Untersatz das Schwärmen so wenig, als bey den Nachschwärmen. Und wie hätte man denn die Magazinbienenzucht jemals in die Höhe bringen können, wenn dieses nicht ein fast unfehlbares Mittel darzu wäre, die Bienen von ihrem Instinkt zum Schwärmen zurück zu halten: Würden bey den aufgestellten Magazinen so viele den ganzen Sommer fortbauen, immer mehr Volk erzeugen, und Honig sammlen können, wenn alle Sommer die Königin sterben und diese erst durch eine neue ersetzt werden

werden müßte, weil der Schöpfer dieses, als das einzige Nothmittel zum Schwärmen in ihre Natur gelegt hätte. Warum ist also bey angelegten Magazinen das Schwärmen ein sehr seltner Fall, wenn doch auch bey diesen die Königinnen alle Sommer sterben sollen und es ihnen nicht an Volk fehlt, durch dieses Nothmittel gedrungen, einen Schwarm zu geben? Warum können sie ihren Bau ununterbrochen fortsetzen und bleiben lieber beysammen? H. Wurster will dieses §. 299. auf nachfolgende Art erklären;

Wenn es nach dem Tode der Königin zufälliger Weise geschieht, daß sie zu den Jungen Räuplein von gleichem Alter erwählen, die zu gleicher Zeit ausschlüpfen, alsdenn geschieht das Schwärmen, die Wohnung mag groß oder klein, ausgebaut oder unausgebaut seyn, man mag machen, was man will. Nehmen sie aber zu den jungen Königinnen Räuplein von verschiedenem Alter, so wird die Erstgeborne zur Mutter behalten, die übrigen reißen sie unreif aus den Zellen und es erfolgt kein Schwarm. Wie er denn ein Exempel anführet, daß aus einem Stock, der lange Zeit vorgelegen war, und die Schwärmzeit übergangen hatte, 13 unzeitige Königinnen herausgeschleppt worden wären.

So wahr dieses in dem Fall ist, wenn die Königin wirklich gestorben, oder sonst abgegangen ist, daß oft nur in der ersten Nacht Räuplein von gleichem Alter genommen werden, um sobald als möglich neue Königinnen zu erbrüten; und weiter keine; hingegen auch oft mehrere von ungleichem Alter gewählet werden; so liegt doch in dem letztern die Ursache nicht, warum kein Schwärmen erfolget. Ich habe vielmehr oft bey Stöcken, die die Königin zur Schwärmzeit wirklich verloren hatten, gefunden, daß gerade diejenigen, die junge Königinnen von verschiedenem Alter stehen hatten, am ersten schwärmten, jene aber nicht, die nur etliche von gleichem Alter hatten. Jedoch das thut zur Sache nichts, es kommt vielmehr darauf an, wie ein solcher Stock, er mag schwärmen oder nicht schwärmen, hernach beschaffen seyn muß, wenn er wirklich zu der Zeit die Königin verloren hatte. Davon sagt H. Wurster nichts. Hat ein aufgestelltes Magazin deswegen geschwärmt oder nicht geschwärmt (in beyden Fällen ist es einerley), weil es die Königin verloren hatte, so bauet es in langer Zeit, wenigstens in zwey Monaten nicht eine Zelle weiter und man findet alle Tafeln unten von Brut zu Arbeitsbienen so lange leer, bis die junge Königin mit ihrer Eyerlage herunter gekommen ist. So lange also die Magazine fortbauen und sich an Volk vermehren, so lange muß auch die alte Königin am Leben geblieben seyn, sie können dabey, wenn sie einen Untersatz bald erfüllt haben, zur Erbrütung junger Königinnen Anstalt machen, aber auch solche wieder herausreissen, wenn die Schwärmzeit vorüber ist, ehe sie darzu gelangen. So geschieht es auch bey denen, die zum Schwärmen ausgesetzt werden, daß sie es nicht thun, weil überhaupt kein sonderliches Schwärmjahr ist, oder weil sie zum Schwärmen nicht so tauglich gewesen, als man geglaubt hatte, oder weil sie sich damit verspätet und es bey abnehmender Tracht für besser ansehen, beysammen zu bleiben und daher die jungen Königinnen unreif herausreissen. Die beyden letzten Fälle sind es bey Magazinen und solchen Stöcken, die man zum Schwärmen hat stehen lassen, wenn man am Ende der Schwärmzeit viele unreife Königinnen herausschleppen sieht, wie es H. Wurster ebenfalls beobachtet hat. Kurz, der Tod der Königin kann gewiß keine in ihre Natur gelegte Nothhülfe zum Schwärmen seyn; da es der Wohlstand des Bienenstaats erfordert, daß um diese Zeit die Mütter, von welchen alle Vermehrung abhangt, am Leben bleiben. Und es muß, wenn er außerordentlich erfolgt, schlechterdings in der Vermehrung und im Schwärmen Unordnung entstehen, wie man auch augenscheinlich an der innern Beschaffenheit, und an den Schwärmen solcher Stöcke sehen kann, die ihre Mutter zu dieser Zeit verloren haben, wenn man es nur sehen will. Ich dächte also doch, man untersuchte erst die Sache etwas genauer an seinen Bienenstöcken, ehe man weiter fortführe für eine solche Sache zu streiten, die einen wahren Widerspruch enthält. Denn die Bienenmutter ist es lediglich, die durch ihre Eyerlage die Vermehrung der Bienen bewirkt, und diese Bienenmutter soll und muß doch zu der Zeit sterben, wenn die meiste Vermehrung geschehen soll, und wirklich geschiehet. Das Leben dieser Mutter macht einen Stock bald voll Bienen: ihr Tod aber bald davon leer. Da aber die Königin doch auch einmal, wie andere Bienen, sterben muß, im Sommer aber ihr Tod sehr schädlich seyn würde, so ist es wohl vernünftig, wenn wir annehmen, daß die mehresten zu alt werdenden Mütter, wenn sie ihre Eyerlage vollbracht haben, wie andere Bienen gegen den Herbst ihr Ende erreichen, wo das Brutsetzen für sich aufhört und doch noch eine neue Mutter erzeugt werden kann. Denn wenn es später oder gar im Winter geschehen sollte, so sehen wir, daß solche Stöcke mutterlos bleiben.

Uebrigens ist daraus zu ersehen, da aus vielerley Ursachen gute Stöcke beym Leben der alten Königin doch nicht schwärmen, wie sehr die in sehr vielen Bienenbüchern vorgestellte Gefahr übertrieben ist; daß man mit der Bienenzucht nicht fortkommen könne, wenn man sie dem freywilligen Schwärmen überlasse,

weil

weil sie gern zuviel schwärmten und alsdenn jung und alt verloren giengen. Auch wie wenig die Klage gegründet seyn könne, daß sie in manchen Gegenden gar keinen Trieb zum Schwärmen zeigten, wenn sie auch oft zum Vorliegen kämen. Ueber das zu viele Schwärmen wird selten von denen geklagt werden, die gewohnt sind ihre Bienen in mäßigen Jahren dem freywilligen Schwärmen zu überlassen. In allen schlechten und in manchen mittelmäßigen Jahren denken sie an gar kein Schwärmen; oder es schwärmen in den letztern nur etliche, und man kann diejenigen nicht heraussuchen, die es thun werden. Nur in guten Jahren schwärmen sie viel, und auch in Gegenden, wo es sonst daran fehlt, und in solchen Jahren wird kein Nachschwarm unnütze seyn, wenn man sie nur, wie ich oben gezeigt habe, recht zu gebrauchen weis. Qualbienen wird sich kein ächter Bienenkenner in seine Hütte bringen, er wird sie von ihrem bevorstehenden Elend lieber durch einen schnellen und sanften Tod mit Schwefel liebreich befreyen, als sie nach und nach den Hungertod sterben lassen. Der Verlust der alten wird in solchen Jahren auch nicht groß, ja gar keiner seyn, wenn man die Nachschwärme zu ihrer Erhaltung anzuwenden weis. Daß sie in manchen Gegenden zu wenig, ja gar nicht schwärmen sollen, daran ist blos eingeführte üble Wartung Schuld, daß man ihnen zu große Wohnungen giebt, und im Frühjahr alles Raas bis auf ein paar Honigtafeln herausgeschnitten wird. Wo sollen sie alsdenn Brut ansetzen und mit dem neuen Bau zur Schwärmzeit fertig werden können? Diese geht denn größtentheils vorüber, ehe der Instinkt junge Königinnen zu erbrüten erregt wird, und am Ende destruiren sie dieselben lieber, als daß sie Schwärme zum Untergang abschicken sollten.

Man folge nur der in den mehresten Bienenbüchern gegebenen Hauptregel; treibe seine Bienenzucht in mäßigen Wohnungen und lasse sie nicht Mangel leiden, so werden sie sich nach ihrem natürlichen Instinkt zur schicklichsten Zeit vermehren. Man werde nicht ungedultig, wenn sie in einem gut scheinenden Jahre nicht gleich schwärmen wollen und schreite zu keinen künstlichen gewaltsamen Mitteln. Denn am Ende wird man immer gestehen müssen: die Bienen wüßten es besser wie wir, daß das Schwärmen nichts nütze war. Und hiermit sey die vielleicht meinen Lesern, wie mir, langweilig gewordene Untersuchung von den wahren Ursachen des Schwärmens beschlossen.

§. 41.

Meinungen, wer von den verschiedenen Arten der Bienen in einem Stocke den Anfang zum Schwärmen mache.

Wenn die Bienen freywillig schwärmen sollen, müssen alle drey Arten von denselben in einem Stock in Menge vorhanden seyn. Nur bey Hungerschwärmen, die zwar gleich andern, aber lediglich aus Mangel ausziehen, leidet dieses eine Ausnahme. Es müssen nicht nur mehrere Königinnen, wenigstens der Geburt nahe, im Stocke seyn, sondern auch Drohnen, und hauptsächlich eine große Menge Arbeitsbienen, wenn eine Trennung erfolgen, und sich genugsames Volk zur Errichtung einer neuen Colonie daraus absondern soll. Dabey ist nun die Frage entstanden: Wer unter den verschiedenen Arten der Bienen in einem Stock eigentlich den Anfang zum Schwärmen mache und den übrigen die Veranlassung dazu gebe? Auch hierin findet man so vielerley Meinungen, als Arten von Bienen in einem Stocke sind. Virgils poetische Erdichtung, daß der König, oder nun die Königin, alles darzu anordne bey dem Schwärmen. §. 42.

orbne und seinem auszuführenden Volke an der Spitze vorangehe, ist von vielen bis auf unsere Zeiten als die Losung zum Schwärmen behauptet und vertheidiget worden. Insonderheit hat sich H. Huber alle Mühe gegeben, diese Meinung anschaulich zu machen, und sogar die Art zu erforschen und solche ausführlich zu beschreiben, wie die Königin den übrigen Bienen ihren Trieb zum Auszuge mittheile. Andere finden mit Herold in den Drohnen die nächste Veranlassung dazu, und geben diesen deswegen den Namen der Schwärmbienen. Noch andere schreiben mit mehrerm Rechte den Arbeitsbienen die ganze Veranstaltung zum Schwärmen zu.

§. 42.

H. Hubers Beschreibung, wie die Königin den übrigen Bienen den Trieb zum Schwärmen mittheile.

Die Beschreibung davon ist §. 233. folgende:
Am 14ten May ließen wir in einen großen gläsernen platten Stock die Bienen von zwey Körben einziehen, indem wir ihnen hierbey nur eine Königin bestimmten, die ein Jahr vorher geboren war, und in ihrem Geburtsstocke schon die männliche Eyerlage angefangen hatte. §. 234. Am 15ten thaten wir die Königin in den Stock. Sie war sehr fruchtbar, ward recht gut empfangen, und fieng sehr geschwind an, wechselsweise in die gemeinen und großen Zellen zu legen.

Der große platte gläserne Stock, worin H. Huber hernach die beschriebenen kleinsten Bewegungen der Königin will beobachtet haben, muß also schon vorher mit so vielem Volk besetzt gewesen seyn, daß sie den ganzen Stock mit Tafeln erfüllt gehabt. Denn wenn

darin nur noch einiger unausgefüllter Raum vorhanden gewesen wäre, so hätte von alle dem, was er bis zum 28sten beobachtet haben will, auch nicht das geringste erfolgen können. Und so ist die erste Frage: Wie war denn die in dem platten Stock schon befindliche Königin herausgekommen, da er nicht sagt, daß er auch mit diesen, wie mit seinen Blätterstöcken umgehen und sie aufmachen können, wenn er etwas aus denselben herausnehmen wollen. Denn die bekannten Reaumurischen platten Glasstöcke Tab. III. Fig. IV., deren er sich nach der Vorrede bedient haben will, sind zu diesem Behuf nicht eingerichtet. Ueberhaupt kommt nur hier und sonst nirgends ein großer platter gläserner Stock vor, weil er gerade einen solchen zu seiner Beschreibung nöthig hatte, um solchen, die noch keine dergleichen Stöcke gesehen haben, etwas vorzuspiegeln, das doch bey der Menge des Volks, welches er darin zusammen gebracht haben will, nimmermehr gesehen und beobachtet werden kann. Denn zu diesem schon mit Bienen und Bau angefüllten Stock will er nun noch die Bienen von zwey Körben ohne Königin den 14ten haben einziehen lassen. Wo haben denn diese darin Platz finden können und was für Mittel hat er gebraucht, daß die Einziehenden nicht erwürgt worden sind? Denn um diese Zeit ist das Morden fremder Bienen am stärksten. Und wenn diese Bienen aus zweyen Körben von den Seinigen waren, die nahe dabey stunden, wie war das möglich zu machen, wenn er sie auch im späten Abend hätte einziehen lassen können, daß sie nicht des folgenden Tages alle wieder auf ihren alten Standort zurück gegangen wären? Was für unmögliche und aller Erfahrung widersprechende Dinge will uns dieser Mann schon in den wenigen Zeilen bereden? Aber noch mehr — die dazu bestimmte ein Jahr alte Königin, die schon die männliche Eyerlage angefangen hatte, wird erst
den-

den 15 darauf darzu gebracht und soll doch so gut aufgenommen worden seyn. Von so vielen verschiedenen zusammengebrachten Bienen, die die Nacht nicht vorbeygehen ließen, wenn die Königin weggenommen worden war, ohne aus der vorhandenen Brut zu vielen jungen Anstalt zu machen, und um deswillen keine fremde annehmen, sie komme her, wo sie wolle: §. 12. Doch bey H. Hübern muß alles so gehen, wie er es zu seinen darauf folgenden Beschreibungen, die er sich nicht schämet, neue Beobachtungen zu nennen, nöthig hatte. Die Königin mußte freylich gut empfangen worden seyn, weil sie geschwind darauf anfängt, wechselsweise in die kleinen und in die großen Zellen Eyer zu legen, ob es gleich eine solche Königin seyn sollte, die schon die männliche Eyerlage angefangen hatte, also wenigstens jetzt keine Eyer zu Arbeitsbienen legen konnte. Und auch das will H. Huber bald nach dem Einlassen beobachtet haben. Wer jemals einen platten Glasstock gesehen hat, er mag klein oder groß gewesen seyn, der mit Bienen so angefüllt gewesen, daß sie denselben ganz haben vollbauen können, der muß doch wohl wissen, daß wegen der vielen Bienen, außer in den heißesten Mittagsstunden, wo sich viele herauslegen, selten von der Königin und ihren kleinen Bewegungen etwas zu sehen ist. Hier waren aber sogar die Bienen von drey Stöcken zusammengebracht, und dennoch will er nicht nur ihre gute Aufnahme, sondern auch, daß sie geschwind in die Zellen gelegt, beobachtet haben? Nun folgen aber erst die wichtigsten neuen Entdeckungen, die er gemacht haben will. Den 20sten habe er §. 235. das Fundament zu 16 königlichen Zellen angelegt gefunden. Am 27sten wären 10 königliche Zellen sehr, aber ungleich vergrößert gewesen §. 236. Die Fundamente zu königlichen Zellen werden §. 1. nicht erst zur Schwärmzeit gelegt,

R 4   also

also müßten sie weit eher zu sehen gewesen seyn. Nun folgt die Beschreibung, was von der Königin geschehe, wenn sie die Bienen zum Auszug bewegen will, die ich ganz hersetzen, aber nichts weiter darüber sagen will, als bitten, sich nur dabey in Gedanken einen platten Glasstock vorzustellen, der mit Bienen von drey Stöcken vollgepfropft gewesen ist.

§. 237. Bis zum 28sten hatte die Königin nicht unterlassen zu legen: Ihr Leib war sehr dünne geworden, und sie fieng an sich in Bewegung zu setzen. Bald wurde ihr Gang lebhafter; sie untersuchte indessen noch die Zellen, als wollte sie Eyer hinein absetzen: zuweilen steckte sie die Hälfte ihres Leibes hinein, hernach zog sie ihn ungestüm, ohne hinein gelegt zu haben, heraus; ein anderes Mal legte sie ein Ey hinein, ohne sich tief hinein zu begeben, welches sich denn sehr unregelmäßig abgeleget fand; es war nicht mit einem seiner Enden auf den Grund der Zellen gebracht, sondern es lag mitten an einer der sechseckigten Seiten!! Die Königin brachte bey diesem Laufen keinen Laut vor, und wir vernahmen bey den Bienen mehr nicht, als ihr ordinäres Brummen; sie gieng über die Körper derer weg, welche sich auf ihrem Wege befanden; zuweilen, wenn sie sich aufhielt, blieben die Bienen, welche ihr begegneten, auch stehen, als wollten sie sie betrachten; sie wendeten sich ungestüm gegen diese Königin, stießen mit ihrem Kopf an sie, und stiegen über ihren Rücken weg; sie gieng hernach einige ihrer Bienen tragend, weiter fort; nicht eine gab ihr Honig, aber sie nahm selbst welchen aus den offenen Zellen, die sich auf ihrem Wege befanden, zu sich; man machte ihr keinen Hof und keine reguläre Kreise mehr. Die ersten Bienen, welche durch ihren Lauf rege worden, folgten ihr, indem sie, wie

sie

sie umher liefen, und auf ihrer Tour diejenigen rege
machten, welche noch auf dem Kuchen ruhig gewesen waren. Der Weg, den die Königin durchlief,
war von ihrem Durchgange durch die Bewegung,
welche sie daselbst erweckt hatte, und die sich nicht
mehr stillte, kenntlich. Bald hatte sie alle Theile
ihres Stocks visitirt, und daselbst eine allgemeine
Unruhe erweckt; wenn noch einige Orte übrig waren, wo die Bienen ruhig gewesen, so sah man diejenigen, welche sich in Bewegung gebracht befunden,
da anlangen, und die Bewegung hier mittheilen.
Die Königin legte nicht mehr in die Zellen, sondern
ließ die Eyer fallen!! Die Bienen pflegten ihre Brut
nicht mehr!! alle liefen und durchkreuzten sich in allem Betrachte, selbst die, welche aus dem Felde
vor dem äußersten Lärmen zurückkamen, giengen
nicht mehr in den Stock ein, sondern nahmen Theil
an diesen tumultuirenden Bewegungen, sie trachteten nicht mehr ihre Wachsbündel, die sie an ihren
Füssen trugen, abzulegen, sondern liefen blindlings
mit. Endlich stürzten sich alle Bienen vor die Tho-
re!! des Stockes, und die Königin mit ihnen.

Die Königin verhält sich beym Schwärmen so
unthätig, als bey allen ihren übrigen Verrichtungen
im Stocke. Niemals wird man sie laufen, oder in
Unruhe gerathen sehen, wenn auch alle Bienen durch
einen vorsetzlichen Stoß an den Stock unruhig gemacht werden. Sie läßt sich dadurch in ihrer Eyerlage, wenn sie einmal darüber begriffen ist, nicht
im mindesten irren, wie man in einem kleinen Glasstock täglich die Probe davon machen kann. Sie
hält sich unter ihrem Volk für vollkommen sicher,
besorgt ihre Eyerlage und für das übrige hat das
ganze Volk zu sorgen. So ist auch das Schwärmen

men lediglich das Geschäfte der Arbeitsbienen. Diese machen alle Anstalt, und geben auch die Losung dazu, da indessen die Königin immer ihre Eyerlage fortsetzt, dabey eben so langsam, wie sonst fortschreitet, kein einziges Ey fallen läßt, wie H. Huber gesehen haben will, und doch in diesem Stock nimmermehr hat sehen können.

§. 43.

Herolds Meinung, daß die Drohnen die Schwärmvögel wären.

H. P. Herold, der im 1 B. der Abhandlungen und Erfahrungen der Fränkischen Bienengesellschaft vom J. 1772. die Drohnen für Geschlechtlose erkläret hatte, aber doch denselben noch ein gewisses nöthiges Geschäfte in der Bienenrepublik anweisen wollte, behauptet von denselben: Sie wären hauptsächlich deswegen da, daß sie das junge Volk durch ihren lauten Schall von Zeit zu Zeit zur Musterung oder zur Sömmerung herauslockten, beym Schwärmen den jungen Weisel ausstießen und das ganze Volk unter Trompeten- und Paukenschall ausführten. Er giebt ihnen deswegen den neuen Namen Schwärmvogel, und gründet seine Meinung hauptsächlich darauf, daß gewöhnlich nur solche Stöcke schwärmeten, die viele Drohnen zeugeten, und weil sie sich beym Schwärmen sehr geschäftig bewiesen, obgleich die wenigsten mit dem ersten Schwarm fortzögen, sondern zu dem alten Stock zurückkehrten, weil sie noch mehrere Schwärme auszutreiben hätten, auch nach dem Schwärmen bald, als ferner unnütze, ausgestoßen und getödtet würden. Daß aber die Drohnen nicht die nächste Veranlassung zum Schwärmen geben können, noch weniger dieses die Ursach ihres Daseyns ist, ist schon daraus offenbar, weil
die

die Drohnen diejenige Art von Bienen in einem Stocke gar nicht sind, die durch ihre Thätigkeit und Herumlaufen einen solchen allgemeinen Aufstand zu erregen im Stande wären. Die meisten sitzen beym Vorspielen und sogar beym Schwärmen unthätig an dem obern Theil der Tafeln, und nur diejenigen, die um des schönen Wetters willen schon aus ihrem Zirkel herausgegangen sind, werden von dem Arbeitsbienen, die nach dem Flugloch zuströhmen, mit fortgerissen, und eben weil es meistens wider ihre Absicht geschiehet, und sie nicht Willens waren ihre bisherige Wohnung zu verlassen, kehren die Meisten, indem der Schwarm abgehet, wieder zum Flugloch zurücke, und häufen sich vor demselben an, weil sie wegen der immer noch herauströhmenden Bienen nicht hinein können, daß es freylich das Ansehen gewinnet, als bewiesen sie bey dem Schwärmen die größte Thätigkeit. Und woher sollte bey ihnen der Trieb entstehen, andere zum Schwärmen zu reitzen, da, wie Herold selbst bemerkt hat, wenigstens beym Vorschwarm oft gar keine, oft nur wenige mit fortschwärmen, sondern fast alle in den alten Stock wieder zurückkehren. Außerdem haben ja nicht nur solche Stöcke viele Drohnen, die schwärmen wollen, sondern auch solche, die an kein Schwärmen denken. Daß sich Drohnen an solchen Stöcken bald früh Morgens sehen lassen, die dem Schwärmen nahe sind, und wohl noch denselben Tag ausziehen, ist keineswegs ein Kennzeichen, daß sie für sich selbst, um andere zum Schwärmen anzureitzen, in solche Thätigkeit gerathen wären, sondern weil schon in dem Innern des Stocks die Arbeitsbienen ihr zirkelförmiges Laufen unter einander angefangen, und dabey die ihnen in den Weg kommenden Drohnen mit fortgetrieben haben.

§. 44.

§. 44.

Die Arbeitsbienen machen allemal den Anfang zum Schwärmen, wenn sich indessen Königin und Drohnen noch ruhig verhalten.

Es lehrt dieses schon die Natur der Sache und die tägliche Erfahrung, daß die Königin nicht, wie Huber so oft sagt, an der Spitze der neuen Kolonie ausziehe, oder durch ihre Unruhe und Wahnsinn den Anfang zum Schwärmen mache. Die Arbeitsbienen sind es, die §. 1. entweder aus einem natürlichen Instinkt bey vielem Volke und guter Tracht, oder aus Noth gedrungen, wegen Verlust der alten Königin, mehrere junge Königinnen erbrüten und dazu durch Erbauung besonderer Zellen Anstalt machen müssen. Sie sind es, die §. 5., wenn der Vorschwarm wegen widriger Witterung nicht zur gesetzten Zeit abgehen kann, die jungen Königinnen einige Tage in den Zellen füttern. Sie sind es aber auch, die, wenn die üble Witterung zu lange anhält, §. 29. bey den Vorschwärmen die jungen Königinnen in den Zellen tödten, indem sie ein Loch in die Seite der Zellen beißen und sie sodann herausziehen, bey den Noth- und Nachschwärmen aber die bereits zum Schwärmen flugbaren Königinnen umbringen. Sie sind es, die §. 10., wenn das Schwärmen eingestellet werden soll, alle noch überflüssige Königinnen tödten. Sie sind es endlich, die, wenn nur ein kleiner Theil Bienen auf dem Schwärmen bestehet, die Königinn beym Ausziehen aufhalten, oft vor dem Flugloch noch bey den Hinterfüßen fassen, und nicht eher loslassen, als bis sie sich wieder nach dem Flugloch wendet, und hineingehet, da denn alle ausgezogen gewesene wieder zurücke kommen, und in wenig Stunden findet man diese Königin unter dem Stock auf dem Standbrete todt, weil ihr ihre bisherigen

gen Beschützer, die über das Schwärmen in Unordnung gerathen waren, nicht weiter hatten helfen können.

Ein einzigesmal habe ich den Vorfall gehabt, den auch andere aufmerksame Bienenväter schon beobachtet hatten, daß schon im Julius ein Stock, der stark vorgelegen und immer Miene zum Schwärmen gemacht hatte, aber nichts daraus worden war, endlich am 4ten Tage ein Vorschwarm ernstlich anfieng abzugehen, bald aber ein so hitziger Streit am Flugloche entstund, daß viele im Ausziehen begriffene Bienen ermordet wurden. Bald gieng es auch über diejenigen her, die von den Ausgezogenen wieder zurücke kamen. Dieses dauerte so lange, als sich noch schwarmlustige Bienen vor dem Flugloche sehen ließen, so daß am Ende ein großer Haufen todgestochener Bienen vor dem Stock im Sande lagen. Die Königin war bey dem Gemezzele nicht zum Vorschein gekommen. Ich hob nun, wie alles wieder ruhig war, den Korb auf, um ihn im Innern zu untersuchen. Da denn nicht nur noch einige Hände voll todter Bienen auf dem Standbrete lagen, die sie herauszuschleppen im Begrif waren, sondern auch 5. aus den Zellen herausgerissene junge Königinnen. Ein Kennzeichen, daß sie die flugbare Königin, die mit dem Schwarm ausziehen sollen, für sich selbst behalten hatten. Hier war es offenbar so gar äusserlich zu sehen, daß die Arbeitsbienen noch den Abgang des Schwarms verhinderten, und es liegt, wie man doch oft zu sagen pflegt, wohl das wenigstemal daran, daß die Königin nicht fort wollte, oder schadhaft und noch nicht flicke wäre, sondern daß der größte Theil der Bienen keine Lust zum Schwärmen hat, und wenn auch der eine Theil anfängt, doch jene die Königin zurückehalten, daß es nicht geschehen kann.

Man siehet es auch oft daran, daß es lediglich ein Werk der Arbeitsbienen ist, ob ein Stock schwärmen, oder

oder nicht schwärmen soll, wenn in manchen Jahren, wie sonderlich 1792. geschehen, da die Bienen überaus schwarmlustig sind, keine jungen Königinnen von ihnen getödet, oder unreif aus den Zellen gerissen, sondern nur aus den Stöcken ausgetrieben, und nicht wieder hineingelassen werden. Ich sahe in diesem Jahre, wie ich auch schon vorher einzeln bemerkt hatte, in den Mittagsstunden vor den Stöcken, die schon mehrmals geschwärmet hatten, junge muntere Königinnen herumfliegen, ohne daß dieses auf die Arbeitsbienen den geringsten Einfluß hatte. Sie waren dabey ruhig und trugen, wie sonst, ein und aus. So bald sich aber eine solche Königin am Flugloche ansetzte, um in den Stock einzugehen, ward sie von der nächsten Biene herabgestoßen, oder wohl an den Hinterfüßen gefaßt und gehalten, daß sie nicht in den Stock hinein konnte, sondern wieder in die Luft abfliegen mußte. Gelunge es ja einer gerade im Flug mit hineinzufahren, so sahe man doch dieselbe bald wieder herauskommen, und aufs neue abfliegen. Eben so, wie es mit den Drohnen gehet, die auch von den Fluglöchern abgestoßen, oder wieder herausgejagt werden, wenn ihr Tod einmal beschlossen ist. Im späten Abend fand ich denn gemeiniglich diese verfolgten Königinnen immer äußerlich an den Stöcken, nicht vor dem Flugloche, sondern an der Seite des Stocks, aber ziemlich ermattet gen, wo sich denn keine Biene weiter um sie bekümmerte.

Sollte aus allen diesen Erfahrungen nicht schon einigermaßen der richtige Schluß gemacht werden können, daß die Arbeitsbienen den Anfang zum Schwärmen machen, und die übrigen Arten weiter nichts thun, als diesen folgen müssen. Ich will nun meine näheren Beobachtungen darüber mittheilen, die ich oft so wohl in kleinen Glasstöcken, als auch in den größern etliche Mal bey ihrem Auszuge gemacht habe. Sie sind freylich

lich ganz das Gegentheil von den Huberischen und ich habe dabey nicht das geringste von dem so lebhaft beschriebenen Wahnsinn der Königin wahrnehmen können. Ich kann aber versichern, daß in meiner Beschreibung davon nichts enthalten seyn wird, als was jeder andere, der dergleichen Stöcke hat, auch darin sehen kann. Es kann auch nicht der Einwurf gemacht werden, daß ich nur solche Schwärme beobachtet hätte, die aus Verdruß, oder aus Mangel ausgezogen wären. Dieser Umstand macht keine Abänderung. Wie es bey diesem hergehet, gehet es bey jenem auch. Fern bleibt von mir alle Charlatannerie in Beschreibungen, und ich werde nie etwas setzen, das nicht jeder auf eben die Art versuchen und von der Richtigkeit überzeugt werden könnte.

Die kleinen Glasstöcke schwärmen gewöhnlich gegen den Herbst heraus, wenn ihr Honigvorrath von den jungen Bienen, die sonderlich zu Ende des Augusts noch ausgebrütet werden, alle aufgezehret ist. Sie halten sich alsdenn wohl noch acht bis vierzehn Tage in dem Stock, die Königin fährt zwar fort, dann und wann Eyer in die Zellen zu legen, die Bienen hören aber auf selbige zu Maden zu erziehen, und sie verlieren sich nach und nach wieder aus den Zellen. Von zugespündeter Brut sieht man nur einzelne Zellen, die mehrentheils gestorben sind, von den Bienen aufgebissen und herausgezogen werden, von heranwachsenden Maden aber gar nichts mehr. Schon einige Tage vorher kann man es ihnen abmerken, daß sie Anstalt machen, ihren Stock zu verlassen. Außerdem, daß wenige ins Feld gehen und noch weniger etwas an Füssen hereinbringen, hängen sie die mehreste Zeit stille an einander, außer etlichen einzelnen, die von früh 10. bis Nachmittags 2. Uhr, schnell zum Flugloch herausgelaufen kommen, um dasselbe kreisförmige Bewegungen

gungen machen, und alsdenn zwar abfliegen, aber auch bald zurückkommen, und wenn sie alsdenn in den Stock wieder eingegangen sind, laufen sie schnell auf die nächsten dick an einander hangenden Bienen und drehen sich vom untern Ende der Tafel bis an das obere in beständigen Zirkeln auf den Bienen herum. Dieses thun oft dreye und mehrere neben einander, so wie man es auch äusserlich an stark vorliegenden Bienen, wenn sie nun bald schwärmen wollen, in diesen Stunden bemerken kann, daß viele angetroffen werden, die sich mitten unter andern im Kreise herumdrehen. Dabey bleibt aber im Stock übrigens noch alles ruhig. Die Königin geht ihren gewöhnlichen langsamen Gang auf der Tafel herum, läßt sich putzen und füttern, steckt auch zuweilen noch den Hintern in die Zellen, als ob sie Eyer legte, ob man gleich nichts davon siehet, hält sich aber schon die mehreste Zeit oben im dicksten Klumpen der Bienen auf. Dieses kann drey vier Tage so fortdauren, nachdem die Witterung zum Auszichen günstig oder nicht günstig ist. Endlich wird einmal an einem schönen Tage das Kreislaufen und Wirbeln der Bienen von unten herauf nach oben zu, wo sich die Königin befindet, allgemein. Alles geht durch einander. Bey aller anscheinenden Unordnung kann man aber doch noch dies deutlich bemerken, daß alle zum Flugloch herausstürmenden und wieder zurückkommenden Bienen auf der Seite der Tafel hinaufrennen, wo sich die Königin befindet und um dieselbe einen dicken Klumpen formiren, der aber in beständiger Bewegung ist, bis es ihnen gelingt, daß sie solche gleichsam in Gang bringen. Der Klumpen von Bienen öfnet sich denn, und hier bekömmt man sie zuweilen zu sehen, wie sie in dem Strohm von Bienen, der nach dem Flugloche zueilet, mit fortgerissen wird. Nun läuft alles niederwärts, und so schnell die Arbeitsbienen im Laufen sind,

sind, so langsam geht doch immer noch die Königin ihren gewöhnlichen Gang fort, bis sie herunter an das Flugloch gebracht ist. Ist sie wirklich herunter bis an das Flugloch gebracht, so wird das Gedränge um dasselbe ausserordentlich dick, und mit einem gantzen Klumpen Bienen, die sie in ihrer Mitte haben, stürzt sie zum Flugloche heraus, da denn sogleich der vorherige Kreislauf der Bienen im Stocke aufhöret, und alles vollends gerade zu den übrigen nachgehet, und keine Biene zurücke bleibet, bis auf wenige noch unflugbare Junge. Denn ich habe noch keinen andern, als einen solchen Auszug beobachten können, wo alles fortgehet.

Die Königin ist niemals die erste, die sich durch ihr Laufen und Rennen über die Tafeln und Bienen hinweg, zum Auszug in Bewegung setzt, und dadurch das Laufen der übrigen verursachet. Sie kann oft mit allen Zündthigungen der Bienen, und wenn schon der größte Theil wirklich aus dem Stock heraus sind, und sich anfangen an einen Baum anzulegen, doch nicht dahin gebracht werden, daß sie der Menge nachfolgt; und wenn sie schon ziemlich herunter gebracht worden war, geht sie doch wieder zurück und in den obersten Theil des Stocks hinauf. Daher auch bald der gantze Schwarm, so viele sich davon schon angelegt hatten, wieder zurücke kommt. Einmal war die Königin schon zum Flugloch herausgebracht und mit fortgeflogen. Schnell kam sie aber wieder zurück und gesellete sich zu den wenigen jungen Bienen, die noch im Stocke waren. Der Schwarm war indessen hoch in die Luft und über etliche Gärten weggegangen, bis er sich auf 500 Schritte weit von seinem gewesenen Standort an eine Weide anlegte. Auch von daher kam er, als er die Königin vermißte, wieder zurück in den Stock. Ich gab ihm des Abends etwas Honig in seinen Füttertrog,

tertrog, weil ich ihn noch einige Zeit erhalten und etwan auf einen Mutterlosen gebrauchen wollte. Allein den andern Morgen war er schon vor 9 Uhr, da ich erst in den Garten kam, ausgezogen, und die Königin auch mit fort, ohne daß er in der Nähe auszufinden war, weil ihn das Futter zu einer weitern Reise gestärkt hatte. So gehet es auch im Frühjahre, daß ein Stock, wenn man ihn erst einige Zeit hat Mangel leiden lassen, hernach aber wieder etwas Honig oder nur Zuckerfütterung giebt, gleich des folgenden Tages, wenn die Witterung günstig ist, nach dieser erhaltenen Stärkung Abschied nimmt und den Stock leer lässet. Ein Umstand, der alle Bienenliebhaber abschrecken sollte, die Meinung zu behalten, sich durchs Füttern immer mehrere Bienenstöcke verschaffen zu können. Man muß, wenn man einmal füttern will, schlechterdings genug füttern können, sonst ist alles verlohren.

Aus dem großen Glasstock habe ich erstlich nach etlichen Tagen einen hingebrachten Vorschwarm, und sodann zwey dergleichen zusammengebrachte, wieder ausziehen sehen. Ich kann aber aufrichtig versichern, daß hier wegen der vielen durch einander laufenden Bienen auch nicht das geringste deutlich zu bemerken war, als nur beym Anfang des Schwärmens, was schon oben beschrieben worden ist. Es war nicht möglich, nur etwas von der angebaueten Tafel, oder von dem Benehmen der Königin dabey zu bemerken, nicht einmal den Zeitpunkt, da sie an das Flugloch gebracht worden war und mit abgienge. Die vielen unordentlich untereinander herausstürzenden Bienen machen alles Beobachten unmöglich, ausser was im Anfange zu sehen ist, daß lediglich die Arbeitsbienen die erste Unruhe anfangen und fortsetzen. Auch beweiset es jedesmal der Ausgang, daß bey dem Schwärmen

alles

alles auf die Arbeitsbienen ankommt. Die Königin ist es niemals, die den Ort zum Anlegen bestimmt, sondern die Arbeitsbienen sind es ebenfalls, die den Anfang mit Anlegen machen, und erwarten, daß ihnen die Königin nachkommen soll.

§. 45.

Ob das Ausfangen und Einsperren der Königin, oder die Verengerung des Fluglochs beym Schwärmen, sichere Mittel wider das Fort- und Ausziehen der Schwärme sey.

In vielen Bienenbüchern wird das Fort- und Ausziehen der Schwärme als eine Sache vorgestellt, die sehr häufig geschehe, und weswegen man in Gefahr stehe, die meisten Schwärme, wenn man seine Bienen dem freywilligen Schwärmen überlasse, doch durch das Fortziehen vor oder nach dem Einfassen wieder zu verlieren. Man will daraus insonderheit den Vorzug des Ablegens vor dem freywilligen Schwärmen beweisen, weil man bey jenem dieser Gefahr gar nicht ausgesetzt sey. Man giebt daher auch sowohl wider das Fortziehen, als wider das Ausziehen verschiedene Mittel an. Von jenen zuerst.

Ausserdem daß man fordert, zur Schwärmzeit bey seinem Bienenstand Feuergewehr, Wasser und Handspritzen in Bereitschaft zu halten, um einen Schwarm, der fortziehen könne, durch Abfeurung eines Gewehrs oder durch Besprützung mit Wasser von oben herab, davon abzuhalten und ihn zum Anlegen zu bringen; giebt man noch diese als sichere Mittel an, solchen vom Fortziehen abzuhalten, und seines Bleibens im Garten versichert zu seyn: Erstlich, daß man gleich beym Anfang des Schwärmens dem Stock an die Seite trete, die mehrentheils in der Mitte des Schwarms herauskommende Königin sanft bey den Flügeln erhasche, sie in ein Weiselhäuschen gefangen nehme, und sie alsdann dem Schwarm dahin nachtrage, wo er sich anzulegen Miene mache. Oder, man müsse sogleich, wenn der Stock zu schwärmen anfange, das Flugloch um einen großen Theil enger machen, als es vorher gewesen. Dadurch würden die zum Schwarm gehörigen Bienen gehindert, daß sie nicht so geschwind zum Stock heraus könnten, als sie gern wolten. Die zuerst Herausgeschwärmten würden des Fliegens in der hohen Luft müde, liessen sich wieder hernieder, fiengen an sich anzulegen und warteten auf die, die noch nachkommen sollten.

Was das erste, das Schiessen beym Aus- oder Fortziehen eines Schwarms betrift, so ist es doch recht lächerlich, wenn ein gewisser Schriftsteller davon sagt, die Bienen hielten den Schuß für einen Donnerschlag und würden dadurch so in Schrecken gesetzt, daß sie sich schnell zur Erde niedersenkten und irgendwo anlegten. Und was das Wasserspritzen betrift, so wird man damit, wenn man es bey einem ausziehenden Schwarm anwendet, solchen eher nöthigen wieder in den Stock zurückzugehen, als sich anzulegen. Soll es aber alsdenn erst geschehen, wenn der Schwarm wirklich schon im Fortziehen begriffen ist, so wird es auch da ganz vergeblich seyn; denn er geht alsdenn so hoch und schnell in die Luft, daß er mit keiner Handwasserspritze mehr erreicht werden kann. Man könnte also diese Geräthschaften bey seiner Bienenwirthschaft gar wohl entbehren, ob sie gleich manche für höchst nothwendig angeben. So sind auch die übrigen angegebenen Mittel beschaffen.

Wenn man z. B. dem Stock bey einem ausziehenden Schwarm an die Seite tretet, die herauskommende Königin wegfangen, solche in ein Weiselhäuschen

chen sperren und dem Schwarm nachtragen soll, so wird es zehnmal eher geschehen, daß man damit die Bienen irre macht, weil sie die Königin vermissen und wiedor zurückgehen, als daß man sie dem Schwarm sollte nachtragen können. Denn oft legen sie sich bey solchen Umständen gar nicht an, oft thun sie es zu hoch, daß man nicht im Stande ist, die Königin in der Geschwindigkeit dahin zu bringen. Ich kann es also keinem rathen. Ueberdies ist es nur bey solchen Schwärmen anwendbar, die nur eine Königin haben, wo aber mehrere sind, da entwischt geschwind eine und alsdenn ist alles Ausfangen und Einsperren vergeblich.

Die Verengerung eines Theils des Fluglochs habe ich beym Anfang meiner Bienenwirthschaft nach der Anweisung H. Eyrichs ebenfalls mehr, als einmal versucht. Die Folge davon war aber dreymal diese, daß, anstatt die zuerst ausgezogenen Bienen ermüden, sich anlegen, und auf die warten sollten, die im Nachzuge begriffen waren, kamen sie bald wieder zurück und es wurde diesmal aus dem Schwärmen nichts. Nun ließ ich es sein bleiben.

Das Ausziehen aus dem Stock, wenn der Schwarm schon einige Zeit darin gewesen ist, und nur eine Königin hat, geschiehet blos deswegen, weil die Bienen etwas darin angetroffen haben, das ihnen unleidlich gewesen ist und sie mit allem ihren angewandten Fleis nicht haben wegräumen können. Man gebe einem solchen Ausgezogenen einen andern Stock, so ist der Sache gerathen und er wird bleiben.

Im 4ten und 5ten Bande der Neuen Sammlungen ökonomischer Schriften sucht mich der H. C. R. Riem auch sonderlich darüber zu belehren, wie ich dem wiederholten Ausziehen des in den Glasstock gebrachten Schwarmes gar leicht dadurch hätte vorbeugen können, wenn ich die Königin ausgefangen, eingegesperret und zuerst in ihrem Gefängniß in dem Stock befestiget hätte. Bey einem Vorschwarm, der nur eine Königin hat, ist das Ausfangen keine schwere Sach, und ich getraue mir dasselbe allemal durch sanfte Behandlung der Bienen zu bewerkstelligen, ohne nöthig zu haben, zu dem angepriesenen gewaltsamen Mittel zu schreiten, und den ganzen Schwarm ins Bad zu bringen, und alsdenn das Aussuchen vorzunehmen. Ist er schon gefaßt, und ruhig, das war aber anfangs mein Schwarm, so wäre es ja Thorheit, dies noch zu thun, und soll es vor der Fassung geschehen und der Schwarm an dem Orte, wo er liegt, so lange mit Wasser bespritzt werden, bis alle Bienen naß sind, so überlege man nur, wie viele Bienen, man fange es an wie man wolle, dennoch auf und davon fliegen, der Schwarm also ausserordentlich geschwächt werden muß, wenn er nicht gar aus einander und zu Grunde geht. Wenn aber nun auch alles glücklich abgehet, die Königin gefunden, eingesperret und oben in dem Stock in ihrem Gefängniß befestiget worden ist, so kann sie doch nicht in diesem Zustand gelassen, sondern sie soll nach etlichen Tagen wieder in Freyheit gesetzt werden. Was für Unruhe muß damit unter einem Schwarm Bienen angerichtet werden, der seine Haushaltung früh angefangen, und in etlichen Tagen schon viele neue zarte Tafeln erbauet hatte. Bekanntermaßen fangen die Bienen ihre erste und mehrere Tafeln an dem Schächtelchen oder Weiselhäuschen zu bauen an, worin die Königin gefangen gehalten wird. Wie soll nun die Königin aus ihrem Gefängniß losgelassen werden können, ohne zugleich den ganzen neu angefangenen Bau zu zerstöhren, und die Bienen zu veranlassen, daß sie aus Verdruß darüber, und da sie nun endlich ihre Königin wieder frey unter sich haben, aus einer solchen Wohnung desta

eher

eher wieder ausziehen, woran sie ausserdem nicht gedacht haben würden? Nun nehme man vollends meinen schmalen Glasstock, der den starken Vorschwarm und hernach so gar zweyen keine bequeme Wohnung zu seyn schiene, was würde ich mit diesem Einsperren und Loslassen anders angerichtet haben, als daß sie doch, wie sie freywillig thaten, nun desto eher, nach Zerstöhrung ihres angefangenen Baues, ausgezogen seyn würden, da sie den nicht achteten, woran sie bisher ungestört hatten fortbauen können. Dieses hatte ich vorher wohl überlegt, wie schwer die Königin in einem solchen Stock aus ihrem Gefängnisse wieder loszulassen wäre, und wollte daher freywillige Bewohner desselben haben. Wie mir es denn bald darauf mit einem andern Schwarme, der mehrere Königinnen hatte, ohne alles Aussuchen und Einsperren derselben gelang.

Besonders soll dieses Aussuchen und Einsperren der Königin, beym Nachschwärmen, oder beym Zusammenfallen mehrerer nöthig seyn, weil diese nicht eine, sondern oft sehr viele haben. Hier ist aber vollends die Mühe, die man sich damit macht, mehrentheils vergeblich und bewirkt gerade das Gegentheil, daß sie desto öfter ausziehen. Eh ein Nachschwarm aus dem alten Stocke auszieht, ist schon eine von den vielen Königinnen ausgewählt, die den grösten und stärksten Anhang von Bienen hat, da die übrigen, die mit ausziehen, nur einen geringen Anhang haben. Indessen ziehen doch diese verschiedene Partheyen zusammen aus. Beym Anlegen wollen sie sich aber nicht selten wieder trennen. Die eine Parthie will sich an diesen Ast, die andere an einen nicht weit entfernten davon anlegen. Dieses muß man nun nicht geschehen lassen, sondern diejenigen, die sich in kleinen Parthien besonders anlegen wollen, durch Abschütteln oder durch Anlegen etlicher Wermuthstengel an den Ort nöthigen, sich zu dem größern Haufen zu begeben, bis alle dahin zusammen kommen. Diejenigen, die einen Schwarm an verschiedene Orte anlegen lassen und denken, daß sie einen nach dem andern in den Stock bringen wollen, werden selten ihren Zweck erreichen. Sie ziehen, wenn sie auch zusammengebracht worden sind, bald wieder aus, und legen sich aufs neue an verschiedenen Orten an. Mancher Nachschwarm, den man doch wohl irrig für einen Vorschwarm hält, oder wenn etliche Stöcke zugleich nachgeschwärmet, und sich in der Luft vereiniget haben, haben sehr viele und oft auf 20 Königinnen bey sich. Wie soll hier das Aussuchen geschehen können? und was soll am Ende, wenn man auch Zeit darzu hätte und indessen nicht wieder andere Schwärme kämen, die zu bedienen wären, alles Aussuchen und Einsperren helfen, wenn man gerade diejenige Königin nicht getroffen, die den stärksten Anhang hatte? Treffen nun die Bienen eine andere eingesteckte Königin oben im Stock an, so werden sie denselben bald wieder verlassen, und dieses wird nicht selten Ursach eines gänzlichen Fortziehens.

Das Ausfangen und Einsperren der Königin ist der wenigsten, die Bienen halten, ihre Sache. Es ist daher auch mehrentheils vergeblich, solche Dinge als sichere Mittel wider das Fort= und Auszichen der Schwärme anzugeben. Mancher denkt dabey, und doch wohl nicht mit Unrecht, wenn das Bienenhalten mit so vieler Gefahr und Mühe verbunden ist; so halte ich lieber gar keine. Man muß also leichtere Mittel anzugeben wissen, und daran fehlt es nicht. Doch scheinen sie manchen zu klein und zu geringe, als daß sie solche statt der ihrigen gewohnten angeben sollten. Das Fortziehen wird oft durch üble Behandlung solcher Schwärme verursachet, die viele Königinnen haben,

ben, das Wiederausziehen aus dem Stock erfolgt eben daher, daß sie sich über die Auswahl einer Königin nicht vereinigen können. Es kömmt also darauf an, dergleichen Schwärme dahin zu bringen, daß sie selbst unter den vielen Königinnen eine Auswahl treffen können. Man muß sie daher unter die Umstände verſetzen, daß sie es gerade zu der Zeit und an dem Ort thun können, wo sie es ihrem Trieb nach thun wollen. Mir begegnet es sehr oft, wie jeder weiß, der einen starken Bienenstand hat, daß etliche Nach- oder auch Vor- und Nachschwärme zuſammen fallen, und da ich oft an einem schönen Tage zehen und mehrere Schwärme bekomme; ſo iſt bey ſolchen Umſtänden an das Baden und Ausſuchen der Königin gar nicht zu denken, ſondern nur daran, wie man auf eine leichte und geſchwinde Art einen ausgezogenen Schwarm zur Ruhe bringen will, ehe wieder ein anderer den Anfang mit Schwärmen macht. Mein Hülfsmittel dabey, das jeder ſich auch leicht verſchaffen kann, ist dieſes: Da ſich meine Schwärme wegen des freyen Platzes, den sie vor den Stöcken haben, mehrentheils an Roſen- oder Johannisbeerſtöcke und niedrige Pflaumenbäume anlegen; ſo habe ich immer eine Parthie größerer und kleiner Tücher von grober Leinewand vorräthig. Kömmt ein Schwarm, wobey ich mehrere Königinnen vermuthen muß, oder gehen etliche zuſammen, ſo wird derſelbe alsbald, wenn er ſich ruhig zuſammengelegt hat, von oben herab mit Tüchern umgeben, die mit großen Stecknadeln feſte gemacht werden, daß ihm nur eine kleine Oefnung, wie ein Flugloch, bleibet, wadurch die noch herumſchwärmenden Bienen hineinkommen können. Es läßt ſich dieſes auch gar wohl am Stamme oder Aſte eines Baums anbringen. In dieſem Zuſtand laſſe ich den Schwarm bis an den Abend da er ſich zu einer Königin

gin versammelt und die überflüßigen entweder ausgetrieben, oder getödtet hat, wovon man etliche in den Tüchern oder auf der Erde antreffen wird. Es ist mir noch kein Schwarm aus solchen zusammengehefteten Tüchern wieder herausgegangen, so groß er auch gewesen. Nun fasse ich ihn erst, da sich die Bienen des Abends weit besser, als in der Hitze behandeln lassen, in den Stock. Gesetzt, ich bekäme auch noch eine überflüßige Königin mit hinein, so ist doch die Auswahl schon getroffen, und sie wird sicher noch in derselben Nacht von den Bienen getödtet, daß daher keine weitere Unruhe oder Ausziehen erfolgen kann. Fasset man aber solche Schwärme gleich ein, ehe sie über die Königin einig worden sind, so gerathen sie leicht in Unordnung. Es dränget sich eine in den obersten Theil des Stocks, die den Meisten nicht gefällt, sie wird aber doch zu sehr beschützt, als daß sie umgebracht werden könnte; so ziehet der untere Haufe, der sich seine Königin noch weniger nehmen lassen will, wieder aus, und dem folgt denn bald alles nach, so, daß dieses Spiel oft etlichemal wiederholet wird, biß sie sich zuletzt aus Verdruß zerstreuen; einige in die alten Stöcke wiederum zurück, andere gar davon gehen. Wer mehr davon zu lesen begehret, den verweise ich in meine praktische Korbbienenzucht.

§. 46.
Aus was für Ursachen ziehen doch manchem die meisten Schwärme fort, und welches sind die Mittel darwider.

Von Natur sind die Bienen beym Schwärmen zum Fortziehen gar nicht geneigt, am allerwenigsten bey den Vorschwärmen. Diese legen sich wegen ihrer bey sich habenden alten und schweren Königin gern in der

der Nähe des Bienenstandes an. Ich weiß in etlichen und dreyßig Jahren vom Fortziehen der Schwärme nichts, wohl aber, daß mancher fremde fortgezogene Schwarm, wenn er unter meine vom Felde heimziehenden Bienen gekommen, in meinen Garten niedergefallen ist und sich ruhig angelegt hat. Wenn daher manche doch darüber klagen, daß ihnen die meisten Schwärme davon zögen, so muß dieses auch seine besondere Ursache haben. Diese Ursachen liegen in nichts anders, als in dem unbequemen Standort, den sie zu ihren Bienen erwählet haben. Man stellt seine Bienenhütte an solchem Orte auf, der um und um mit hohen Gebäuden und vor sich im Garten mit eben so hohen Bäumen umgeben ist, daß die Bienen, wenn sie auf das Feld zur Nahrung ausgehen wollen, sich gleich vom Stock aus gerade hoch in die Luft begeben, und bey ihrer Rückkunft eben so tief wieder niederfallen müssen. Sind sie nun eines solchen Ausflugs einmal gewohnt, so gehet es auch beym Schwärmen nicht anders. Die herausstürzenden Bienen begeben sich gleich über alle Gebäude und Bäume in die Höhe, und weil sie da keinen bequemen Ort zum Anlegen vor sich haben, so gehet es schnell nach dem ersten Gehölze zu. Ein Beyspiel wird die Sache anschaulich machen. Ein Bauer auf einem benachbarten Dorfe von mir, das in der Nähe im Herbst vieles Heydekraut hatte, hatte eine alte leere Bienenhütte zwischen seinen Gebäuden und den hohen Bäumen im Garten stehen, die er auf mein Bitten wieder etwas zurechte machte, damit ich einige meiner Bienenstöcke dahin bringen könnte, wenn das Heydekraut blühete. Im Herbst hatte das nichts zu bedeuten, denn die Bienen schwärmen nicht. Ich fand diesen Stand zu meiner Absicht gut und bequem, weil im ganzen Dorfe keine Bienen, die Meinigen also vor Raub gesichert waren, und volle

Tracht

Tracht hatten. Dieser Bauer klagte mir unter andern, da ich öfters zu ihm kam, meine Bienen zu besuchen, daß sein Vater lange Zeit auch Bienen gehabt, aber über das beständige Fortziehen der Schwärme in den nahgelegenen Wald verdrüßlich worden wäre, und solche endlich abgeschaft hätte. Der Wald war so gar nahe nicht, daß er die Hauptursache des Fortziehens seyn können, denn er lag auf eine Stunde weit entfernt, sondern der Stand der Hütte war lediglich Schuld daran. Sie war hinter den hohen Gebäuden, die davon die Rückwand ausmachten, im Garten aufgerichtet, der bis nahe an dieselbe mit hohen Bäumen besetzt war. Gegen Morgen, da sie noch einen niedrigen Ausflug haben konnten, stund hinter dem Gartenzaun noch ein hoher ausgebreiteter wilder Birnbaum, der ihnen auch diesen verwehrte; daß sie also keinen andern Ausflug haben konnten, als über die Gebäude und über die hohen Bäume weg. Ich sagte ihm, das wäre die wahre Ursache des Fortziehens der Schwärme gewesen. Er müsse daher, wenn er Bienen halten wollte, wozu er nicht wenig Lust bezeugte, der Hütte einen andern Stand geben, oder wenigstens den wilden Birnbaum hinter dem Zaun wegschaffen, daß die Bienen einen niedrigen Ausflug bekämen. Er versprach es. Ich ließ ihm darauf im Herbst einen guten Korb zum Geschenk in der Hütte stehen. Da aber der Bauer bey den Bienen immer mehr auf gut Glück, als auf vernünftige Behandlung bauet, so blieb die Hütte an ihrem bisherigen Orte, und auch der Birnbaum hinter dem Zaun stehen. Der Stock schwärmte das darauf folgende Jahr zeitig, und dreymal. Der erste Schwarm, der zeitig war, gieng über die Gebäude weg, legte sich aber doch noch hinter denselben an einer Weide auf dem Dorfe an, daß er ihn erhielte. Die andern bepden giengen hoch auf den wilden Birnbaum

baum hinter dem Zaun hinauf und waren nur mit
Mühe herunter zu bringen. Indessen erhielt er doch
im ersten Jahr, da es kein schlechtes Bienenjahr war,
und er die beyden letzten Schwärme zusammen gebracht
hatte, drey Stöcke, die den Ausstand hatten: Ich
warnte ihn nochmals, wenigstens den Birnbaum aus
dem Wege zu schaffen. Allein das Alterthum des
Baumes; und da er doch immer, obgleich keine sonderlich guten Birnen trug, ließ diese Aufopferung um
der Bienen willen nicht zu, und nirgends war Gelegenheit zu einem bequemern Stand der Hütte. In
dem darauf folgenden Jahre bekam er fünf gute Stökke, ob gleich zwey Vorschwärme und auch ein Nachschwarm fortgezogen waren. Und so gieng es von Jahr
zu Jahr fort; der Birnbaum blieb stehen, weil die
Frau um des Essigs willen, den sie von den Birnen
bereitete, nie ihre Einwilligung zu Fällung desselben
geben wollte. Er bekam nicht die Hälfte Bienen, die
er hätte bekommen können, denn die besten Schwärme
giengen davon, und da in dem nassen 1786sten Jahre
noch dazu viele eingiengen und nur wenige übrig blieben, vergieng ihm die Lust Bienen zu halten. Endlich befreyete der kalte Winter 1788 seine Bienen von
ihrer bisherigen bedrängten Lage. Der alte Birnbaum erfror, wie unzählige andere, und er fiel durch
die Axt. In dem darauf folgenden Jahre zog kein
einziger Schwarm mehr fort, weil die Bienen nunmehr einen niedrigen Ausflug über den Gartenzaun erlanget hatten. Alle Schwärme legten sich nun an den
Zaun und an die dahinter stehenden Pflaumenbäume
an, so daß er nun in diesem 1795sten Jahre, ausser
drey Stöcke, die er an Zschallern nach Dresden vor
zwey Jahren verkauft hatte, noch auf 30 Stöcke hat,
die er von dem einzigen erhalten, den ich ihm vor ohn-
gefähr 18 Jahren überließ.

Das

Das ist nun bey den Mehresten, die über das Fortziehen der Schwärme klagen, die wahre Ursach. Nicht ein naher Wald, nicht eine wilde Art der Bienen, sondern lediglich der unschickliche Stand ist Schuld daran, daß sie sich gleich vom Flugloche aus in die Höhe über Gebäude und hohe Bäume richten müssen. Wie nun einmal ihr gewöhnlicher Ausflug ist, so ziehen auch hernach die Schwärme aus, gerathen über alle Bäume weg, woran sie sich legen könten, und gehen dann oft etliche Stunden weit fort, ehe sie sich wieder niederlassen. Die Bienen sind gar nicht geneigt, sich beym Schwärmen mit dem Anlegen weit von ihrem Stocke zu entfernen, sie müssen aber vor der Hütte einen freyen Platz von allen hohen Gebäuden und Bäumen haben, etwan 30 Schritte lang und breit, wo sie sich, ohne in die Höhe gehen zu dürfen, mit ihrer Königin versammeln können. So ist mein Bienengarten beschaffen. Er besteht aus Grabeland, worauf einzelne Rosen- und Johannisbeersträucher, an den Seiten einige Pflaumbäume sind. Wenn sie einen solchen freyen Raum um sich haben, wo sich der Schwarm versammeln kann, lassen sie sich bald auf die niedrigsten Sträucher nieder, und man kann sie ohne Mühe einfassen. Man gebe den Bienen also einen schicklichen Stand, so ist dieses Uebel gehoben. Man wird wegen des Fortziehens der Schwärme keine Ursach finden, die Vermehrung der Bienen auf eine erzwungene Art mit weit mehrerer Mühe und Kosten zu veranstalten.

Eine andere Ursach, warum viele Schwärme fortziehen müssen, ist die schlechte Behandlungsart, wie man selbige in den neuen Stock bringen will. Die Werkzeuge und die Hülfsmittel, die in vielen Bienenbüchern darzu angerathen werden, sind gleich so beschaffen, daß wer nur einige Kenntniß vom Bienenwesen

wesen hat, gleich daraus sehen kann, daß dadurch ein Schwarm weit eher genöthiget werden muß, weiter fortzuziehen, als sich in einen Stock bringen zu lassen. Es heißt: Man soll es bald thun, damit sie nicht fortziehen, und gerade treibet man sie damit am ersten fort. Denn wenn auch schon der größte Theil der Bienen sich irgendwo angehangen hat, so fehlt es doch wohl noch an der Königin, die niemals zuerst, sondern weit später, ja oft ganz zuletzt zu dem Schwarm gelanget; schlägt man nun die Bienen in den Stock, oder kehrt sie wohl mit dem ihnen äußerst verhaßten Flederwisch zusammen, so gehen sie gleich wieder heraus, und da die Königin indessen weiter gegangen und sie solche an dem Orte nicht finden, wo sie den Zug hinhatten, so gerathen sie in Verwirrung, und in dieser Verwirrung immer höher in die Luft, alsdenn geht die Reise geschwinde fort. Zumal wenn das andere angepriesene Mittel zugleich angewendet wird, daß man die Bienen von dem Ort, wo sie sich angelegt gehabt, wegräuchern, und sie damit nöthigen soll, nach dem neuen Stock zu gehen. Ja! man wird sie damit bald von dem Orte weg, aber vielleicht auch aus dem Gesichte bringen, daß man nicht weiß, wo sie hingekommen sind. Vermeidet man diese Ursachen, wie man wohl kann, und wendet man die rechten Mittel beym Einfassen an, wie ich in meiner Korbbienenzucht gezeigt habe und hier nicht wiederholen will, wird man vom Fortziehen der Schwärme nichts erfahren.

§. 47.

§: 47.

Ob ein Stock, der lange vorgelegen, und nicht geschwärmet hat; doch noch durch zugesetzte oder zugeflogene Königinnen darzu gebracht werden könne.

Ich könnte hier manche Erzählungen von Bienenvätern anführen, die behauptet haben, wie sie einen Stock, der lange vorgelegen und nicht geschwärmet hätte, doch endlich dadurch noch darzu gebracht hätten, wenn sie bey den Nachschwärmen überflüßige Königinnen abgefangen, und ihm solche, wenn sie etlichemal ins Flugloch Tobaksrauch geblasen hätten, hineinlaufen lassen. Bey der ersten sey es nicht allemal gelungen. Wenn sie es aber etlichemal wiederholt hätten, sey doch nach etlichen Tagen ein Schwarm erfolget. H. Riem behauptet es gleichfalls, daß das Schwärmen durch zugeflogene Königinnen verursachet werden könne, in verschiedenen Anmerkungen zu Huber's neuen Beobachtungen, z. B.

§. 179. **) Man hat Exempel, daß bey Bienen, in deren Stock sich eine beym Schwärmen rückkehrende Königin verirrte, solche zuweilen bis zum dritten Tag von der eingewohnten Königin nicht umgebracht wird; sondern gemeiniglich, wenn am dritten Tage gutes Wetter ist, eine von beyden mit einem Schwarme auszieht. Da es sich mit einem Schwarme, der aufserdem nicht ausgeflogen wäre, in der Art zuträgt, so muß sie doch wohl etliche Tage gute Aufnahme gefunden haben? Denn man hat in der Zeit sie weder im Stocke getödtet, noch weniger vor den Stock herausgeschleppt. Allerdings dauert es indessen nicht Wochen lang: Dieses ist aber nur ein Beweis, daß keine Regel ohne Ausnahme sey.

§: 94.

§. 94. †) S. 120. Es kann auch geschehen, daß eine von einem benachbarten Stocke der Begattung wegen „sey's vor oder bald nach derselben" ausgeflogene Königin beym Rückwege sich verirret, und in den Stock eines dießjährigen Schwarmes gelanget; wenn nun diese Bienen eine solche eben erst befruchtete Königin gut und wohl besser, als eine andere fremde aufnehmen, so wird der Neid von den doppelt anwesenden fruchtbaren Müttern sehr geschwind einen Auszug zuwege bringen, und uns also einen Jungferschwarm aufs baldeste liefern. Die Sache ist in dieser Art so ganz natürlich und möglich.

Was erstlich das Hineinstecken junger Königinnen mit Hülfe des Tobaksrauchs betrift, wodurch mancher einen Schwarm zuwege gebracht haben will; so hat es dabey an gnugsamer Aufmerksamkeit gefehlt, und es ist ein ganz falscher Schluß gemacht worden, nämlich dieser: Weil man die hineingebrachte Königin weder unter, noch vor dem Stock todt gefunden habe, so habe diese den Schwarm verursachet. Fliegen denn die Bienen mit herausbringenden Todten nicht auch weit vom Bienenstand weg, daß sie also nicht todt gefunden werden können? Und haben es die Erzähler nicht selbst oft bemerkt, wie geschwind eine hineingegebene muntere Königin todt wieder herausgebracht worden ist? Es ist nach §. 12. ausgemacht, daß keine fremde Königin von irgend einem Stock, auch nicht einmal von einem mutterlosen, auf solche Art aufgenommen werde, am allerwenigsten zur Schwärmzeit, so sehr uns auch dessen Huber in seinen Beobachtungen bereden will. Die §§ vom Aufnehmen einer fremden Königin, gehören mit zu den Anhängseln, wodurch die unmöglichen Dinge, die er nach den ersten

Briefen beobachtet haben will, wahrscheinlich gemacht, und die offenbarsten Widersprüche in seinen Erzählungen gehoben werden sollen. Ich habe so viele Versuche mit fremden Königinnen gemacht, die jeder nachmachen kann. Ihr Tod ist allemal die gewisse Folge gewesen. Darauf kommt es also auch nicht an, ob man die Königin gefunden, oder nicht gefunden hat, um der wahren Ursach des Schwarms versichert zu werden, sondern auf die innere Beschaffenheit des Stocks. Man darf ihn nur aufheben und nachsehen, so wird man darin offenbare Beweise an den königlichen Zellen finden, daß er nicht mit dieser fremden, sondern mit einer eigenen Königin geschwärmet hat.

Was ferner die Möglichkeit betrift, die fürs andere H. Riem annimmt, daß eine beym Schwärmen sich verirrte Königin in einem andern Stock gut aufgenommen worden, und daher ein Schwarm entstanden seyn könnte; so ist aus dem Vorhergehenden klar zu ersehen, daß solche sich selbst gemachte Möglichkeiten bey den Bienen nie zur Wirklichkeit kommen können. Erstlich ist die ganze Möglichkeit auf Huber's falschen Satz, Königinnen, und sonderlich fruchtbare Königinnen, würden in jedem fremden Stock gut aufgenommen, gegründet, den H. Riem aus Gefälligkeit zugiebt, obgleich Huber selbst fordert, daß die gewohnte Königin 24 Stunden vorher weggenommen seyn müßte. Hier ist ja aber dieses nicht geschehen? wie hat sie nun selbst, nach Huber's Grundsätzen, aufgenommen werden können? Es ist nach §. 7. ganz ohne Grund, daß bey den Bienen so große Veränderungen daher entstehen können, ob sie eine befruchtete oder unbefruchtete, eine weniger oder sehr fruchtbare Königin haben. Wo sollen denn die Bienen die Wissenschaft hernehmen, daß eine Königin mehr fruchtbar, als die andere ist? Das sind
doch

doch bloc Dinge, die H. Huber aus seiner Einbildung erschaffen hat, und die H. Riem, weil er ihm einmal ein glaubwürdiger Mann ist, ob er gleich keine seiner Beobachtungen durch eigene Versuche geprüft hat, annimmt, und nun daraus manche besondere Vorfälle bey den Bienen, nach seinem vorher angenommenen Lieblingssatz zu erklären sucht. Den Bienen ist ja eine noch in der Zelle befindliche, oder jetzt nur gebohrne und noch unbefruchtete Königin so lieb, daß sie jede andere, und wenn es die fruchtbarste ist, die man unter sie bringt, sogleich um jener willen tödten, oder wenn man sie in ein Weiselhäuschen eingesperrt in den Stock steckt, sie sich um dieselbe gar nicht bekümmern und sie bald verhungern lassen. Wie sollte es geschehen können, daß eine solche Königin zur Schwärmzeit, da sie vollends keine fremde Bienen unter sich leiden, zum Flugloche eingehen und ohne Widerstand gut aufgenommen werden sollte? So viele Königinnen beym Schwärmen das Unglück haben, an einen fremden Stock anzufallen, sind auch verloren, sie werden gleich vor dem Stock angehalten, und getödtet, wenn man ihnen nicht in dem Augenblick zu Hülfe kömmt, da sie die Bewohner des Stocks umgeben wollen. Denn wenn ihr auch einige von ihren Bienen zur Beschützung nachfolgen, so sind doch auch diese bald umgebracht. Denn zu der Zeit will ein Stock entweder schwärmen, oder er hat dasselbe schon aufgegeben. Ist das erstere, so hat er schon seine eigene Königinnen in Bereitschaft, wie sollte ihm eine fremde willkommen seyn? Ist das letztere, so hat er schon seine eigenen getödtet, oder unreif aus den Zellen gerissen, wie sollte es einer fremden anders ergehen?

Was vollends die Möglichkeit betrift, daß eine zur Begattung ausgeflogen gewesene Königin, die jetzt nur

nur befruchtet worden ist, eben weil dieses geschehen, von einem heurigen Schwarm gut aufgenommen, und daher in etlichen Tagen ein Jungferschwarm erfolgen soll; so ist das doch wohl blos um deswillen angenommen worden, um etwas Scheinbares anzugeben, woher zeitige Jungfernschwärme entstünden, weil sich unmöglich nach dem Lieblingssatz H. Riem's darthun läßt, daß in der kurzen Zeit der Existenz eines solchen Stocks die alte Königin gestorben, und darnach auch schon wieder neue zum Schwärmen erbrütet worden seyn könnten. Was würde und müßte endlich für ein Wirrwarr aus der Bienenlehre werden, wenn solche ausgesonnene Möglichkeiten für gültig angenommen, und daraus besondere Ausnahmen von fest gegründeten Regeln sollten gemacht werden können. Ich glaubte, der H. Uebersetzer hätte es bey der Erläuterung dieses Buchs zu sehr fühlen müssen, wie er auch oft genug zu erkennen giebt, wie unmöglich sich Hüber's angenommene willkührliche Sätze mit den unleugbaren Erfahrungen vereinigen lassen, die man zu allen Zeiten an den Bienen gemacht hat.

Denn ist nun vollends unleugbar dargethan, wie in dem Nachtrag hinlänglich bewiesen werden wird, daß Hüber's Begattungsart eine wahre Harlequinade; daß die Begattung, wie bey den Stubenfliegen, allenthalben im Stocke geschehen könne; also der Unterschied zwischen befruchteten und unbefruchteten Königinnen, worauf so viel gebauet wird, von sich selbst wegfällt; so ist doch auch wohl deutlich genug bewiesen, daß das Schwärmen eines Stocks nie anders, als nach einem natürlichen Instinkt, entweder freywillig, oder aus Noth geschehe.

§. 48.

§. 48.

Ob? und wie? das Nachschwärmen zu verhindern ist.

Es fehlt freylich niemals an solchen Anfängern in der Bienenzucht, die viele Schwärme von ihren Bienen wünschen, und die daher auch, weil ihnen jeder geringe Nachschwarm willkommen ist, ihn sorgfältig pflegen, und sich einbilden, daß sie denselben zu einem guten Stock erziehen und damit ihren Bienenstamm vermehren könnten. Sie achten weder Mühe noch Kosten, ein solches kleines Völkchen den Winter hindurch bis zum Frühjahr zu erhalten. Wenn sie aber nun bey den Meisten finden, daß alles vergeblich gewesen, und doch am Ende die wenigen Bienen davon ziehen, und den Stock leer zurücke lassen, so wünschen sie endlich, daß sie gar keine solche Schwärme bekommen möchten, womit sie sich nur quälen müßten. Wenn man freylich keinen bessern Gebrauch davon zu machen weiß, als sie einzeln aufzustellen und ihrem Schicksal zu überlassen, so wäre es allemal besser, es kämen gar keine Nachschwärme. Daher ist dieses in den meisten Bienenbüchern, als ein wichtiges Problem bey der Bienenzucht aufgestellet worden: Wie man das Nachschwärmen verhindern könne? und es werden dafür vielerley Mittel angegeben. Im 2 B. des ReichsAnz. 1793. ist darüber viel gefragt, und leider auch viel gestritten worden, ob das Nachschwärmen nicht auf alle Art zu verhindern, und wie es zu verhindern sey? Num. 38. S. 306. werden allein acht verschiedene Mittel darwider angegeben, worunter auch dasjenige, welches ich in meiner Korbbienenzucht empfohlen, aber doch nicht allemal hinreichend befunden habe. Und so ist es auch mit den andern beschaffen. Denn es kommt dabey lediglich darauf an, wie weit die Bienen beym Abgang des Vorschwarms mit Erbrütung der jungen Königinnen gekommen sind. Sind dieselben schon dem Ausschlupfen nahe, so hilft kein Mittel, wenigstens unter den bisher bekannt gemachten, wider das Nachschwärmen. Bey manchen ist unter den im Reichs-Anz. von H. Frick angegebenen, sogar zu viel gewagt, wenn man dieselben anwenden wolle; z. B. alle angebrütete Königinnen bis auf eine wegzunehmen. Denn wie leicht könnte gerade diese einzige nicht gerathen, und wie oft geschieht dies, wenn die Bienen selbst alle königliche Zellen bis auf eine einzige destruiren; oder schon alle ausgebrütete Königinnen bis auf die vollkommenste wegzunehmen. Wie soll dieses geschehen können und die vollkommenste herauszufinden seyn? Die Bienen sind gewohnt, ihre Königin selbst zu wählen; woher sind wir versichert, daß ihnen unsere Wahl gefallen wird?

Indessen ließ H. Gese, Commissionsverrichter zu Harzgerode bey Quedlinburg, Num. 21. S. 161. Bienenfreunden öffentlich bekannt machen, daß er jedem gegen Erlegung eines vollwichtigen Dukatens, ein bewährtes Mittel wider das Nachschwärmen schriftlich bekannt machen wolle, so, daß er es allemal in seiner Gewalt haben könnte, ob er einen Stock wolle nachschwärmen lassen, oder nicht? H. Gese machte sich dadurch unstreitig zum erstenmal als ein praktischer Bienenkenner der Welt bekannt und hatte die besten Absichten, eine Sache, die er in der Erfahrung bewährt gefunden und zum wahren Nutzen bey der Bienenzucht gereiche, auch andern zum Besten mitzutheilen. Daß er darauf, wenn er seiner Sache gewiß war, einen gewissen Preis setzte, kann ihm gar nicht verübelt werden. Er hätte also bey einem solchen wichtigen Antrag von andern Bienenfreunden wohl mit mehrerer Willfährigkeit und Schonung aufgenommen werden sollen, als

wirklich

wirklich geschah. Denn man setzte ihn sogleich nach
seiner Bekanntmachung Num. 51. S. 418. mit Masſius und Wegner in eine Claſſe und gab ihm Schuld,
daß es nur auf Dukaten abgeſehen wäre, fällte auch
das voreilige Urtheil darüber, daß die Sache entweder
ſchon bekannt, oder doch nicht bewährt ſey? Wie
konnte man ſo voreilig aburtheilen, da das Mittel weder bekannt gemacht, noch von jemanden, außer von
H. Geſen nach ſeiner Verſicherung verſucht worden
war? Es war doch möglich, daß ein bewährtes Mittel
wider das Nachſchwärmen aufgefunden worden ſeyn
könnte: Es ſtund ja in eines jeden ſeinem freyen Willen, ob er einen Dukaten daran wenden wollte, oder
nicht? Man hätte alſo dabey ganz ruhig ſeyn, wenn
man auch keinen Dukaten daran wenden wollen, und
erwarten können, was weiter erfolgen würde. Allein
ſtatt deſſen ſuchte man H. Geſen mit ſeinem Mittel
lächerlich und verächtlich zu machen, weil man einmal
beſchloſſen hatte, alles niederzuſchlagen, was nicht mit
den Huberiſchen Beobachtungen übereinſtimmte, und
da dieſer zum Unglück darüber keine Verſuche angeſtellt
hatte, wie Nachſchwärme verhindert werden könnten, ſo ſollte und mußte auch H. Geſens Kunſt nichts
ſeyn. Es gieng dem guten Mann, wie allen denen,
die ſich es nur von weiten hatten merken laſſen, daß ſie
Hubers Beobachtungen nicht beypflichten könnten.

Ich kenne H. Geſen weiter nicht, als aus dieſer
Bekanntmachung und aus den Streitigkeiten, worin er
dadurch verwickelt ward, ich wünſchte aber doch, daß
ihm bey ſeinem Antrag niemand in den Weg getreten
wäre. Es würden ſich doch wohl einige gefunden haben, die den Dukaten nicht geſchonet hätten, und dadurch wäre vielleicht ſein Mittel bekannt worden, wenn
es ein bewährtes Mittel geweſen und er hätte bey jedem
Rechtſchaffenen Dank verdienet. Oder war es ſolches
nicht

nicht und schon hinreichend bekannt, so war es immer noch Zeit einen unschicklichen Antrag zu rügen. So aber wurden ihm dabey gleich schlechte eigennützige Absichten Schuld gegeben (und welche empfindliche Saite berührt man damit nicht bey einem ehrlichen und wahrheitliebenden Mann) und alles verworfen, ohne zu wissen, ob es auch verwerflich wäre? Kurz es entstund über eine Sache, die allerdings mehrere Aufklärung bedurfte, eine höchst unanständige Zänkerey, die man in den angeführten Blättern selbst nachlesen kann, ohne daß etwas Entscheidendes über die Hauptfrage an den Tag kam.

Wer die Nachschwärme §. 29. recht zu gebrauchen weis, wird ein solches Mittel allenfalls entbehren können. Wem aber daran gelegen ist, der muß es durch H. Gesen zu erlangen suchen, welcher es besitzen will. In schlechten und mittelmäßigen Jahren, wo das viele Schwärmen hauptsächlich verderblich wäre, schwärmen die Bienen entweder gar nicht, oder unterlassen doch das Nachschwärmen von selbst, daß also die Gefahr dabey niemals so groß ist, als viele vorspiegeln. Wenn man die Bienen dem freywilligen Schwärmen überließe, so müßten alt und jung eingehen.

§. 49.

Ob bey der Bienenzucht freywillige Schwärme oder Ableger zur gewissen Vermehrung den Vorzug haben.

Ich will das nicht wiederholen, was ich bereits oben §. 29. von Ablegern gesagt habe. Jeder kennt die verschiedenen Arten derselben. Die Hauptfrage kommt hier nur darauf an: ob das freywillige Schwärmen, oder Ablegen zur Vermehrung der Bienenzucht vortheilhafter sey? Seit dreyßig Jahren werden nur wenige Bienenbücher erschienen seyn, die nicht dem Ablegen

legen den Vorzug vor dem freywilligen Schwärmen zur jährlichen und sichern Vermehrung der Bienenzucht gegeben hätten. Denn da man der Magazinbienenzucht allen nur möglichen Anstrich geben wollte, wie vortheilhaft die Bienen dabey in allem Betracht behandelt werden könnten; so ward auch hauptsächlich das Ablegen weit über das freywillige Schwärmen gesetzt, weil man es dabey in seiner Gewalt habe, jedes Jahr nur so viele Ableger zur Vermehrung seines Bienenstammes zu machen, als nach der Beschaffenheit der Stöcke dienlich wäre. Auch die neuesten Bienenbücher, ob sie gleich den Werth der freywilligen Schwärme nicht mehr so sehr verkennen, als ehemals, sondern vielmehr sprechen: Es sey nicht nöthig, das, was die Natur freywillig gebe, zu erzwingen, und deswegen den Rath ertheilen, man solle eine gewisse Anzahl seiner Stöcke dem freywilligen Schwärmen überlassen; beschreiben doch die Gefahr dabey, sich eines solchen Schwarms zu versichern, so groß, und erfordern so viele Umstände, daß einem bange werden muß, es darauf zu wagen, einen Stock freywillig schwärmen zu lassen.

Ich habe alle Arten des Ablegens versucht, und weis aus der Erfahrung, was darauf im Ganzen zur Vermehrung der Bienenzucht gebauet werden kann. Die Schirachischen Ableger durch Ausschneiden der Brut und Versetzen der alten guten Stöcke übergehe ich, weil es bekannt genug ist, daß man damit seinen Bienenstamm, da es so zeitig geschiehe, wo es den Bienen noch an fortdauernder Nahrung fehlt, eher ruiniren, als vermehren kann, und also vor diesem das freywillige Schwärmen allerdings großen Vorzug behält. Ich finde auch nirgends, daß noch jemand diese Art des Ablegens besonders empfehlen, und als ein sicheres Mittel zur Vermehrung der Bienenzucht angeben sollte. Es bleibt demohnerachtet H. Schirach der Ruhm, durch seine Entdeckung die Gelegenheit gegeben zu haben, daß auch die übrigen Arten des Ablegens bald allgemein bekannt wurden. Denn gesetzt, er war auch nicht selbst der Erfinder der Weiseierzeugung, sondern hatte es einem alten praktischen Bienenvater zu verdanken, so hat er doch das patriotische Verdienst, daß er die Sache genauer untersuchte, worauf es dabey ankäme und es alsbald zu jedermanns Wissenschaft brachte. Denn was kann die beste Erfindung helfen, wenn sie ein Geheimniß bleibt. Darauf, daß man nun gewiß war, die Bienen können sich aus tauglicher Brut allemal wieder neue Königinnen verschaffen, konnten nun auch die andern Arten des Ablegens, durch Theilung der Stöcke, und durch das Abtreiben des größten Theils der Bienen mit der alten Königin, sicher vorgenommen werden.

Daß in Gegenden, wo wegen der großen Bienenwohnungen und des gewohnten zu vielen Beschneidens im Frühjahre, das freywillige Schwärmen selten, oder doch viel zu spät geschieht, dem Ablegen große Vorzüge zugeschrieben und hingegen das freywillige Schwärmen herunter gesetzt wird, ist gar kein Wunder. Aber das Urtheil darüber bleibt doch einseitig, so lange man durch Abänderung der allzugroßen Wohnungen nicht Versuche macht, auch zeitige Schwärme zu gewinnen. Indessen bin ich gar nicht in Abrede, daß Theilung der Stöcke und Abtreiben in solchen Gegenden einigen Nutzen haben könne, dadurch in manchen Jahren die Anzahl der Bienenstöcke zu vermehren und daß also auch dadurch die Bienenzucht im Ganzen ausgebreiteter werden könne, als solche vorher gewesen ist. Ich behaupte nur, daß damit nicht mehr gewonnen werden könne, als wenn man den Bienen das freywillige Schwärmen verstatte. Wenn man also seine Bienenzucht zum freywilligen Schwärmen einrichtete, solche bey weit weniger

ger Mühe und Kosten noch ausgebreiteter werden würde.

Zuerst von der Magazineinrichtung und Theilung derselben zur Vermehrung. Man findet gewiß zwanzig neuere Bienenbücher, worin die Magazinbienenzucht, als die herrlichste, dauerhafteste und ergiebigste angepriesen wird, gegen eines, das deutlich zeigte, wie die Behandlung der Bienen in den einfachen mäßigen Wohnungen, die zur rechten Zeit vergrößert werden könnten, eben diese Vortheile, und noch sicherer gewährten. Ich gestehe es, da ich 1775. mein erstes kleines Bienenbuch herausgab, daß ich mir nicht getrauete, darin nur ein einziges Wort der Wahrheit von den Magazinen zu sagen. Ich schwieg daher gänzlich davon, weil damals alle Schriftsteller von Bienen magazinmäßig davon dachten, und schrieben. Wie würde es mir und meinem Buche ergangen seyn, wenn ich nur etwas dawider hätte sagen wollen. Da ich aber diese Saite gar nicht berührte, so ließ man mich als einen alten Sonderling in der Bienenzucht so ziemlich passiren. Bey der Ausgabe des größern 1788. konnte ich schon etwas mehr sagen, weil doch bey vielen der Enthusiasmus für die Magazine verraucht war, und manche, die dazu mit großen Kosten weitläuftige Anlagen unter der Aufsicht großer Meister darin gemacht hatten, bald wieder abtackelten und ihre vorherige Bienenzucht in einfachen Stöcken wieder herstellten. Auch jetzt geschiehet es noch, daß eher Magazinanlagen eingehen, als daß neue errichtet würden. Selbst der so eifrige H. C. R. Riem, der so viel für diese gute Sache geschrieben, und immer neue Verbesserungen darin angegeben hat, will wenigstens nach dem Reichs Anz. 1794. 2. B. Num. 36. S. 339. den Namen Magazinstöcke ganz verscheucht, und dagegen verbesserte gemäßigte Honigstöcke eingeführt

geführt haben, die nun die beste Art der Ableger verschaffen sollen, welchen er auch einen neuen Namen, Durchschnittsableger giebt. Im Grunde ist es aber immer doch das Alte, indem nach dieser neuern Art Lagerstöcke durchschnitten oder getheilt werden sollen, da es vorher mehrentheils über einander gesetzte Kästen oder Körbe waren.

Hier habe ich bloß davon zu reden, da die Vortheile der Magazinzucht überhaupt an einem andern Orte zu untersuchen sind. Man erfordert zum Ablegen einen Magazinstock von 4. bis 6. Halbkästen oder Körben. Schon dazu gehören etliche Jahre, ehe ein Stock so weit gebracht, und nun tüchtig zum Ablegen wird. Denn wer die Magazinzucht in vielen Stöcken getrieben hat, der wird es auch oft erfahren haben, daß die Halbkörbe, die man nach der Vorschrift untersetzt, nicht so geschwind vollgebauet werden, als man es in dem Buche gelesen hat, und daß nicht wenige Jahre kommen, wo ein zum Magazin bestimmter, aus drey Halbkörben bestehender Stock, dem der vierte gegeben worden ist, im ganzen Sommer wenig oder gar nicht weiter gebauet wird. Solche Magazinstöcke sind also nicht gleich herangezogen, daß sie zum Ablegen wirklich tüchtig sind. Alsdenn erfordert man die Theilung so einzurichten, daß derjenige Theil, der die Königin behält, welches mehrentheils der oberste ist, die wenigsten, der andere aber, der sich erst eine Königin erzeugen soll, die meisten Bienen behalte. Dieses soll dadurch bewerkstelliget werden, daß der letztere auf der Stelle stehen bleiben soll, worauf der Stock bisher gestanden hat, der andere aber darneben, oder auf einen andern Platz in der Hütte kommen soll. Wird er nun darneben gestellet, so geschiehet es oft, wenn man nicht genau Acht hat, daß sich dennoch die meisten Bienen wieder zu dem finden, welcher die Königin behalten hat,

indem

indem sie durch ihr Schnurren am Flugloche, den daneben stehenden unruhigen und ihre Königin suchenden Bienen, zu erkennen geben, daß sie dieselbe bey sich haben. Alsdenn folgen die meisten herumfliegenden dahin nach, und ehe man es sich versiehet, ist derjenige, der erst eine Königin erbrüten und dazu die meisten Bienen haben sollte, von Bienen leer, daß er nicht einmal die darin noch vorhanden gewesene Brut versorgen kann und viele verderben muß. Gelingt nun auch das erste noch und er bekommt noch eine Königin, so ist er doch viel zu schwach an Volke, da von dieser erst nach 7. Wochen wieder junge Bienen erbrütet werden können, als daß er gnugsamen Honig zur Versorgung der Brut und auf den Winter sollte eintragen können. Denn bey der Theilung hatte er wenig oder gar keinen Honig, weil die Bienen gewohnt sind den Honig in den obersten Tafeln des Stocks einzusetzen. Es kann also selten aus einem solchen Abgetheilten etwas werden. Man räth zwar auf diesen Fall ein neues Versetzen der Stöcke an. Bleiben sie aber neben einander stehen, so gehet es das zweytemal oft eben so, wie das erstemal. Die ankommenden Bienen fliegen zwar an das Flugloch des Mutterlosen an, kehren aber, wenn sie hineingehen sollen, bald wieder um, laufen an der Seite des Stocks herunter, und an dem danebenstehenden wieder hinauf, daß also der, welcher die meisten Bienen bedarf, immer schwach bleibt. Der andere hingegen, der den meisten Honig und die Königin behalten hat, erhält sich mehrentheils, wenn er auch nicht allemal so weit kömmt, daß er einen neuen Halbkorb vollbauet. Auf diese Art gelingt es unter zehen kaum einmal, daß man von einem guten Magazin, durch die Theilung 2. Stöcke bekommt, die ihren Ausstand erhalten. Aus der Ursach wollen viele das Ablegen von Magazinen
nicht

nicht anders vornehmen, als daß sie den obersten
Theil vom Magazin, in welchem der meiste Honig
und mehrentheils auch die Königin bleibt, gleich auf
eine andere Stelle in der Hütte bringen. Denn auf
solche Art müßten die meisten Bienen bey dem Theil
zusammen kommen, der erst eine Königin erbrüten
solle. Allerdings wird auf solche Art, wenigstens in
guten Jahren, wo es nicht an guter Honigtracht im
Nachsommer fehlt, der Zweck eher erreicht werden,
daß man von einem Magazin zwey Ausständer erhält.
Wenn es aber überhaupt ein schlechtes Jahr oder nur
der gute Nachsommer für die Bienen fehlt, so ist auch
hier damit nichts ausgerichtet. Denn da die Theilung
zur Schwärmzeit, wenn gewöhnlich die beste Honigtracht ist, geschiehet, so kann diese gute Zeit von keinem
der Getheilten so genossen werden, wie von andern
Stöcken, die in ihrem natürlichen Zustand bleiben.
Der Versetzte fängt erst in 14. Tagen wieder etwas
ordentlich zu fliegen an, muß indessen den vorräthigen
Honig zur Zehrung und Brut anwenden, ohne in der
besten Zeit etwas dazu sammeln zu können. Fehlt es
nun, wenn er sich nach einigen Wochen wieder an Volk
verstärkt hat, an weiterer Honigtracht, so wird er täglich leichter und gegen den Winter ein schlechter Stock.
Der andere, der zwar vieles Volk hat und im Anfang
etwas thun kann, weil er nichts auf die Brut zu verwenden hat, wird doch hernach, wenn die Eyerlage der
jungen Königin angeht, so schnell abnehmen, als er
zugenommen hatte, und am Ende auch keinen Ausstand
haben, wenn ihm nicht gute Herbsttracht verschaft werden kann. Im Ganzen genommen wird auf solche Art,
ein Jahr in das andere gerechnet, kaum der vierte Theil
von Ablegern so gerathen, daß sie zur Vermehrung
der Stöcke taugten. Wenigstens müssen die mehresten, die erst Königinnen haben erbrüten müssen, im

Herbst

Herbst wieder mit andern copulirtet werden. Wenn man nun dagegen berechnet, was man in dieser Zeit, wenn man die Bienen in mäßigen Wohnungen gelassen hätte, wenigstens in guten und den besten mittelmäßigen Jahren für freywillige Schwärme, und zwar solche, die sich aus sich selbst fortgeholfen, hätte haben können; so wird jeder leicht urtheilen können, auf welcher Seite der Vorzug ist. H. Wurster giebt daher in der zweyten Auflage seiner vollständigen Anleitung zur Magazinbienenzucht §. 351. und 352. einige neue Methoden an, die mehrere Sicherheit beym Ablegen gewähren. Er theilt z. B. ein aus 4. Halbkästen bestehendes Magazin so, daß er den obern und untern Kasten abschneidet und diese wieder zu einem Ableger zusammensetzt, die beyden mittlern aber beysammen läßt. Auf solche Art bekämen beyde Theile genugsame Brut und Honig. Dazu gehört aber nun schon ein sehr geübter Bienenkenner, der hernach zu unterscheiden weiß, welchem Theil die Königin mangele, und also auf der alten Stelle gelassen werden müsse. Die andere Art, die er vorschlägt, ist diese: Man theilt das Magazin, wie gewöhnlich geschiehet, in der Mitten, nimmt den untersten Theil, der ohne Königin ist, und versetzt denselben mit einem andern volkreichen Magazinstock und läßt den abgenommenen obern Theil mit einem neuen gegebenen Halbkasten auf der alten Stelle stehen. Dieser behält also das meiste Volk, weil sich auch viele von dem Versetzten wieder dazu finden und er Brut und eine Königin hat. Daher er in gutem Stande bleiben muß, und auch bald in dem neuen Halbkasten anbauen wird, weil er Zellen zur Brut bedarf. Jener befindet sich denn bey dem vielen erhaltenen Volk auch besser. Denn weil er nur Brut, aber keine Königin hatte, gerathen die Bienen in keinen Streit und Morden unter einander, sondern werden in

der

der Verlegenheit bald einig junge anzusetzen und zu erbrüten suchen. Diese Art halte ich noch für die beste und sicherste, ob gleich der andere versetzte Magazinstock dabey am meisten zurückkommen und alsbald aufhören wird, weiter etwas zu bauen. Hier könnte man also doch sehr wahrscheinlich von zweyen Magazinen auf einen Ableger rechnen. Könnte man aber nicht noch sicherer von diesen Magazinen einen, wo nicht zwey gute freywillige Schwärme, ohne alle Mühe und schädliches Versetzen haben, wenn man ihnen im Frühjahr keine Untersätze gegeben hätte. Nun mache man nur den Ueberschlag, wie viel neue Stöcke man wohl in zehn Jahren mit aller seiner angewandten Mühe z. E. von 6. Magazinen erlangen könne, oder wirklich erhalten habe, und überlege darneben, was eben diese Magazine, wenn man sie, wie H. Wurster will, vom Frühjahre in drey Halbkästen hätte stehen lassen, in eben dieser Zeit für gute freywillige Schwärme, ohne alle Mühe geliefert haben würden. Es kommt ja nicht darauf an, auf wie mancherley Art man seine Stöcke zur rechten Zeit theilen könnte, sondern darauf, daß die hernach folgende Witterung lange Zeit den Bienen zuträglich bleibe, und sich jeder Theil durch seine eigenen Kräfte erhalten könne. Das ist sicher, wer auch die Magazine, wie H. Wurster auf die geschickteste Art zu behandeln weiß, wird in zehen Jahren durch die Theilung doch nicht mehr neue Stöcke zuwege gebracht haben, als ein anderer, der neben ihm seine Stöcke dem freywilligen Schwärmen überlassen hat. Nun ist aber dies auch noch in Rechnung zu bringen, wie viele leider! um bald zu einer großen Anzahl von Stöcken zu gelangen, die Theilung viel zu früh mit solchen Magazinen anfangen, wobey gar nichts gewonnen werden kann, sondern vielmehr beyde abgesonderte Theile unvollkommen bleiben müssen, weil

weder

bey dem Schwärmen. §. 49.

weder Volk noch Honig genug dazu vorhanden ist, und in diesen Fehler verfallen, wie jeder leicht bemerken kann, fast alle Anfänger in der Bienenzucht, die sich an Bücher halten, welche die Magazine empfehlen. Durch ihr unzeitiges Ablegen richten sie die meisten guten Stöcke, die versetzt werden müssen, zu Grunde, und aus den Ablegern wird auch nichts. Ich habe selbst einmal die Bienen eines gnädigen Herrn wider alle meine Vorstellungen so behandeln müssen, und er hatte den Verdruß, daß von 12. Magazinen, die getheilt worden waren, im Herbst nur 6. Ausstänner übrig blieben. Darin liegt eine von den Hauptursachen mit, es giebt aber auch noch andere, warum manche ihre gemachten kostbaren Anlagen zur Magazinbienenzucht wieder haben eingehen lassen. Es war hier nicht ohne Kopf gehandelt, denn es war ein Kopf dabey, der es nicht haben wollte, und solche Köpfe, die sich nicht einreden lassen, sondern ihrer eigenen Einbildung folgen, giebt es überall.

Eben so ist es mit dem Abtreiben der Schwärme beschaffen, wenn man dieses für das beste und sicherste Mittel annimmt, seine Bienenstöcke zu vermehren. Es war eine Zeit, da ich fest glaubte, ich hätte am Abtreiben der Schwärme das sicherste Mittel zur jährlichen mäßigen Vermehrung meiner Bienen gefunden. Ich ließ mich durch zwey glückliche Jahre und durch die Leichtigkeit, wie ein solcher Schwarm zu erlangen war, verleiten, auch andern dieses Mittel anzupreisen. Allein auch hier fand ich bald, daß sich die Natur zwar zuweilen leiten, niemals aber zwingen lasse. Daher ich auch in der ausführlichen Beschreibung der Korbbienenzucht 1788. nach der Wahrheit vieles von dem zurücke nehmen mußte, was ich vorher davon geschrieben hatte. Erstlich fand ich vielfältig, daß viele meinen gegebenen Unterricht davon wegen Leichtigkeit der Sache so gemißbraucht hatten, daß sie schon anfingen

Schwärme abzutreiben, wenn die Stöcke nur einigermaßen vollgebauet hatten, und stark an Volke zu seyn schienen. Schon bey guter Tracht von Rübsen und Heidelbeeren in der Mitte des Mayes. Nun kam aber darauf, wie gewöhnlich, wieder kalte Witterung und unfruchtbare Zeit für die Bienen, wobey schlechterdings alte und junge verloren gehen mußten. Den Alten verkältete die Brut und die Jungen verhungerten, wenn sie auch Anfangs etliche Täfelchen gebauet hatten. So geschahe es nun auch, daß man noch spät alle Stöcke abtrieb, die nicht geschwärmet und nur erst Volk gesammlet hatten, ob sie gleich nicht honigreich waren, und aus den Abgetriebenen wegen der späten Jahreszeit nichts werden konnte. Freylich hatte ich alles das nicht gelehrt, sondern vielmehr dawider gewarnet, aber man kehrte sich doch nicht daran, und brachte sich damit um seine Bienen. Wie sehr bedauerte ich die Bekanntmachung dieser Künsteley nur in meiner Gegend und wünschte, daß es um dieses Mißbrauchs willen nicht geschehen wäre. Ich warnte viele vergeblich, bis sie endlich durch den großen Schaden, den sie sich an ihren Bienen verursacht hatten, eines bessern belehret wurden. Fürs andere kam ich dabey bald zur bestätigten Erfahrung, daß in solchen Jahren, wo die Bienen nicht für sich schwarmlustig sind, mit dem Abtreiben der Schwärme auch nichts gewonnen, sondern vielmehr nur Schaden angerichtet würde. Solche Jahre waren 1781. 1783. 1786. und besonders auch das vergangene 1794ste. Die Bienen hatten in diesen Jahren gegen die Schwärmzeit alle vollgebauet und die meisten zugespündeten Honig in den Tafeln fast bis auf das Standbret stehen. Demoherachtet fand man an keinem durch angesetzte königliche Zellen ein Kennzeichen zum Schwärmen, ob sie gleich stark, und manche über die ganzen Stöcke vorlagen. In dem ersten Jahre ließ ich es an einer Probe mit 4. Stöcken

Stöcken genug seyn, weil ich befürchtete, da die Bienen gar keinen natürlichen Trieb zum Schwärmen zeigten, daß wohl nichts daraus werden, und die anhaltende Hitze und Trockenheit der Honigtracht bald ein Ende machen möchte. Es geschahe auch wirklich. Vierzehn Tage nach Johannis war alle Honigtracht auf dieses Jahr für die Bienen beschlossen, auch das Heidekraut gab im Herbst wegen Trockenheit keine Nahrung. Es wurde aus den Treiblingen nichts und von den alten blieben viele mutterlos, wozu noch der verdrüßliche Vorfall kam, daß sich die Bienen bey abnehmender Tracht mehr, als jemals aufs Rauben legten und diejenigen, die erst spät abgetrieben hatten, ihre alten mutterlos gemachten Stöcke in wenig Tagen selbst von ihren Kindern, den Abgetriebenen ausgefressen sahen. In diesem Jahre brachten sich viele durchs Abtreiben fast um alle ihre Bienen, da sie solche schicklich zu vermehren gedachten. Es wird mir dabey in dem Reichs Anz. 1. B. 1794. Num. 125. S. 1192. von den einigen patriotisch gesinnt seyn wollenden Bienenfreunden der Vorwurf gemacht, daß ich nicht die Kunst verstünde, wie beym Abtreiben der Schwärme der Honiggeruch gegen das Berauben vertrieben werden könne, ich sollte mich nur bey ihnen in die Lehre begeben; so wollten sie mich dieses Mittel lehten. Ich lerne gern von einem jeden, ich fordere aber auch, daß man aus seiner Wissenschaft kein Geheimniß mache, denn wie kann man dabey lernen? Es ist also zu erwarten, ob die angekündigten vollständigsten Grundsätze einer dauerhaften Bienenpflege, auch dieses für sich behaltene Geheimniß aufdecken, und die Bienenzucht dadurch von einem Uebel befreyet werden wird, das alle Jahre großes Unheil und Verwüstung in derselben anrichtet. Wenigstens sollte man es doch von dem Patriotismus des H. C. R. Riem's erwarten, daß es nicht länger vorenthalten würde. Das 1786ste

1786ste Jahr war hierin noch auffallender. Die Bienen wurden gegen Johannis von beständigem Honigthau so gut, daß die Tafeln voll Honig strozten, und nirgends kam ein Schwarm; auch fand ich bey allem fleißigen Nachsehen an keinem einzigen, daß Anstalt zur Erzeugung junger Königinnen gemacht würde. Etliche Freunde, die schon abgetrieben hatten, besuchten mich am Johannistage und wunderten sich sehr, daß sie bey mir keine Ableger fanden, da die Ihrigen schon bis an das Flugloch gebauet hätten. Sie erboten sich, wenn ich die Mühe und Arbeit scheuete, weil mir nicht allzuwohl war, daß sie das Abtreiben in meiner Gegenwart vornehmen wollten. Ich ließ es aber durchaus nicht geschehen, weil ich die Bienen nicht schwarmlustig fand. Was ich befürchtete kam auch bald. Beständig darauf folgende naßkalte Witterung verderbte alle Honigtracht und zu Ende des Julius waren schon viele Treiblinge verhungert, die die Stöcke halb voll gebauet gehabt hatten. Viele Abgetriebene waren mutterlos geblieben. Im August eilte man damit auf das Heidekraut. Auch hier war keine Hülfe, indem die naßkalte Witterung fortdauerte und zu Michael hatte unter zehn dahingebrachten keiner Honig mehr, so daß mancher von 50. Stöcken bis auf zehn herunter kam, da hingegen diejenigen, die diese Künsteley unterlassen hatten, wenigstens noch die Hälfte von ihren Bienen in den Winter nehmen konnten. Dieses Jahr ward erstlich für diejenigen, welche so fleißig abgetrieben hatten, das rechte Lehrjahr, welches sie darin behutsamer machte. Das vergangene 1794ste Jahr, da die Bienen abermals nicht schwarmlustig waren, ob es gleich ein gutes Honigjahr wurde, hat es aufs neue bestätiget, daß in solchen Jahren wenig mit dem Abtreiben der Schwärme zur Vermehrung der Stöcke auszurichten sey. Meine Nachbarn waren schon behutsamer worden, und unterließen es, weil sie sahen, daß ich nichts vornahm.

Da aber jenseits der Elbe das Heidekorn ungemein reiche Honigtracht gab und doch kein Stock schwärmte, machten sich viele an das Abtreiben und es schien auch im Anfang alles damit zu glücken. Von den Abgetriebenen wurde keiner auf dem Heidekorn recht vollkommen, und das Heidekraut, wohin man sie hernach brachte, war auch nicht hinreichend, diesen Mangel zu ersetzen; alten und jungen fehlte es an Bienen, und diese verminderten sich immer mehr. Im heurigen Frühjahr offenbarte sich erst der Verlust bey denen, die geglaubt hatten, durchs Abtreiben viel zu gewinnen. Sie fanden viele alte ganz von Bienen leer, weil sie im Herbst schon mutterlos gewesen waren, und die Abgetriebenen auch schlecht damit versehen. Ein Mann, der auf dem Heidekorn 20. schöne Stöcke gehabt und sie alle abgetrieben hatte, brachte davon im Frühjahr durch Vereinigen kaum wieder 20. zusammen, und sie hatten das ganze Jahr zu ihrer Erholung nöthig, so, daß er nicht einen einzigen freywilligen Schwarm bekam, da es doch in diesem Jahre nirgends daran fehlte. So hatte er seine Bienen durch das Abtreiben auch für das folgende gute Jahr verdorben. Auch aus andern Gegenden ist, nach den Oekonomischen Heften im Monat Junius, die Erfahrung bestätiget worden, daß in Jahren, wo die Bienen nicht für sich schwarmlustig sind, mit dem Abtreiben nichts gewonnen würde, weil die alten mehrentheils mutterlos blieben.

Ich getraue mir freylich nicht, die eigentliche Ursach angeben zu können, warum in manchen Jahren, die doch vom Frühling bis zur Schwärmzeit keine schlechten für die Bienen sind, dennoch alles Schwärmen unterlassen werde. Denn eine Ahndung von darauf folgender schlechter Witterung kann man ihnen doch nicht zuschreiben. Es muß aber doch lediglich die Witterung und die Beschaffenheit der Tracht in einem gewissen kleinen Zeitraum die Reizung enthalten, sich zum Schwärmen anzuschicken, oder nicht. Und dieser Zeitpunkt sind wohl die letzten Tage im May und die ersten im Junius. Denn wenn in den letzten Tagen des Mayes keine königlichen Zellen angesetzt werden, oder dieselben, wenn es geschehen ist, in den ersten Tagen des Junius wieder destruirt sind, so wird aus dem Schwärmen in demselben Jahre wenig oder nichts. Und in solchen Jahren ist auch mit dem Ablegen wenig oder nichts ausgerichtet. Wenn man daher so oft allgemein behauptet, daß zum Schwärmen gewöhnte Bienen (wie kann ich Bienen zum Schwärmen gewöhnen, da es ein natürlicher Instinkt ist) auch alle Jahre schwärmten, und dadurch in schlechten Jahren alt und jung öfters verlohren gehen müßten; so ist dies wider alle Erfahrung. Es kommen vielmehr oft Jahre, da die Bienen fast gar nicht schwärmen, und wenn es von einem und dem andern geschiehet, so findet man doch am Ende, daß aus dem Schwarm nichts wird, und der alte auch nothleidet. Eben so wenig kommt da mit dem Ablegen heraus. Wenn man also das freywillige Schwärmen mit dem Ablegen in genauem Verhältniß erwäget; so wird man immer finden, wenn aus dem freywilligen Schwärmen nichts wird, daß auch keine Ableger gerathen. Was kann also die viele Mühe und Künsteley für großen Vortheil bringen? In dem ganzen Reiche der Natur treffen wir die Einrichtung an, daß leblose und lebendige Geschöpfe eine gewisse Zeit, und oft auch Jahre, zu ihrer Erholung nöthig haben, wenn sie wieder Frucht bringen sollen zu ihrer Zeit. Wie kann man also erwarten oder behaupten, daß durch die Kunst bey den Bienen eine andere Einrichtung gemacht und auch in solchen Jahren Vermehrung erzwungen werden könne, die ihnen zu Erholungsjahren bestimmt sind. In guten Jahren gelingt freylich alles. Davon sollte man nun nicht gleich so viel lärmen machen, als ob es alle Jahre so gelingen müßte, denn es kommen gewiß darauf nicht ein, sondern etliche schlechte und mittelmäßige Jahre. Es werden aber in den Anweisungen und Unterricht zur künstlichen Bienenzucht immer nur die guten Jahre berechnet, die schlechten aber verschwiegen.

§. 50.
Schluß.

So wäre ich nun mit dem zweyten Theil meiner kritischen Geschichte der Meinungen über die Bienenrepublik zum Ende, aber leider nicht weiter gekommen, als biß auf die Merkwürdigkeiten bey dem Schwärmen. Ich hatte freylich den Plan gemacht, daß dieselbe mit diesem Theil geendiget werden sollte; es ist mir auch schon im Dresdner gelehrten Anzeiger XXVIII. St. über den ersten Theil der Vorwurf gemacht worden, daß ich über Hübern ein so weitläuftiges und vielbögiges Buch schriebe, welcher doch von einem der größten Meister wegen seiner neuen Beobachtungen Lob erhalten hätte. Man schweigt aber sorgfältig davon, daß sich meine Geschichte weiter, als auf Hübern erstrekket und aus was für Gründen seine vorgegebenen Beobachtungen nicht annehmungswürdig sind? Wie es aber nun bey solchen Geschichten herzugehen pflegt, daß man bey der Entwickelung der verschiedenen Meinungen in ein viel weiteres Feld geräth, als man anfangs vor sich zu haben glaubte; so ist es mir auch ergangen. Die Bienenlehre, die an sich so leichte und natürlich, wie alle andere ökonomische Gegenstände und Geschäfte, (denn es gehören im ganzen Jahr nur etliche Tage und Wochen dazu, wo man einige Arbeit und Achtsamkeit auf dieselben zu verwenden hat,) ist dennoch durch den Genius unserer Zeit, da sich so viele zu Lehrern derselben aufgeworfen haben, die doch keinem Bienstock nenstock nahe kommen und seinen innern Zustand untersuchen können, in so mancherley ganz ungegründete Sophistereyen verhüllet, und mit so vielen äußerlichen unnöthigen und mehr schädlichen, als nützlichen Künsteleyen und Bollwerken umgeben worden, daß jedem, der nicht von Kindheit auf einige Kenntniß davon aus der Erfahrung erlangt hat, alle Lust vergehen muß, Bienen zu halten, wenn er solche Bücher liest. Ich hätte also freylich, sonderlich was das ökonomische Fach bey den Bienen betrift, noch manches auf dem Herzen, das ich frey heraussagen möchte. Die einigen (nun vereinigte) Bienenfreunde haben sich im Reichs- und ohne Zweifel auch im Dresdner gelehrten Anzeiger alle Mühe gegeben, meine Geschichte verdächtig zu machen und herunter zu setzen, damit sich keine Leser und mithin auch keine Käufer derselben finden sollten, und ich also keinen Verleger zur Fortsetzung hätte. Vielleicht ist sie aber gerade dadurch, da sie erst nach der Messe erscheinen konnte, desto bekannter worden. Ich habe wenigstens keine Unzufriedenheit des H. Verlegers darüber bemerkt und er hat den zweyten Theil, als Fortsetzung eher zum Druck von mir verlangt, als ich wegen Krankheit daran etwas hatte arbeiten können. Und da ich solchen hernach deswegen nur Stückweise zum Druck habe abliefern können, so habe ich billig denkende Leser insonderheit noch zu bitten, mir es zu verzeihen, wenn aus diesem Umstand die Wiederholung einer Sache erfolgt wäre, die vorher schon gesagt gewesen. Fristet mir Gott Leben und Gesundheit und ermüden meine Leser nicht, so hat man noch den dritten Theil zu gewarten, außer was ich nun nach dem Nachtrag thun werde, die entdeckte Begattungsart der Bienen endlich völlig aufzuklären und solche zur unzweifelhaften Gewißheit zu bringen.

Nachtrag.

Nachtrag.

Zuförderst habe ich alle Ursache denjenigen, mir zum Theil noch ganz unbekannten Freunden der Naturgeschichte und der Bienen, insonderheit meinem lieben Freund V., der mir noch zur rechten Zeit mit einem tauglichen Vergrößerungsglas zu Hülfe kam, hier meinen wärmsten Dank öffentlich abzustatten, daß sie meinen Antrag, eine neue Mikroskopische Untersuchung der Bienen vorzunehmen, mit so vieler Willfährigkeit zu unterstützen sich bemühet, mir schon eine ziemliche Anzahl Subscribenten namentlich bekannt gemacht und um weitere Erklärung darüber gebeten haben. Diese bin ich nun zu geben schuldig.

Da aber darneben über dieses mein Unternehmen von den einigen und nun sich vereinigt nennenden Bienenfreunden, wie zu vermuthen war, in öffentlichen Zeitschriften ein sehr hämisches und mir nachtheiliges Urtheil, bey Gelegenheit einer neuen Anzeige von Bienenbüchern, gefället worden ist; so sehe ich mich gedrungen, erst darüber das Nöthige zu sagen, ehe ich mich weiter erklären kann. Es ist nicht zu erwarten, daß der Reichs-Anz. von allen gelesen werde, die etwan mein Buch in die Hände bekommen und da sich der H. Herausgeber neuerlich Num. 180. S. 1790. feyerlich erkläret hat, keine solchen Selbstrecensionen von Büchern mehr in seinen Blättern aufzunehmen, also diese wohl eine von den letzten mit gewesen seyn möchte; so will ich solche ganz und wörtlich zu einem Denkmal hieher setzen, was man sich im Jahr 1795.

für ungerechte Urtheile unter angenommener Anonymität, ohne den geringsten Grund anführen zu können, wider einen Mann erlaubt hat, der sich von jeher nach Vermögen alle Mühe gegeben hat, ein Problem in der Naturgeschichte aufzuklären, und zu einer deutlichen Gewißheit zu bringen. Diese Anzeige befindet sich im Reichs-Anzeiger dieses Jahres 1. B. Num. 143. S. 14. 16. f. f.

Anzeige von neuen Bienenschriften.

Es sind diese Messe vielerley Bienenbücher erschienen, als:

Gotthards vollständiger Unterricht in der Bienenzucht. Erfurt. Meistens anwendbar.
- D. C. C. Bienenkenntniß und Bienenzucht. Prag. Was der Titel besagt, liefert das Buch so ziemlich; nur nicht alles richtig, und nicht nach den neuesten Erfahrungen.

Spitzners kritische Geschichte — der Bienen. Leipzig. (Man muß dem groß seyn wollenden Mann nur recht lassen, so kommt man am besten mit ihm fort.)

Die darunter gesetzte Anmerkung dazu, heißt: Die Kenner, die er zu striegeln glaubt, werden die Rechthaberey schon sichten; sobald die Zeit, und mehrere Versuche, die sie (ohne die Art, wie H. Spitzner d. i. ohne Collekte) veranstalten werden, es ihnen erlauben wird, und es ihnen gefällt, die Zeit gegen einen so immerwährenden Kritiker zu verderben. Nur die Bitte von mehreren Bienenfreunden, die aus guten Gründen H. Spitzner nicht beypflichten können, wird sie vermögen, es zu thun. Selbst der blinde Huber wird dazu beytragen. O! gäb's doch mehr solche Blinde, die Vergnügen am

Naturforschen der Bienen trügen, und sehende Bürnense unterstützten. Denn das Colligiren des H. Spitzner wird doch wenigen Eindruck und Nutzen bringen, so lange er allein Recht behalten will. Der H. Huber will ja nicht so, wie er, Recht haben, aber belehren und belehret seyn.

Johann Riem's, Churfürstl. Sächsischen Commissionsrathes und beständigen Secretärs der ökonomischen Societät, verschiedener ökonomischen Gesellschaften, und nun aufs neue der Kaiserl. Königl. ökonomischen patriotischen Gesellschaft in Böhmen Mitgliedes, vollkommenste Grundsätze dauerhafter Bienenzucht, in ganzen, halben, bis zwölftel Wohnungen von Körben, Kästen und Klotzbeuten für große und kleine Bienenwirthe, oder: dritte viel verbesserte und abgekürzte Auflage der Fundamentalgesetze von 1775. zur perennirenden Koloniebienenpflege zum Nutzen aller Landesgegenden. Mit 4 Kupfertaf.] Mannheim 1795.

Anmerk. †) hierzu: Dieses immer mehr vervollkommnete Bienenbuch wird wohl den ganzen Schwarm von Bienenbüchern so ziemlich verdrängen, wo nicht völlig entbehrlich machen, da es alle Arten Pflege und nun auch sogar die in Klotzbeuten enthält. Dieser hat den so lange Zeit her geschehenen Bitten der Bienenfreunde nicht eher willfahren wollen, als nach 20 Jahren; (1775. war die zweyte Auflage in Berlin und Mannheim erschienen) denn, so sagte er, schrieb er früher, so würde es unvollkommen werden, und das wollte er abwarten, bis sich alles recht satt von Bienen geschrieben haben möchte. Das Werk ist dem in der Oekonomie und vielen andern Gemeinnützigen, so berühmten Conferenzminister H. Grafen von Einsiedel, als Direktor der ökonomischen Gesellschaft dedicirt. Wer dieses Buch

Buch nebst den von ihm übersetzten, und mit reichen Beyträgen vermehrten Hüberischen Beobachtungen anschaft, der wird den ganzen Schatz von Bienenkenntnissen und Bienenpflege beysammen haben; und kaum mehr andere, (am wenigsten die Spitznerischen ohnerbetenen Kritiken) besonders nur diejenigen Bücher, so er aus Curiosität besitzen und lesen möchte, bedürfen: eben darum hat H. Riem das Hüberische Bienenbuch, sowohl bey den gelehrten, als vorzüglich den ökonomischen Artikeln, etwas reichhaltig gemacht, so, daß das Hüberische letzte Kapitel von ökonomischer Behandlung der Bienen, auch für die Praktiker äußerst nutzbar geworden. Dies muß nicht abschrecken, wenn man bedenkt, daß nun so viele Schriften entbehrlich werden, und es selbst denen, welche ohnberufene Kritiker werden wollen, nichts helfen wird, wenn sie auch noch so sehr gegen unsere Aufsätze im Reichsanz., — wie sie bisher, besonders solches im ersten Stück der ökonomischen Hefte 1795. und in seiner obgedachten kritischen Geschichte H. S. gethan haben, — zu deklamiren ferner Gefallen tragen wollen.

Die vereinigten Bienenfreunde.

Wem muß in dieser Anzeige neuer Bienenbücher von seyn wollenden vereinigten Bienenfreunden nicht gleich dieses auffallen, daß es ihnen nicht einmal beliebt hat, den richtigen Titel von meinem Buche anzuführen, sondern ihm einen verstümmelten zu geben. Sie nennen es kritische Geschichte der Bienen. Welcher vernünftige Mensch kann wohl aus diesem ganz falsch angegebenen Titel errathen, was den eigentlichen Inhalt dieses Buchs ausmache? Wer kann haben daran denken, benken, daß ich die Absicht habe, die verschiedenen Meinungen über die Bienen und Bienenzucht unpartheyisch vorzutragen, und nach richtigen Grundsätzen der Naturgeschichte zu prüfen. Was müssen das für Bienenfreunde seyn, die sich wider alle vernünftige Grundsätze so sehr streuben? Ohne über den Inhalt des Buchs auch nur ein Wort zu sagen, fallen sie sogleich wieder nach ihrer Art auf Persönlichkeiten aus, und schelten mich einen groß seyn wollenden Mann, dem man nur Recht lassen müsse, ohne wieder die geringste Ursache hinzu zu thun, was sie zu einer solchen Verunglimpfung verleite. Ich kann allen verständigen Lesern zutrauen, daß sie aus dieser Anzeige selbst werden beurtheilen können, ohne daß ich ein Wort weiter hinzuzusetzen nöthig habe: Wer wohl der groß seyn wollende Mann seyn möge? Mir ist wenigstens die hohe Einbildung nie in den Kopf gefahren, daß meine Kritik alle Bienenschriften entbehrlich machen könnte. Ich unterwerfe vielmehr alles der Prüfung anderer Naturforscher und bin überzeugt, daß wir noch viel in dieser Wissenschaft werden lernen können. Ich suche daher auch täglich mehr zu lernen. Von einer Wissenschaft alles zusammentragen, was nur je davon geschrieben worden ist, und nur dasjenige aus den verschiedenen Meinungen heraussuchen, was den Stempel der Wahrheit hat, sind doch wohl zwey von einander ganz unterschiedene Dinge und Absichten. Nach den erstern kann man doch wohl die Wissenschaft nicht so erschöpft haben, daß nun alle Bücher und Schriften darüber für jetzt und künftig entbehrlich werden sollten; und wo sollte die Wissenschaft, besonders in der Naturgeschichte seyn, die in 20 Jahren so ins Reine gebracht worden wäre, daß nicht immer noch bessere Entdeckungen darin gemacht werden könnten?

Die

Die vereinigten Bienenfreunde bedrohen mich, daß die Kenner, (deren Namen man doch immer verschweigt, wie die Namen der unbekannten Obern bey allen geheimen Gesellschaften) die ich zu striegeln (ein Ausdruck, den man sich in unsern Zeiten nicht einmal mehr zu denken, geschweige zu schreiben erlaubt) glaubte, meine Rechthaberey schon sichten würden, sobald die Zeit, und mehrere Versuche, die sie (ohne die Art, wie ich, d. i. ohne Collekte) veranstalten würden, es ihnen erlauben wird und es ihnen gefällt, die Zeit gegen einen so immerwährenden!! Kritiker zu verderben.

Wirkliche Bienenkenner müssen doch wohl die Versuche und Beobachtungen, die ich in meinem Buche angegeben habe, und die nichts von Künsteleyen enthalten, sondern von jedem nachgemacht werden können, sogleich zu sichten im Stande seyn, ob darin einige Wahrheit oder nur Rechthaberey enthalten sey? Diese Kenner wollen aber erst mehrere Versuche anstellen, wenn es ihnen die Zeit erlauben wird, und noch obendrein, wenn es ihnen gefällt die Zeit gegen einen so immerwährenden Kritiker (das Ende davon können sie nun leicht sehen) zu verderben. Sie urtheilen also über meine Versuche und Beobachtungen ab, daß es nur Rechthaberey sey, die sie nie auf eben die Art angestellt und geprüft haben, und einmal erst, wenn es ihnen gefällt, nachmachen wollen. Gestehen sie damit nicht vor aller Welt zu, daß sie dieselben, ohne erst mehrere Versuche angestellt zu haben, nicht zu sichten im Stande sind? Wie kann man doch immer so dreist von Kennern, von großen Kennern und von grossen Meistern sprechen, die mich zum Verstummen und Schweigen bringen sollten? Es wird doch einer unter denen wider mich sich vereinigten Bienenfreunden seyn, der sich besser und deutlicher in Schriften darüber erklären kann, als es bisher in einer oft sehr dunkeln tein und rauhen Sprache geschehen ist, und dem es darzu weder an Zeit, noch an Vermögen fehlt, da mir es so übel gedeutet, ja gar mit dem zweydeutigen Namen einer Collekte belegt wird, daß ich im Nachtrag zum 1. Th. auf Subscription angetragen hatte, um eine bessere und richtigere mikroskopische Untersuchung anzustellen. Ist denn Subskription schon Collekte? — Sie wollen es ohne dergleichen thun und ausführen? — Warum schrieb denn aber Ihr mit Ihnen vereinigter Freund und Gesellschafter Riem Reichs Anz. 2 B. 1794. Num. 48. S. 1114. in der Ankündigung von Hübers Uebersetzung, s. Wittenb. Wochenbl. 1792. S. 309. daß er dergleichen physikalische Beobachtungen, wie Huber nicht anzustellen vermöchte, weil er nicht so, wie er, mit den hierzu erforderlichen Vermögensumständen von der Vorsehung genüglich versehen worden, um Tage und Wochen, ja Jahre, einer einzigen, manchmal äußerst mühsamen, und außer dem belustigenden, wenig eintragenden Untersuchung widmen zu können.

Und mir? — der ich auf einem abgelegenen Dorfe sitze, und aller nöthigen Instrumente darzu beraubt bin, soll es gleichsam zur Schande angerechnet werden, wenn ich das durch freywillige Subskription zu erlangen suche, was schlechterdings nöthig ist, wenn ich, alles übrige ungerechnet, nur die nöthigen Instrumente darzu anschaffen und einige Zeit eine geschickte Person zum Zeichnen unterhalten soll? H. Riem hat schon seit der Erscheinung des Hüberischen Werks drey Jahre Zeit gehabt, da er in Dresden alle Stunden die erforderlichen Instrumente und Zeichner darzu haben kann, es ihm auch bey seiner Station und bey seiner ausgebreiteten Bekanntschaft, ingleichen den vielen Freunden, die sich mit ihm so genau verbunden haben, unmöglich an Unterstützung fehlen kann, we-
nig-

nigstens etwas von den neuen Huberischen Beobachtungen, durch eigene wiederholte Versuche auffer allem Zweifel zu sehen, es ist aber nichts geschehen. Sogar den Beweis ist er schuldig geblieben, da er doch die Huberischen Blätter, oder vielmehr seine eigenen verbesserten Chartenstöcke in dem 5. Th. der Neuen Sammlungen S. 167. in der Note, für die besten Beobachtungsstöcke erkläret und solche jedem zum Beobachten zu verschaffen, sich erboten hat, wirklich durch eigene oder anderer Versuche damit darzuthun: daß darin dergleichen Beobachtungen angestellet werden könnten, als Huber vorgiebt, angestellt zu haben. Das wäre doch wohl das Vornehmste, was dargethan werden müssen, da alles auf guten Glauben an diese so hoch gerühmten Observationsstöcke ankömmt. Auch ist das noch gar nicht einmal historisch bewiesen, daß der blinde Huber ein solcher reicher Mann ist, der einen so unübersehlichen Apparat von allen möglichen Formen der Bienenstöcke, allen nur ersinnlichen Präparaten und Werkzeugen zu Beobachtungen haben könne, als nach seinen gemachten Beschreibungen auf die geschwindesten Vorfälle vorräthig gewesen seyn sollen. Es wird schlechthin in der Ankündigung der Uebersetzung des Huberischen Buchs behauptet, W. WB. 1792. S. 323, daß dieser Blinde mehr gesehen habe, als Sehende in Deutschland, und im ganzen Buche steht weiter nichts, als was sehende deutsche Bienenbeobachter schon längst zu sehen geglaubt hatten? Es wird aber dem ohnerachtet hier im Gegensatz meiner gewünscht: O! gäb's doch mehr solche Blinde, die sehende Bürnense unterstützten (also doch Unterstützung?) — nur mir nicht. — Gesetzt, es gäbe mehr solche Blinde, nun! so käme es doch auf die Sehenden an? Wenn aber der Sehende nichts anders sehen sollte, als was der Blinde nach

seiner

seiner Einbildung haben wollte, was würde der natürliche Erfolg davon seyn? — sie würden beyde in die Grube fallen. — Endlich, nur auf die Bitte anderer, die mir aus guten Gründen nicht beypflichten könnten, sollte es geschehen, daß neue Beobachtungen sollten angestellt werden, und H. Huber selbst sollte darzu beytragen. Sind den vereinigten Bienenfreunden die guten Gründe bekannt, warum mir andere nicht beypflichten können, warum zeigen sie solche nicht an, daß ich eines Bessern belehrt werden könnte; sind ihnen aber keine bekannt, weil andere noch keine angegeben haben, warum sprechen Sie denn meinem Buche ohne den geringsten Beweis allen Werth ab. Habe ich denn nicht Gründe genug angegeben, warum Huber's neue Beobachtungen keinen Werth haben können? Der einzige ist genug, weil seine angegebene Begattungsart ein aufgewärmtes Mährchen aus deutschen Schriftstellern von den Bienen ist, und was er Eigenes hinzu gethan hat, die Abreißung des männlichen Gliedes, eine Sache, die im ganzen Reiche der Natur nicht existirt und daher auch bey den Bienen nicht statt finden wird. Es ist dieses blos ersonnen, um ein anderes Mährchen, das er bey deutschen Schriftstellern häufig gefunden hat, jede Drohne sterbe nach der Begattung, auch in seine Beobachtungen passend zu machen. H. Huber's Beobachtungen können nicht weiter angenommen werden, weil er blind seyn soll und nichts sehen kann, ob er gleich oft in seinem Buche als ein solcher spricht, der alles gesehen hat, und was seinen Bedienten Burnens betrift, so nennt ja H. Riem selber auch, wie man alle Ursach dazu hat, Wittenb. WB. 1792. S. 323. deswegen Reaumür's Beschreibung von der Begattung unvollkommen, weil dieselbe nur sein Bedienter gesehen haben wollte, aber nicht Reaumür selbst. Wie kann

kann man denn hier fordern, daß man einem Bedienten so unbedingt glauben soll, der immer nur sieht, was sein Herr gern sehen will. Wir haben ja schon an der Abbildung der Linse Tab. V. Fig. 6. ein Probestück davon, daß er ein ganz sonderbares Vergrößerungsglas gehabt haben müsse, die Linse in einer solchen Figur zu sehen. Ich wünsche es recht sehr, daß nun Hubers neue Beobachtungen, nach heruntergesetztem Postnumerationspreis (denn Pränumerationspreis ist nie gewesen, und ich habe, wie alle bisher, das kostbare Buch mit 1 Thlr. 20 gr. bezahlen müssen) recht viele Käufer und Leser finden möge. Denn wirklich kann aus allen bisherigen Anzeigen und Lobpreisungen desselben noch niemand eigentlich wissen, worin die Vorzüge dieses Buchs vor allen bisherigen Bienenbüchern eigentlich bestehen. Alsdann werde ich auch vielleicht erst die guten Gründe zu hören bekommen, weswegen mir nicht beygepflichtet werden kann. Uebrigens hoffe ich, daß die weitläuftige Anzeige von Johann Riem's vollkommensten Grundsätzen, wohl niemand abschrecken wird, darneben am wenigsten noch meine ohnerbetene Kritik zu lesen.

Ich kehre nach dieser mir unangenehm gewesenen Ausschweifung wieder zu den Freunden und Beförderern meines Unternehmens zurück. Ich gab bey meiner vorigen Aufforderung zu einer neuen Untersuchung der Geschlechts- und Zeugungstheile der Bienen hauptsächlich den Grund an, weil ich von jeher geglaubt hätte, daß man erst die Begattungsart des Fliegengeschlechts überhaupt aufsuchen müsse, wenn man die Begattungsart und die Zeugungsglieder bey den Bienen entdecken wollte. Ich hatte im Buche selbst die Ursachen deutlich genug auseinander gesetzt, warum weder Swammerdam, noch Reaumür bey den Drohnen, als Männchen, ein schickliches Zeugungsgungsglied hätten finden können, nämlich weil sie beyde in dem Wahn stunden, das Zeugungsglied müßte wie bey andern Insekten ausgereckt werden können. Sie untersuchten die Drohne nie nach der natürlichen Gestalt ihres Unterleibes, sondern nur darnach, was durch Pressung und Quetschung des Hinterleibes zum Vorschein komme und sich sehen lasse. Daher wir auch keine andern Abbildungen der Drohne auf allen Kupfertafeln finden, als solche, die sie mit etlichen, oder mit allen herausgepreßten Theilen vorstellen. Keines, welches nur die äußerliche Beschaffenheit des Unterleibes deutlich darlegte, wie doch dergleichen von der Arbeitsbiene gegeben worden ist. Noch weniger eines, welches die innerlichen Theile in ihrer natürlichen Lage und Verbindung nach Abschälung der äußerlichen Blätter vorstellte, da sich bekanntlich diese Theile bey der Pressung umkehren und also verkehrt, nicht in der natürlichen Lage aus dem Leibe treten. Sondern man begnügte sich bloß diese Theile abzubilden, wie sie bey starken Pressungen nach und nach zum Vorschein kommen, weil man die Idee hatte, daß darunter das Zeugungsglied mit befindlich seyn müsse. So sind alle Kupfer von Swammerdam und Reaumür beschaffen, die auch H. Riem wieder als die Seinigen, Wittenb. WBl. S. 330, zu Huber's Werk hinzugethan hat. Nicht eine einzige Abbildung ist darunter, die wir nicht vorher schon gehabt hätten. Schon längst hatte ich mit bloßen Augen die größte Aehnlichkeit zwischen dem Hinterleib der männlichen Fliege und der Drohne bemerkt, und daraus auf eine ähnliche Begattung bey den Bienen geschlossen, als ich täglich an den Stubenfliegen sahe. Mein großer Glasstock wurde hauptsächlich in der Absicht aufgestellet, um das Geschäfte der Drohnen im Innern des Stocks auf das genaueste zu beobachten. Da

aber

aber nur 1794 viele Drohnen erzeugt wurden, und der Stock sehr mit Bienen angefüllt war, daß wenig Unterscheidendes gesehen werden konnte, waren alle meine Beobachtungen vergeblich, auf diesem Wege mehr Aufklärung und Gewißheit zu erlangen. Was würde es auch geholfen haben, wenn ich wirklich einmal so glücklich gewesen wäre, etwas davon zu erblicken und es bekannt gemacht hätte, da man doch meine Beobachtungen nach den alten Vorurtheilen für irrig oder für unzureichend verschrien haben würde. Ich konnte also im 1 Th. nichts weiter thun, als meine bisherige Muthmaßung der Welt mitzutheilen; zu welchem Ende ich die besondere Begattungsart einiger Fliegen anzeigte und auch die nöthige Abbildung vom männlichen und weiblichen Zeugungsgliede hinzuthun ließ. Jeder konnte nun die Richtigkeit dieser Vorstellung an den Fliegen in seiner Stube sehen, und daraus überzeugt werden, daß bey dem Fliegengeschlecht, gegen andere Insekten, eine ganz besondere Begattungsart sey, nämlich diese, daß das Weibchen ihr Zeugungsglied auslasse, und einen Theil davon in den Leib des Männchen einstecke. Ich wollte damit andern Naturforschern, denen es nicht an Werkzeugen dazu fehlt, Anleitung geben, darüber Untersuchungen anzustellen, ob dieses nicht völlig gegründet wäre, und man schon darin Anlaß genug finde, bey den Bienen eben eine solche Begattungsart zu muthmaßen und darüber neue Untersuchungen anzustellen, weil man doch zugestehen müsse, daß alles bisher davon Gesagte und Geschriebene mit den allgemeinen Naturgesetzen der Begattung und Befruchtung nicht übereinstimmend sey, oder mir selbst zu dieser Untersuchung durch Subscription hinlängliche Unterstützung zu verschaffen. Dieses sucht man durch das verleumderische Vorgeben zu hindern, daß es nur auf eine Collekte angesehen wäre.

Nun

Nun bin ich aber zur Beschämung dieser niedriggesinnten Beurtheiler im Stande anzuzeigen, daß ich diesen Sommer noch, obgleich etwas spät, zur völligen Gewißheit gekommen bin, daß diese Begattungsart bey den Bienen die nämliche seyn müsse. Jeder vernünftige Naturforscher wird mir zugeben, wenn bey der Drohne eben die Theile am Unterleibe wie bey der männlichen Fliege angetroffen werden, daß auch die Begattung bey der einen Art, wie bey der andern seyn müsse. Den 4. Sept. kam erst mein Freund W. mit einem tauglichen Mikroskop an, da wenig Drohnen an meinen Stöcken mehr zu sehen waren. Kaum konnten wir in den heißesten Mittagsstunden noch dreye auffinden und erhaschen. Wir nahmen erst männliche Fliegen und besahen dieselben auf den Rücken gelegt, am Unterleibe, ob die davon zum 1. Theile meiner Geschichte beygebrachte Zeichnung ihre völlige Richtigkeit habe. Wir trafen alles auf die abgebildete Art an. Sodann wurde die Drohne ebenfalls in dieser Lage unter das Glas gebracht, und wir fanden an ihr über dem After eine eben so völlig ausgebildete weibliche Scham, als bey der männlichen Fliege, daß also gar kein Zweifel übrig bleiben kann, die Begattungsart sey bey den Bienen eben dieselbe, wie bey den Fliegen. Weiter war wegen der späten Jahrszeit nichts zu thun, weil die innern Theile schon zu sehr eingeschrumpft waren. Ich nahm zwar den andern Tag noch eine Königin aus einem schlechten Nachschwarm, den ich zu dem Ende hatte stehen lassen, um an dieser zugleich einige weitere Entdeckung zu machen. Ihre innern Theile waren aber so eingeschrumpft, daß sogar vom Eyerstock weiter nichts, als die netzförmigen Häute zu sehen waren, nicht die mindeste kleinste Spur von einem daran zu erwachsenden Eye. So wahr bleibt es, daß alle Untersuchungen, wenn sie

nicht

nicht zur eigentlichen Begattungszeit im Frühjahr angestellet werden, vergeblich seyn müssen. Ich eilte nach Wittenberg, um von dieser Entdeckung noch eine richtige Zeichnung zu bekommen, die ich nächstens, da die Zeit vor der Messe zu kurz ist, als daß ich sie hier beyfügen könnte, in einer bekannten Zeitschrift nebst der Beschreibung davon mittheilen werde. Nun werde ich also im Stande seyn, da es mir an Beystand darzu nicht fehlen wird, nach und nach ganz neue und richtigere Zeichnungen, als man bisher gehabt, von den Zeugungsgliedern der Bienen zu liefern, und zwar ohne weiter, im geringsten auf die vereinigten Bienenfreunde zu achten. Jeder sieht auch leicht ein, daß den Winter über darin nichts zu thun sey, als Vorbereitungen zu machen, daß es im Frühjahre an nichts fehle, was zur weitern Untersuchung nöthig ist. Ich werde darin keinen Fleiß sparen und es zu seiner Zeit in den öffentlichen Blättern bekannt machen, wenn ich im Stande bin unleugbare Beweise davon darzulegen, daß die Begattung und Befruchtung der Bienenkönigin kein Geheimniß mehr, sondern auf eben die Art wie bey den Stubenfliegen geschehe. Alle Einwendungen, die etwan jetzt noch wegen des Da- und Wegseyns der Drohnen gedacht werden könnten, werden sich auch leicht heben lassen. Denn ich werde meine Beobachtungen und Untersuchungen nicht blos auf die Bienen einschränken, sondern auch auf die Horniffen und Wespen ausdehnen, die mit ihnen so viel Aehnlichkeit haben, welchen ich zu dem Ende auf künftigen Sommer gern einige meiner leeren Bienenstöcke, die sie begierig aufsuchen, zur Wohnung einräumen werde. Trebitz den 16. September 1795.